多维视角下的高校思想政治教育研究

李 瑶 陈明吾 刘 园 著

中国海洋大学出版社
·青岛·

图书在版编目(CIP)数据

多维视角下的高校思想政治教育研究 / 李瑶,陈明
吾,刘园著. —青岛:中国海洋大学出版社,2023.6
ISBN 978-7-5670-3545-4

Ⅰ.①多⋯ Ⅱ.①李⋯ ②陈⋯ ③刘⋯ Ⅲ.①高等学
校—思想政治教育—研究—中国 Ⅳ.①G641

中国国家版本馆 CIP 数据核字(2023)第 117165 号

出版发行	中国海洋大学出版社			
社　　址	青岛市香港东路 23 号		邮政编码	266071
出 版 人	刘文菁			
网　　址	http://pub.ouc.edu.cn			
电子信箱	2586345806@qq.com			
订购电话	0532-82032573(传真)			
责任编辑	矫恒鹏		电　　话	0532-85902349
印　　制	日照报业印刷有限公司			
版　　次	2023 年 6 月第 1 版			
印　　次	2023 年 6 月第 1 次印刷			
成品尺寸	185 mm×260 mm			
印　　张	14.75			
字　　数	341 千			
印　　数	1～1000			
定　　价	56.00 元			

前　言

当今世界正处在大发展、大变革、大调整时期,经济全球化、政治多级化和文化多元化给人们的思想观念带来了巨大的冲击,人们的世界观、人生观和价值观在各种思想文化的碰撞交汇中悄然发生着变化,新时期高校思想政治教育面临着很多新的挑战。为了更好地发挥自身功能,更好地为社会主义事业服务,高校思想政治教育应与时俱进、全面创新。

提高思想政治教育科学化水平是深化高校教育领域综合改革的重要内容,也是落实立德树人根本任务的必然要求,这需要广大高校思想政治教育工作者进一步探索规律、把握规律、运用规律,进一步加强学科和理论的联系,进一步加强思想政治教育前沿问题和跨学科研究,强化问题导向,立足学科前沿,紧紧围绕高校思想政治教育工作中的现实问题、重点任务、工作难题来开展研究,让理论优势转化为推进思想政治教育科学发展的强大动力。

本书从多维度审视高校思想政治教育,以改革创新的时代精神,全方位、多维度、深层次推进高校的思想政治教育工作,努力使理论联系实际,建立有效、全面、科学的工作机制和研究机制。

全书从理论研究与实践探索两个层面对高校思想政治教育展开研究,以高校思想政治教育的基本理论知识为切入点,全面分析了高校思想政治教育的现状与发展对策,具体阐述了高校思想政治教育内容和方法的改革与发展,充分说明了高校思想政治教育工作的重要性。本书基于“三全育人”、课程思政、多元文化、素质教育、网络环境、信息化、新媒体、大数据、人文关怀、美育的多维视角,结合理论与实践经验,对高校思想政治教育进行深层次研究,以期提升高校思想政治教育的实效性,为推进高校思想政治教育高质量发展提供科学指导。

本书在撰写过程中,汲取了许多与本书研究相关的最新信息,借鉴和参考了国内外许多专家学者的最新研究成果和出版文献,在此一并表示感谢。另外,由于作者水平有限,不妥之处在所难免,敬请读者批评指正,以便本书做进一步的修改和完善。

作　者
2022 年 11 月

目　录

第一章　高校思想政治教育概述

第一节　高校思想政治教育的概念与特征

一、高校思想政治教育的概念解读

(一)思想政治教育概念的起源

从最早期马克思主义创始人的革命实践中我们可以寻找到思想政治教育最初的"描述性"定义。这一定义仅仅存在于马克思主义者的宣传革命实践中,缺乏系统性的总结和理论性高度。早在 1847 年,马克思、恩格斯创立第一个国际性的无产阶级政党——共产主义者同盟时就在起草的《共产主义者同盟章程》中明确提出,参加同盟的每个成员都要具有革命毅力并努力进行宣传工作。

马克思主义者对宣传工作、理论教育的重视,实际上就是对思想政治教育的重视,只是那时还没有明确使用"思想政治教育"这一概念。列宁继承和发展了这一革命成果,更加明确地提出"政治教育"的概念。在《怎么办?》中,列宁就明确要求,社会民主党人不但不能局限于经济斗争,而且不能容许把组织经济方面问题的揭露当作他们的主要活动。我们应当积极地对工人阶级进行政治教育,培养工人阶级的政治意识。当马克思主义与中国革命实际相结合后,中国的马克思主义者不失时机地进行了思想政治教育内涵的研究。毛泽东在《和英国记者贝特兰的谈话》中指出"政治工作"是共产党领导的,周恩来于1934 年最早提出了"政治工作是红军的生命线"的论述,陈云在延安最早使用了"思想政治工作"一词。中国共产党人早期有关思想政治教育的论述,虽然很难在文字中找到一致的内容,但它们中都蕴含着本质的共性。他们有关政治教育、思想教育、道德教育等方面的主张和要求在本质上反映了中国共产党一贯的主张和做法:在革命斗争中不失时机地对党员和群众进行思想政治教育。因此,虽然他们对思想政治教育的叫法不同,但是都为后来思想政治教育概念的提出奠定了基础。

(二)思想政治教育概念的提出

中华人民共和国成立后,随着我国政治建设和文化建设力度的加大,也为鼓励学生积极地参与到社会主义建设中去,中国共产党充分发挥思想政治工作的优势,通过对学生的思想进行改造,积极推进思想政治教育工作。第一次明确思想政治教育的内涵、任务和要求是 1950 年在北京召开的中华全国学生联合会第十四届代表大会第二次执行委员会扩大会议,会议通过了《中国学生当前的任务》。这是我国第一次提出"思想政治教育"的概念。1978 年,党的十一届三中全会召开,作出了改革开放的历史性决策。从这一时期开始,我国对思想政治教育概念的使用逐渐走向科学化。十一届三中全会之前,思想政治教育概念没有严格的界定,多是来自实际工作的需要和现实政策的变化。十一届三中全会之后,随着改革开放步伐的加快,尤其是随着经济改革的进一步深入和学校的进一步发展,加之学科化建设意识的形成,思想政治教育的概念才真正得以进一步明确和规范。改革开放后,思想政治教育第一次被作为学科提出是在 1980 年第一机械工业部和全国机械工会召开的思想政治工作座谈会上,这次会议提出"思想政治工作应成为一门科学"的重要论断。1983 年教育部专门召开政工专业论证会,确定学科名称为"思想政治教育学",专业名称为"思想政治教育专业",并决定从 1984 年试点高校开始招生。至此,思想政治教育学科正式设立,我国的思想政治教育概念得以确立,并为其以后发展奠定了理论基础。随着思想政治教育学科的设立,"思想政治教育"这一概念就成了术语,真正从"无名有实"到"有名有实",逐步走上科学化、规范化、系统化的发展轨道。

自中华人民共和国成立到现在,思想政治教育在说法上经历了"宣传工作""政治工作""思想工作""政治思想工作""思想政治工作"等的发展和转变,虽然这些说法在概念、内容、作用方式、功能导向上有所区别,但是其政治属性是一以贯之的。"思想政治教育"这一概念的确立,日渐成为规范、统一的术语,这使得思想政治教育研究者开始从不同方面对思想政治教育的概念做出定义和分析,思想政治教育的概念也日益明晰起来。

(三)思想政治教育概念的发展

上述思想政治教育概念的确立过程反映了任何理论的产生都需要一个从实践上升到认识的过程,都需要一个从认识上升到理论的过程。这也为以后我们丰富和发展思想政治教育这一理论做出了先例。这也要求我们在丰富和发展思想政治教育概念的内涵时,既要注重其与概念演变过程之间的联系,又要注重克服概念发展过程中的局限,坚持事实判断与价值判断的统一、社会需要与个体需要的结合、教育内容与教育目标的一致,这样才能使思想政治教育的概念更加合理和完善。

高校思想政治教育在我国的发展主要是在改革开放以后,但是其过程与思想政治教育概念的发展异曲同工。改革开放以来,高校思想政治教育的发展呈现出一定的特点。纵向来看,我们可以将其大致分为两个阶段:前一阶段是 1979 年年初到 1989 年 6 月,后一阶段是 1989 年 6 月至今。前一阶段,伴随着改革开放,我国社会结构突变,由经济多元发展引发的文化多元化导致了政治多元化的舆论导向,高校大学生萌生出"全盘西化"的思想倾向,加上高校思想政治教育尚处在萌生阶段,这便造成了资产阶级自由化思潮在高校领域的肆意泛滥,最终使高校思想政治教育面临前所未有的质疑和挑战。后一阶段,高校思想政治教育由颓势走向旺势。"前事不忘,后事之师",党和国家也加快了思想政治教育中相关法律法规的制定。而加强高校思想政治教育的一系列大政方针和不断取得的思想政治教育成果也对改变思想政治教育的颓势局面起到了关键作用。

总体来看,高校思想政治教育的发展可谓"跌宕起伏"。近年来,随着高校思想政治教育活动和研究的不断深入,其内涵有了新的发展。广义的高校思想政治教育是指教育者根据一定社会的思想品德要求和受教育者思想品德形成与发展的规律,对受教育者施加有目的、有计划、有组织的教育影响,促使受教育者产生内在的思想品德矛盾,以形成社会所期望的思想品德的过程。而狭义的高校思想政治教育则专指学校对大学生的思想政治教育,也就是高校德育。从这一概念的定义可以看出,思想政治教育活动过程必须遵循一定的发展规律,教育实践的过程必须是有计划、有组织的教育目标的实现是通过受教育者内化接受理论教育,并使之影响自身的活动,使活动达到一定要求的过程。

二、高校思想政治教育的主要特征

高等教育作为改革开放之后发展起来的一种特殊类型的教育形式,既有教育共性,又有自己鲜明的个性特色,其中不仅有专业特色,还有其他各个层面的特色,尤其是高等教育阶段学生思想政治教育的特色。要想做好高等教育阶段学生的思想政治教育工作,我们必须正确认识和把握高等院校学生思想政治教育的特殊性,兼顾这一阶段学生的个性心理发展特点,以此为依据才能制定正确的思想政治教育的目标、任务和方针,从而进一步促进高校思想政治教育工作取得实效。高校思想政治教育过程作为一种相对独立的教育过程有其发展特点,在这方面思想政治教育研究者已经形成共识。具体而言,高校思想政治教育具有以下主要特点。

(一)高校思想政治教育具有明确的计划性和鲜明的正面性

在环境组成上,可将环境分为物质环境和精神环境。在社会发展过程中,精神环境表现为一个国家的精神状态、社会面貌、社会风气、进取精神等,是一个国家中最活跃、最有潜力、最富有生气的动态系统,是其社会发展的整体性精神力量,是社会进步与发展的精神资源,是人全面发展的精神基地。建设良好的精神环境是一个国家对人民最基本的价值承诺。物质环境及精神环境共同构成了影响人类生存发展的两大环境。其中对人类影响更大的是精神环境,其突出表现就是精神环境对人的思想道德发展的作用更大。在现实生活中,精神环境和物质环境纵横交错,相互叠加。事实上,环境对人的影响具有随意性,其影响过程往往是盲目的、无序的、随意的。如果不加以控制,人很难把握环境影响的方向,当然其影响后果也是难以预料的。思想政治教育作为精神环境的组成部分,对人的影响是积极的,有序的,有计划、有条理的。因为思想政治教育是指社会或社会群体用一定的思想观念、政治观点、道德规范,对其成员实施有目的、有计划、有组织的影响,使他们形成符合一定社会要求的政治思想和道德品质的社会实践活动。简言之,思想政治教育就是将外在的社会要求内化为受教育者的内心信念并推动受教育者产生良好的行为。思想政治教育活动的计划性表现在以下几个方面：一是目的性。思想政治教育的目的明确，就是培养社会主义现代化建设者和接班人。二是组织性。思想政治教育由一系列组织单元构成，包括教材、思想政治工作教育者、思想政治教育部门等，他们通过制订完备的教育计划，努力营造良好的环境氛围，使思想政治教育过程更有成效。三是针对性。高校思想政治教育针对的是受教育者，也就是大学生，要根据大学生精神世界发展的需求、思想品德发展的实际以及其心理发展特点进行教育。

与计划性密切相关的另一个特征是正面性。所谓正面性是指思想政治教育的影响总是选择积极的价值内容和最有利于受教育者发展的教育方式。思想政治教育鲜明的正面性要求思想政治教育内容的选择和教育影响都应是积极的、有价值的。中国共产党在不同的时期始终坚持思想政治教育的正面性，形成了中国人和中国社会发展的强大动力，推动中国社会改革与发展。纵观中国社会主义革命和建设的历史，在党的创立和大革命时期，中国共产党满腔热忱地宣传革命思想、革命理想，马克思主义、共产主义的理想等作为一种全新的世界观和方法论，是先进文化的典型，也是成千上万人民群众抛头颅、洒热血进行反帝反封建的强大动力。抗日战争时期，中国共产党所主张和积极宣传的民主主义、爱国主义、统一战线思想、持久战思想、全民抗战思想等成为中国人民众志成城、万众一心，战胜日本法西斯强盗，寻求民族解放的精神动力。解放战争时期，中国共产党所宣传的争取民主、争取和平的政治主张，以及对新民主主义土地政策、建设思想的宣传，毫无疑问也成了解放战争的驱动力量。中华人民共和国成立初期，爱国主义的思想政治教育正是推动全国范围内抗美援朝运动的精神动力，也是志愿军战士以劣势装备战胜强大敌人的重要动力和源泉。改革开放初期，中国特色社会主义理论推动着中国改革开放和中国经济、社会高速发展。

思想政治教育的正面性主要包括内容和手段两方面。坚持思想政治教育内容的正面性，表现在高校思想政治教育过程中就是教育工作者应该积极弘扬社会主义主旋律，向大学生传达社会主义核心价值体系的相关内容，坚持用马克思主义、毛泽东思想、邓小平理论、"三个代表"重要思想、科学发展观以及习近平新时代中国特色社会主义思想进行统筹。坚持思想政治教育手段的正面性，要使高校思想政治教育的发展处处体现公正和公平，这种特质应该被鲜明地体现出来。教育手段的正面性是维系思想政治教育正面性的重要标志，舍此便无所谓的思想政治教育。因此，在思想政治教育过程中，我们应始终旗帜鲜明地坚持积极的、正面的思想、政治、道德价值的选择和引导。

(二)高校思想政治教育具有突出的复杂性和广泛的社会性

高校思想政治教育的本质任务是促进大学生群体的全面发展。高校思想政治教育是组成我国思想政治教育的重要一环，是推动我国现代化建设的重要力量，是培养高素质合格人才的根本保证。与高等教育中的其他内容相比，思想政治教育工作的时间、空间、方法和手段是不同的，具有显著的复杂性。高校思想政治教育的复杂性体现在两个方面：一是大学生群体的个性心理发展特点具有开放性、自主性，这使得思想政治教育变得更为复杂。由于在教育过程中注重个体性的同时还必须注重个体的社会性,因此高校思想政治活动必须做到"因人施教"。二是高校的整体性。哲学中强调部分与整体的关系。所以在高校思想政治教育的过程中,我们也应该考量整体性发展。与思想政治教育同为高校教育的专业教育,在与其发展的过程中既有竞争,又互相提携,这使得高校思想政治工作变得异常复杂。

高校思想政治教育还体现出广泛的社会性。其表现在两个方面:一是在思想政治教育内容上具有广泛的社会性,二是在思想政治教育方法的选择上具有广泛的社会性。当然,高校思想政治教育在发挥社会性特点的同时,还要结合政治性展开。

复杂性与社会性是思想政治教育的两个重要属性。两者在前提、地位以及功能上存在着差别,但两者是相互联系、有机统一的。在实践中,我们要合理地把握思想政治教育的社会性与政治性之间的关系:加强思想政治教育的政治性,防止思想政治教育的社会性;合理利用思想政治教育过度社会性,提升思想政治教育的实践效果;正确结合思想政治教育的复杂性和社会性,实现两者在现实功能上的有效整合。

(三)高校思想政治教育具有积极的引导性和明显的长期性

高校思想政治教育是一项育人工程,它的好坏关系到我国现代化建设质量的好坏。高校思想政治教育工作具有积极的引导性,这种引导性体现在思想政治教育的内容、手段、方针等各个方面,要求对大学生思想、政治、道德等方面的发展做到正面引导。积极的正面引导有利于大学生形成高尚的道德情怀,有利于帮助大学生构建科学的世界观、人生观和价值观。

高校思想政治教育还是一项具有长期性和坚持性的教育活动。高校思想政治教育是在长期生活实践中逐渐形成的,是一个渐进的过程。一方面,它要求教育者坚持高校思想政治教育活动的系统性和连续性;另一方面,它要求受教育者坚持将教育内容内化,并将这一活动坚持下去。

当然,高校思想政治教育在发展完善过程中还会呈现出新的特点,这需要我们时刻把握思想政治教育的发展动态。

第二节　高校思想政治教育的过程与价值

一、高校思想政治教育的过程

(一)高校思想政治教育过程的含义

高校思想政治教育是一种特定的信息传播活动,是以中国特色社会主义理论体系为核心内容的价值观念的信息传播活动,是以提高大学生的思想政治素养为特定目的的思想政治教育的信息传播过程。高校思想政治教育过程是高校思想政治教育者根据一定社会的政治思想品德要求和大学生思想政治素质形成发展的规律，通过对大学生施加有目的、有计划、有组织的教育影响，把一定的社会思想观念、价值观念、道德规范转化为大学生思想品德的过程。高校思想政治教育过程是思想政治教育过程的一个子集，是专门针对大学生这一特殊群体所进行的。探寻学术界对"思想政治教育过程"含义的界定，比较具有代表性的有以下观点：

（1）"思想政治教育过程，是指在一定环境的影响下，教育者根据本阶级的政治目的和社会指导思想的要求，对受教育者有组织地进行有目的、有计划的教育，帮助他们形成正确的思想政治品德所经历的程序。"[①]该观点强调了思想政治教育过程中的环境因素。

（2）"思想政治教育过程是教育者组织教育活动，通过有目的、有计划、有组织的影响，把社会要求的政治观点、思想体系和道德规范，转化为受教育者的思想政治品德，它包括教育者施加影响和受教育者接受影响这两个方面的活动。"[②]这是提出思想政治教育过程概念最早的一个观点，说明了思想政治教育过程是一个双向互动的过程。

（3）"思想政治教育过程是教育者根据一定社会的思想品德要求和教育对象的思想品德形成与发展规律，借助一定的思想政治教育物资和思想政治教育中介与受教育者发生互动，通过教育者对教育对象施加有目的、有计划、有组织的教育影响，促使教育对象内在的思想品德产生矛盾，使教育对象养成符合社会与人协调发展所要求的思想品德的过程。"[③]这一概念包括思想政治教育过程应遵循的规律和要求，使之更加完善。我们从中可以看出思想政治教育过程是一个有目的的过程，需要教育者和受教育者的共同参与，这是目前学界比较认同的观点。

以上几种观点都认为，思想政治教育过程包括教育者自觉地施加教育影响和受教育者能动地接受教育影响两个方面的教育活动，它是教育者和受教育者相互作用、相互影响的过程。不同的是，在后来的研究中，学者们把影响思想政治教育过程的环境，思想政治教育的价值、遵循的规律、采取的教育方法以及思想政治教育的本质内容等也概括在其中，使思想政治教育的概念不断丰富和完善。

根据以上诸家对"思想政治教育过程"含义的界定，我们总结出高校思想政治教育过程应该包含以下四个方面：

第一，高校思想政治教育过程是一种双向互动的活动过程，是思想政治教育者与受教育者之间交流的过程。

第二，高校思想政治教育过程是一种凸显目的性的活动过程，是要培养受教育者形成符合一定社会所期望的思想品德的过程。

第三，高校思想政治教育过程是教育者和受教育者共同参与、相互作用的过程。

第四，高校思想政治教育过程是教育主体实现个体价值与社会价值的过程。

---

① 陆庆壬. 思想政治教育学原理［M］. 上海：复旦大学出版社，1986.
② 陈万柏，张耀灿. 思想政治教育学原理［M］. 武汉：华中师范大学出版社，2010.
③ 邱伟光，张耀灿. 思想政治教育学原理［M］. 北京：高等教育出版社，1999.

(二)高校思想政治教育过程的构成要素

思想政治教育过程理论是思想政治教育学理论体系的重要组成部分,而思想政治教育过程的构成要素则是研究思想政治教育过程不可回避的一个重要内容。自思想政治教育学原理诞生以来,理论界一直都在对这一内容进行探讨并取得了可喜的成绩。但是直至今天,学界对思想政治教育过程构成要素的认识还存在分歧,对某些要素能否成为思想政治教育过程的构成要素还存在较大分歧。

思想政治教育过程的构成要素归纳起来主要有以下两种:

一种观点认为教育者、受教育者和社会要求的思想政治品德规范具体包括思想政治教育工作者及其教育活动;教育对象及其接受、内化、外化教育信息活动;教育者与教育对象之间的中介物,即教育手段,如教育内容、途径、方法。另一种观点认为构成思想政治教育过程的要素主要有四个,即教育者(主体)、受教育者(客体)、思想政治教育的内容和方法(介体)、社会环境及其所提供的教育支撑条件(环体)。

综上观点,我们采用后一种观点进行论述。

教育主体是指在思想政治教育过程中有目的地对受教育者施加教育影响的个人或群体,既可以是家庭、学校、机关、企业、社团各级组织和共产党各级组织等各种组织团体,又可以是教师、专家、学者、英模、老党员、老军人、老干部、老工人等个人。

教育客体是指在思想政治教育过程中有目的地被教育者施加教育影响的对象,这里指高校大学生。大学生学习的过程就是受教育的过程,在这一过程中大学生具有对教育影响的理解性、判断性和自主选择性。

教育介体包括教育内容和教育方法等,是指在思想政治教育过程中,教育者施加影响,使受教育者形成一定社会所要求的思想品德规范以及教育活动的各种方式和手段等。

教育环体是指对思想政治教育有推动或阻碍作用的环境。环境对思想政治教育的影响是自发的、潜移默化的,其中既有积极正面的影响,也有消极负面的影响。优良的环境会促进思想政治教育过程的顺利进行,而恶、劣、衰、败、差的环境会阻碍思想政治教育过程的推进,促进或推迟思想政治教育目标的最终实现。因此,我们要努力营造优良的社会及自然环境,为思想政治教育目标的实现提供环境支持。

三、高校思想政治教育过程的基本规律

思想政治教育过程有其自身固有的规律,就是思想政治教育过程中诸要素之间的本质联系及其矛盾运动的必然趋势。规律具有客观性。思想政治教育过程的规律同样是不以人的意志为转移的,不管人们是否意识到它,它都在起作用。规律是事物发展过程中本身所固有的、必然的、本质的、稳定的联系,决定着事物发展的必然趋向。规律具有客观性,人们不能随意创造和改变规律,只能发现、把握和利用规律。

高校思想政治教育过程的基本规律就是指高校在进行思想政治教育的过程中各要素之间固有的、本质的、稳定的、必然的联系。高校思想政治教育的规律所揭示的就是各

要素之间矛盾运动及其发展的必然轨迹。它可具体表述为：教育者的教育活动一定要符合受教育者的思想品德状况的规律，简称"适应超越规律"。它包括两个方面的内容：一方面，高校思想政治教育的层次性要求根据教育主体的个性心理发展特点和思想道德状况，不同的教育主体应该采取"因人而异"的教育方式；另一方面，高校思想政治教育工作者与教育主体之间存在互动关系。

高校思想政治教育过程的基本规律具体包含以下几方面：

(1)高校思想政治教育规律只存在于对大学生这一特殊群体进行思想政治教育的过程中，这主要说明高校思想政治教育对象唯一性，也就是高校思想政治教育客体的唯一，这是针对思想政治教育的广泛性而言的。高校思想政治教育的特点决定了高校思想政治教育必须是"多对一"的关系，即教育内容、教育方法、教育者服务的对象只能是大学生群体。超出这一群体，或者超出这一群体的思想道德发展水平的教育都违背了唯一性。

(2)高校思想政治教育过程的基本规律是教育主体、教育客体、教育介体、教育环体之间的相互联系或相互关系。高校思想政治教育过程研究的是教育主体、教育客体、教育介体、教育环体之间的相互联系或相互关系。在实际的思想政治教育活动中，教育主体在教育介体中，借助教育环体对教育客体施加影响。其中，教育主体与教育客体通过间接的方式进行互动联系。教育介体与教育环体的优劣都或多或少地影响了教育效果。因此，在进行思想政治教育的过程中，一定要善于利用教育介体和教育环体。要想发挥高校思想政治教育过程中教育主体、教育客体、教育介体、教育环体的作用，应该做到以下两点：一是要注重发挥教育主体和教育客体的主体性。在思想政治教育实践活动中，无论是教育主体，还是教育客体，都是具有一定社会意识和行为活动能力的人，都具有主体性，在思想政治教育过程中，应该积极促成教育者与受教育者的双向互动。二是要积极发挥教育介体和教育环体的积极性，做到"趋利避害"。

(3)高校思想政治教育的过程是内化与外化相统一的过程。关于内化与外化的含义，理论界已做出了精辟的阐释。内化就是"我要这么做"。而外化就是把内化要求的"我要这么做"外化为"我已经或者正在这么做"。内外化目标的实现不可能一蹴而就，要分阶段进行。内化分盲从、认同和信奉阶段，外化分明确问题、选择合适的行为方式和实践并养成习惯三个阶段来完成。对于内化、外化的顺利实现，还需要一定的内外部条件。内化的实现途径主要是注意教育者的影响和选择合适的教育方式，外化的实现主要是在教育者的引导下，调动教育对象的主动性，组织各种形式的社会实践活动，进行强化行为训练。

高校思想政治教育过程是一个整体，一个完整的思想政治教育过程包括内化与外化两个环节，且二者是辩证统一的。内化是前提，外化是目的；内化是外化的基础，外化是内化的归宿。没有外化，内化就会失去意义；没有内化，外化显得"捉襟见肘"。外化存在于内化中，教育客体思想政治素养的形成来源于自身的社会实践；内化中也有外化，教育客体进行实践的依据就是内化的思想政治素养。

(4)注重部分与整体关系，整合各种因素形成合力，发挥系统作用的规律。高校思想政治教育过程是一个整体,这个整体是由教育主体、教育客体、教育介体、教育环体四部分构成的。它们之间相互协作,和谐相处,有利于高校思想政治教育过程整体作用的发挥。在思想政治教育的过程中应该积极发挥各方面的合力,调节各方面活动的积极性。中共中央、国务院《关于进一步加强和改进大学生思想政治教育的意见》提出:思想政治教育首位、合力育德的"大德育"整体观念,思想政治教育的整体观是思想政治教育的"主导"观念。这就要求我们发挥各方面因素的作用积极进行思想政治教育的整体性构建。

(5)理论创新和方法创新相统一的规律。兼具理论性和实践性是高校思想政治教育的重要特点。思想政治教育理论要突出实践性,这不仅是时代的需要,更是大学生健康成长的需要。高校思想政治教育过程中教育理论的研究要充分实现该理论的价值,而理论价值得以实现最有效的方式就是将其投于实践。"实践是检验真理的唯一标准。"因此,针对思想政治教育理论的缺失,我们可以尝试将思想政治教育理论与实践相结合,在检验理论的同时发展和丰富理论。同时,高校思想政治教育要紧紧依靠理论,借助理论的"先知"推动思想政治教育实践的深入研究。这不仅是思想政治教育理论的创新,也是思想政治教育实践的发展和创新。

思想政治教育活动是一项理论性很强的社会实践活动,我们要牢牢坚持这一实践活动和理论活动不动摇。高校在进行思想政治教育实践的过程中,应该将理论与实践相结合,不断丰富和发展理论,创新理论的内容和形式。理论创新和方法创新相统一的规律是高校思想政治教育过程的一条重要规律。

(6)把握好高校思想政治教育过程规律与思想政治教育过程规律、思想政治教育工作规律之间的联系与区别。高校思想政治教育过程规律与思想政治教育过程规律、思想政治教育工作规律之间的联系在于它们都属于思想政治教育规律体系范畴,教育过程中的内容、方法、手段之间存在共性。它们既有联系,又有区别。区别具体表现在以下几方面:

一是高校思想政治教育过程规律与思想政治教育过程规律的区别表现为:高校思想政治教育过程规律与思想政治教育过程规律的教育、研究对象不同。思想政治教育过程规律的研究对象涉及范围较广,包括社会生活中的诸多群体、诸多阶层;而高校思想政治教育过程规律涉及的对象具有针对性,只针对大学生群体而言。所以,高校思想教育政治过程规律包含于思想政治教育活动过程中,两者是特殊与一般的关系。

二是高校思想政治教育过程规律与思想政治教育工作规律的区别表现为:思想政治教育工作规律是从教育主体的角度出发,站在教育主体的角度通过整合各种思想政治教育的资源,有针对性地开展思想政治教育活动;而高校思想政治教育过程并非从教育主体一个角度出发,而是从多角度出发进行规律总结。

二、高校思想政治教育的价值

高校思想政治教育的价值是指高校思想政治教育传播和发散的教育内容的作用和意义。它是由高校思想政治教育在整个教育体系中的地位及其在社会主义物质文明与精神文明建设中所起的作用决定的,主要体现在对具有创新精神和实践能力的高素质人才的培养和对两个文明的协调方面。

高校思想政治教育的价值是指高校思想政治教育的属性、功能对大学生需求满足的效用。高校思想政治教育的价值形态结构是相对存在的,主要有理想价值和现实价值、正面价值和负面价值、直接价值和间接价值、绝对价值和相对价值、个体价值和社会价值及目的价值和工具价值。另外,高校思想政治教育还有广泛的社会价值,即政治价值、经济价值、文化价值和管理价值。

(一)政治价值

政治价值在高校思想政治教育的社会价值中居于首要地位,我们要从整体上认识和把握思想政治教育的政治价值,应主要从以下三个方面去研究和理解:

(1)净化社会风气,弘扬主旋律。对大学生进行适当的政治教育可以净化其精神生活,为社会经济基础和政治制度服务。

(2)为推动政治发展提供思想基础、精神动力和方向引导。政治价值的实现有利于保障我国政治发展的马克思主义方向。

(3)实现社会和谐稳定。政治价值对化解社会矛盾,维护民生和社会稳定,促进社会和谐起着十分重大的作用。

(二)经济价值

经济价值,即促进经济发展,满足人们物质生活需要的价值。具体来讲,高校思想政治教育的经济价值体现在三个方面:

(1)高校思想政治教育为经济发展提供智力支持。高校思想政治教育通过激发和调动大学生参与社会生活的积极性促进经济的发展和社会的进步。

(2)高校思想政治教育在一定程度上保障了经济发展的方向。高校思想政治教育反对种种"私有化"的倾向,能够使我国市场经济与社会主义基本经济制度、政治制度相结合。

(3)高校思想政治教育营造了经济发展的有利环境。高校思想政治教育通过法制教育、道德教育可以塑造大学生良好的参与经济活动的道德基础和法制基础,这样有利于经济快速、和谐、健康发展。

(三)文化价值

文化是一个国家的软实力,高校思想政治教育的文化价值具体体现在两个方面:

(1)具有文化选择功能。高校思想政治教育培养了大学生对不同文化的甄选和判断能力,对于优秀、积极向上的文化,大学生群体能够吸收并积极发扬,营造良好的文化氛围。

(2)具有文化创造、再生功能。高校思想政治教育总是渗透到社会生活的方方面面,因此,大学生与文化进行"发酵"后,能够创造出正能量的文化。大学生传播主导的政治文化,对亚文化进行渗透,使其沿着正确的方向发展。

(四)管理价值

管理主要分为硬管理和软管理两个方面。硬管理是指依靠法律、规章和制度等强制性手段进行管理;而软管理也称柔性管理,是指利用文化教育进行熏陶。

高校思想政治教育的管理价值主要体现在以下两个方面:

(1)高校思想政治教育有利于降低管理成本,切实提高管理效率。

(2)高校思想政治教育通过大学生的自我管理,锻炼了一批有能力、有素质的实干型管理人才,他们进入社会后,能够更加娴熟地运用各种管理手段参与社会管理。

高校思想政治教育四个方面的社会价值体现了其本质价值,只有它们之间相互作用才能更好地发挥其价值,满足人们对它的期望和需求。

第三节　高校思想政治教育的现状与发展对策

一、高校思想政治教育的现状分析

(一)高校思想政治教育内容有待更新

大学生的世界观、人生观和价值观正处于初步形成阶段,而新时代大学生处于信息时代,信息碎片化严重,他们可以通过很多渠道接触到各式各样的信息,信息的开放性、多元性容易引发大学生价值观多元化倾向,网络上各种外来的观念、思潮和随社会变革而出现的新的价值标准是影响大学生价值观念形成的不确定因素。时代变革倒逼我国高校思想政治教育内容做出相应的改变,以取得更好的教育实效。

高校思想政治教育的主阵地是思想政治理论课和课程思想政治教育教学内容。与时俱进的教学内容更有利于培养大学生的认同感和学习兴趣。但是目前,我国高校思想政治教育内容存在较为老旧、枯燥、重理论轻实践、针对性不强等问题,导致思想政治理论课教师对教材重难点把握不准,讲授的内容也较为泛化,不能够匹配大学生的思维方式和思想特点,无法满足大学生的需求。大学生在学习思想政治理论时较为吃力,理解起来较为抽象,缺乏学习兴趣,并没有自己深刻独特的见解,没有入脑入心。所以,高校思想政治教育要以需求为导向,及时更新内容,使其保持鲜活性。

(二)高校思想政治教育方式方法有待创新

目前,思想政治教育以思想政治理论课为主,传统的讲授法是最为普遍的教育方法。在这个过程中教育的主客体有明显的区分,学生处于被动地位,其主观能动性极易被忽略。而"互联网＋"时代的到来,让新时代的大学生对新鲜事物有着极强的好奇心和求知欲,从某种程度上冲淡了传统教育方法的地位。面对新时代环境的变化,如果广大思想政治教育工作者仍采用一成不变的教育方法,则很难激起学生对思想政治教育学习的兴趣,不利于学生思想观念的形成和思想政治教育在日常生活中的运用,无法满足大学生的个体需求。

除此以外,教学模式重理论灌输,轻课外实践,教育实效性不强,尤其对于偏理工类专业的大学生,他们基础较为薄弱,理解起来困难较大,若不能进行较好的实践,就会出现"知行脱节"的现象。所以高校应创新教育方式方法,高效利用腾讯课堂、学习通、雨课堂等各种线上教学 App 或"两微一端"(微博、微信及新闻客户端),丰富教学方法,同时注重实践与理论相辅相成,组织思想政治相关实践活动,结合学生实际升华课程的价值目标与价值导向,避免思想政治教育流于形式。

(三)高校思想政治教育专业化队伍建设有待加强

目前,我国各高校普遍缺乏具有高水平专业素养的教师队伍,现有思想政治教育队伍主体专业化程度不够,导致教育效果差。另外,高校思想政治教育工作运行受偶然性因素影响大,分工和工作思路缺乏系统性,工作合力的形成还需要过程。有些行政领导干部忽视思想政治教育工作的重要性,对包括辅导员在内的学校思想政治工作队伍重视不够,有许多专业教师教学与育人脱节等。

习近平总书记在学校思想政治理论课教师座谈会上强调:"办好思想政治理论课关键在教师,关键在发挥教师的积极性、主动性、创造性。"[①]教师队伍的建设任重道远,目前迫切需要建设一支政治强、情怀深、思维新、自律严、人格正的高质量教育队伍。

(四)高校思想政治教育理论与实践缺乏紧密结合

目前,高校思想政治教育侧重于以思想政治理论课、时事政策课等课程为主要模式,知识理论性很强,教师与学生之间主客体区分明显。对于偏理工类专业的学生来说,理解起来存在着较大困难,导致其学习思想政治知识动力不足,对加强自身思想政治素质的觉悟较低。因此,高校思想政治教育应打破教室的壁垒,将思想政治教育与各种实践活动相结合,让学生能够在志愿活动等有意义的实践活动中,主动学习思想政治知识,有感而发,潜移默化地提升自我思想政治素质,更加拥护党的领导,将自己的人生目标同国家富强、民族复兴的目标自觉统一起来。在开展实践活动时,应制定详细的实践课课程目标与课程大纲,注重课时的划分与界定,避免实践活动流于形式。

(五)高校思想政治教育工作平台建设不完善

新时代高校思想政治教育不能单靠课堂教育,单一的课堂教育不能实现全面育人的

---

① 习近平. 用新时代中国特色社会主义思想铸魂育人 贯彻党的教育方针落实立德树人根本任务[N]. 人民日报,2019-03-19(1).

效果,高校思想政治教育平台建设亟须从单一走向多元,通过多样化的平台建设完善思想政治教育工作平台,进而实现高校思想政治教育的全面提升。首先是校园文化建设。目前高校校园文化建设偏向简单娱乐化模仿,缺乏涵养性,其在高校思想政治教育工作育人中的引领作用没有得到极好的彰显。其次,高校思想政治教育工作平台建设机制和运行方式不完善。高校中与思想政治教育工作相关的平台建设机制相对滞后,相关的教育实践基地平台难以同新时代思想政治教育工作相适应。现代化的思想政治教育基地和平台建设不够全面,学生思想政治教育工作队伍的运行保障机制落后于新时代对大学生思想政治工作的内在要求,现有的职称评价体系和管理机制不能较好地提升其工作的能动性和创造性,这在一定程度上影响了高校思想政治教育工作平稳有序地运行。

二、高校思想政治教育的发展对策

(一)结合时代特征丰富和优化思想政治教育内容

当代大学生以"00后"为主要群体,他们是伴随互联网的兴盛而成长的一代,在全球化浪潮下,他们的思想观念和诉求也日趋多元和多变。高校思想政治教育内容要与时俱进,立足于新时代发展的新背景和社会发展的最新成就,以需求为导向,因地制宜,打造优质有趣的内容,精准对大学生开展思想政治教育。

一方面,要从实际出发,有针对性地引导大学生坚守马克思主义的立场,用马克思主义的世界观和方法论观察和理解时代,增强自身自信力和判断力;及时引导学生正确面对每一个突发事件以及舆情,用辩证的眼光看问题,坚定"四个自信",不被错误思潮动摇,提升自身化解焦虑、解决困扰的能力。

另一方面,除了思想政治课以外,应将其与专业课融合起来,在潜移默化中提升大学生的思想政治素养。与专业课融合,可以强化大学生对主流意识形态内容的理解,更好地学懂弄通马克思主义理论和信仰马克思主义理论对自身成长的重要性;同时,在新的社会环境下,大学生思想活动的独立性会引发他们对社会热点问题的关心、思考,这就需要我们走在时代前沿,了解他们最关心的问题,主动与他们讨论社会热点问题,主动依托社会发掘实践性题材,将时政作为思想政治教育的主要内容,结合当下时政热点,有针对性地阐述其中蕴含的马克思主义中国化的理论成果,激发他们的学习兴趣。

(二)充分利用新媒体等科学技术手段创新思想政治教育方法

新媒体时代的到来让信息传播不受时空限制,对当代大学生的学习、社交、心理健康等产生了巨大影响。新形势下,加强高校意识形态工作,充分利用新媒体等科学技术手段抢占思想制高点,实现思想政治教育技术和手段创新,提升高校思想政治教育的实效,成为高校思想政治教育最迫切的一项工作。

高校要运用新媒体技术,推动思想政治工作传统优势与信息技术高度融合,增强时代感和吸引力。一方面,新媒体技术为高校思想政治教育提供了更加宽广的平台、更加便捷的渠道。例如疫情防控期间,借助互联网和一系列教学客户端实现了思想政治在线教学,提高了主客体之间的互动水平,让大学生的主观能动性得到最大限度发挥。另一方面,新媒体碎片化、交互性、渗透性、高效传播性等特点让思想政治理论知识不再是单薄陈旧的框架,而是走向立体与新颖。所以要提升教育者对新媒体教育理念的认可,加快完善新媒体平台的建设,抢占多媒体宣传阵地制高点,拓宽知识的传播途径,增强知识的亲和力,创新思想政治教育方式方法,激发大学生的积极性和主动性,才能为新时代培养出拥有远大理想、热爱伟大祖国、担当时代责任、勇于砥砺奋斗、练就过硬本领、锤炼品德修为的青年马克思主义者。

(三)加强高校思想政治教育教师队伍建设

思想政治理论课教师是大学生思想上的指导者和领路人,也是高校开展思想政治教育的关键因素,因此,高校思想政治教育工作要以全员育人理念引领思想政治教育工作队伍建设,要充分发挥教师的积极性、主动性和创造性,推动思想政治教育工作者不断提高政治素养、道德素养、职业素养,加强师德师风建设,打造政治强、情怀深、思维新、视野广、自律严、人格正的思想政治理论课教师队伍,以问题导向和目标导向推动思想政治理论课改革创新,达到育人效果。

首先,高校要进一步提升高校思想政治教育教师队伍的相关待遇,落实相关政策,让思想政治教育工作队伍有稳定的大后方。

其次,高校要进一步健全思想政治教育工作机制,形成规范有序的引进、考核机制,实现思想政治教育工作的有序推进。打造高质量的思想政治教育教师队伍需要形成规范有序的思想政治教育工作制度,进而才能形成稳定的思想政治教育教师队伍。高校要注重教师队伍的培育、进修工作,以持续不断的投入推动思想政治教育教师队伍素质的不断提升。

最后,高校要加快加紧落实教育部门相关思想政治教育教师队伍的建设政策,加快配备高校辅导员和教师队伍。教育主管部门要善于解决教师发展中关注的问题,为教师提供良好的育人环境,把握教师成长的发展规律,注重教师自身素质和作风的提升,在落实政策和提升服务中打造思想政治教育教师队伍合理有序的发展平台。

(四)理论与实践相结合,打通高校思想政治教育的"最后一公里"

思想政治教育的概念初听起来较为笼统,但它并不是高高在上、虚无缥缈的,要让高校思想政治教育真正落地生根接地气,就要坚持以"学生为中心"的教育理念,坚持全员、全过程、全方位育人,将理论与实践相结合,打通思想政治教育的"最后一公里"。

一方面,要充分发挥教师队伍及学生党员等的榜样带头作用,在工作、学习和生活等实践中积极践行爱国主义和社会主义核心价值观。思想政治教育应该贯穿整个大学阶段,要坚持做好入学和毕业两项教育,使思想政治教育不断档、不断线。

另一方面,设计体验式教学模式,加强思想政治教育的实操性,开设实践课程及实践活动,如志愿服务活动、参观红色教育基地等,有助于大学生将理性认知与实际行动有机结合,能够对马克思主义的科学内涵产生自己独特深刻的理解,真正入脑入心,使内化思想政治教育内容成为大学生的坚定信念和自觉追求,让他们做到知行合一、以知促行、以行求知。此外,由辅导员、班主任、思想政治课教师等构成的思想政治教师队伍应当深入学生宿舍,时刻关注学生的学习、生活和思想动态,从侧面给予学生最大的帮助。

(五)加强高校校园文化建设

高校特色校园文化是中国特色社会主义文化的重要组成部分,是实现立德树人根本任务的重要途径。在大学生学习和生活的过程中,思想政治教育工作是大学生成长成才的重要保障,作为高校思想政治教育工作重要组成部分的高校校园文化,应加强建设的方向和实践。习近平总书记在全国高校思想政治工作会议上指出:"要更加注重以文化人以文育人,广泛开展文明校园创建,开展形式多样、健康向上、格调高雅的校园文化活动,广泛开展各类社会实践。"①

高校校园文化建设应以提升高校思想政治教育工作能力为核心,以提升大学生爱国主义和道德素养建设为指向;充分发挥校园团学的组织引导职能,注重学生团学组织建设,在开展大学生活动中,积极把思想政治教育理念和大学生自身主体意识相结合,积极开展人文社科讲座,注重学生视野的开阔,使学生善于将知识和思想相结合。

---

① 习近平. 在全国高校思想政治工作会议上的讲话:把思想政治工作贯穿教育教学全过程　开创我国高等教育事业发展新局面[N]. 人民日报,2016-12-09(1).

第二章　高校思想政治教育的
内容与方法研究

第一节　高校思想政治教育的内容阐述

思想政治教育的内容是依据思想政治教育的目的和任务以及教育对象精神世界发展的需要而确定的。思想政治教育的目的和任务内在规定的丰富性、教育对象精神世界发展以及思想实际的多样性决定了思想政治教育内容的广泛性和多样性，这些多方面的内容按照特定的层次结构相互联系、相互作用，构成了思想政治教育的内容体系。

高校思想政治教育的内容主要有唯物主义世界观、人生价值观、爱国政治观、民主法治观以及和谐社会发展观等。我们要坚持和发展中国特色社会主义，坚持把立德树人作为中心环节，坚持在中国特色社会主义伟大实践中做人的工作，坚持"因事而化、因时而进、因势而新"。在新媒体环境下，高校思想政治教育的内容要切合实际，以政治教育为主导，这样才能更好地发展高校思想政治教育。

一、唯物主义世界观教育

辩证唯物主义产生于19世纪40年代，是马克思主义的一种哲学理论，是把唯物主义和辩证法有机地统一起来的科学世界观，是唯物主义的高级形式。辩证唯物主义认为，世界的本质是物质的。

在哲学基本问题的认识上，辩证唯物论批判了唯心论和唯物论抽象的、僵死的形而上学的认识观点和方法，以辩证的理论思维方式发展了唯物论。辩证唯物论科学地解决了哲学的基本问题，为人们解决疑难问题提供了科学的方法。

(一)辩证唯物主义

辩证唯物主义是马克思、恩格斯创立的关于用辩证法研究自然界、人类社会和思维发展的一般规律的科学，与唯心主义和形而上学根本对立，又与一切旧的唯物主义有根本区别，是唯物主义和辩证法的有机结合。

辩证唯物主义的基本观点即物质是第一性的，意识是第二性的。世界的统一性在于其物质性，意识是物质世界长期发展的产物，是人脑的机能和属性，是物质世界的主观映象;事物是普遍联系的,联系是指事物内部各要素之间和事物之间相互影响、相互制约和相互作用的关系。

事物的普遍联系必然导致事物的运动、变化和发展,事物是永恒发展的,发展是前进的、上升的运动,发展的实质是新事物的产生和旧事物的灭亡。对立统一规律是事物发展的根本规律,事物内部固有的矛盾既是其普遍联系的根本内容,也是事物变化发展的根本动力。量变和质变是事物运动的两种最基本状态,一切事物的发展变化都表现为由量变到质变和由质变到量变的质量互变过程。事物的发展是由肯定到否定,再到否定之否定的螺旋式上升过程。

进行辩证唯物主义教育就是帮助大学生理解和掌握辩证唯物主义所具有的基本观点,使大学生运用这些观点去认识、分析和解决问题,遵循客观规律,依照客观规律办事,同时发挥主观能动性,有效地将客观规律和主观能动性结合起来。

大学生要用全面的、联系的、发展的观点看世界,透过纷繁复杂的社会现象抓住事物的本质,反对用孤立的、片面的、静止不变的观点看世界;既要全面把握事物,又要善于抓住事物的特点;注意量变和质变的关系,既要重视知识的积累,注意事物细小的变化,又要根据事物的发展进程,不失时机地促使事物由量变到质变转化;要采取科学分析的态度和方法,坚持从肯定和否定结合的角度去考查事物。

在当前复杂的社会环境中进行辩证唯物主义教育,帮助大学生掌握辩证唯物主义的基本观点,有助于大学生学会用正确的观点和科学的方法透过复杂的社会现象看到社会的发展趋势,坚定建设中国特色社会主义的信心;有助于大学生正确对待市场经济建设和全面深化改革进程中出现的种种问题,看到党和政府为解决这些问题付出的巨大努力;有助于大学生明确在解决这些问题、推进中国特色社会主义事业进程中负有的历史责任,从而使他们积极投入社会主义现代化建设。

(二)历史唯物主义

历史唯物主义是关于人类社会发展一般规律的科学。人类社会的发展与自然界的发展一样具有规律性。马克思、恩格斯从社会存在与社会意识的辩证关系出发,深刻地揭示了生产力与生产关系、经济基础与上层建筑矛盾运动等一系列规律,为人们正确认识人类社会历史及其发展趋势,正确认识资本主义社会和社会主义社会的发展规律提供了科学的理论指导。

进行历史唯物主义教育就是要帮助学生努力做到以下几点:

一要帮助大学生理解和掌握历史唯物主义的基本观点,并使其运用这些基本观点去认识和分析社会历史现象,创造社会生活;通过历史唯物主义的教育引导大学生认识社会发展的必然性——社会主义代替资本主义是不可抗拒的必然趋势,从而坚定社会主义和共产主义的理想信念。

二要使大学生理解和把握生产力和生产关系的矛盾运动规律,坚持把解放生产力和发展生产力作为制定路线、方针和政策的出发点和归宿,坚持以经济建设为中心,积极投身改革开放和现代化建设；要使大学生理解和把握经济基础与上层建筑的矛盾运动规律，坚持在改革和完善社会主义经济基础的同时，不断改革和完善社会主义上层建筑。

三要使大学生认识到以马克思主义为指导的社会主义意识形态是促进社会主义社会发展的巨大精神力量，因而在进行物质文明建设的同时，还要加强社会主义精神文明建设，帮助大学生坚定共产主义信念，树立共同理想，使他们积极投身现代化建设；要使大学生认识到人民群众是历史的主体，始终坚持一切为了群众、一切依靠群众、从群众中来、到群众中去的群众路线，始终坚持以人为本，坚持发展为了人民、发展依靠人民、发展成果由人民共享。

二、人生价值观教育

人生价值观是不同的人因具有不同的世界观而产生的不同的方法论，是人们认识、评价人生活动具有的价值属性的观点和看法，具体可分为人生观和价值观。一方面，世界观支配和指导着人生观、价值观；另一方面，人生观、价值观反过来制约、影响着世界观。

人生观是指人们对人生问题所具有的根本看法，主要是对人生目的、意义的认识和对人生的态度，主要包括公私观、义利观、苦乐观、荣辱观、幸福观和生死观等。人生观是人们在人生实践和生活环境中逐步形成的。人们由于经历不同、遭遇不同、文化素养和所受教育不同，因而形成了不同的人生观。

正确的人生观指引人走人生的正道，用自己的劳动去创造人生业绩，用自己的双手去创造幸福，成为一个有益于社会、有益于人民的高尚的人。错误的人生观将导致人背离人生的正道，走到邪路上去，甚至成为危害社会、危害人民的罪人。

价值观是指人们对价值问题的根本看法，主要包括价值的实质、构成以及标准。这些认识的不同，使人们形成了不同的价值观。每个人在自己价值观的引导下，形成了不同的价值取向，追求着自我认为最有价值的东西。

价值的内涵非常丰富，一般可以分为物质性的和精神性的价值，还有综合性、复杂性的价值，如人的价值（或称人生价值）。树立正确的价值观和科学、合理的价值取向，对一个人的发展是至关重要的。

由此我们可以看出，人生观和价值观既有关联又有区别。所谓区别是指其内涵和范围不同。人生观所面对的是社会人生的领域，而价值观则更进一步，指的是个人在发展过程中的价值取向。

人生价值是个人对自我、他人和社会所具有的意义和作用，不仅包括个人对社会的责任和贡献，也包括社会对个人的尊重及其对个人需求的满足。人生价值观就是人们对人生价值的总体看法和根本观点。它在人生观中居于核心地位，在深层次上影响、制约和指导着人们的实践活动。加强人生价值观教育对于帮助人们正确处理个人和社会的关系、实现人生的价值具有重要意义。

在对大学生进行人生价值观的教育时，高校要做到以下几个方面：

首先，要引导大学生确立正确的人生价值目标。所谓人生价值目标指的是从根本方向和原则上指明人生应该追求什么以及应当怎么做,它直接或间接地联系着人生的一切实践活动,为实现人生价值提供了目标导向,是人生实践的重要指南。高校在进行人生价值观教育时,要注意引导大学生选择和确立正确的人生价值目标,要帮助大学生认识到社会主导的价值观在客观上制约着个体的价值目标,因而个体的价值目标必须符合社会主导的价值目标,从而使他们从自身实际条件出发确定个人价值目标。

其次,要引导大学生对人生价值进行正确评价。人生价值评价指的是根据一定的价值标准,通过个人心理活动、群体意识倾向和社会舆论对自己或他人的价值观念与社会行为进行衡量、分析以及判断的过程。进行人生价值评价,必须正确把握人生价值评价标准。人生价值评价的根本尺度是看一个人的实践活动是否符合社会发展的客观规律,是否通过实践促进了历史的进步。而评价人生价值的基本尺度是劳动以及通过劳动对社会和他人做出的贡献,这是社会评价一个人的人生价值的普遍标准。

再次,要引导大学生把握正确的人生价值评价方法,使他们坚持能力有大小与贡献须尽力相统一,坚持物质贡献与精神贡献相统一,坚持完善自身与贡献社会相统一,坚持动机和效果相统一。

最后,要引导大学生努力实现人生价值。这要求我们必须做到以下几点:

(1)有效地引导大学生提高自身的素质与能力。个人所具有的素质和能力很大程度上决定了个人人生价值的实现程度。要实现人生价值,就要不断地提升自身的素质,包括思想道德素质、科学文化素质和身体心理素质,提高认识问题和解决问题的能力。

(2)帮助大学生认识到实现人生价值要从客观条件出发。大学生要认识到:人生价值是在劳动创造活动中实现的,人的创造力的形成、发展和发挥都依赖于一定的客观条件;只有从社会客观条件出发,充分发挥自己的主观能动性,才能更好地实现人生价值。

(3)引导大学生发扬艰苦奋斗精神。大学生要坚决抵制拜金主义、享乐主义、个人主义等腐朽思想,反对贪图安逸、追求享乐、满足现状、不思进取、个人利益至上的思想,做到积极进取,敢于拼搏,吃苦耐劳,勤勉敬业,无私奉献。

(4)要引导大学生在实践中创造人生价值。实践是创造人生价值的源泉和根本途径,当前,我们要引导大学生积极参与推进社会主义现代化、实现中华民族伟大复兴的实践,在实践中实现和创造自己的人生价值。

三、爱国政治观教育

(一)基本国情教育

基本国情是指一国相对稳定的总体的客观实际情况,即对社会和经济发展起决定性作用的最基本、最主要的发展要素和限制因素,它们决定了该国是否能够长远发展。认清当代国情,也是认清一切建设和发展问题的基本根据。因此,对大学生进行广泛而深入的基本国情教育,对于团结全国人民共同奋斗,把我国建成富强、民主、文明、和谐的社会主义现代化国家具有重要意义。

高校对大学生进行基本国情教育时主要包括以下几方面内容：

一要帮助大学生深入理解社会主义初级阶段的科学含义。社会主义初级阶段包含两层含义：一是当前我国已经是社会主义社会，二是我国的社会主义还处于初级阶段。我国社会主义初级阶段不是指任何国家进入社会主义都会经历的起始阶段，而是我国在生产力水平发展不够高、商品经济不发达的条件下建设社会主义必然要经历的特定历史阶段。我们必须坚持而不能离开社会主义，必须从初级阶段实际出发而不能超越这个阶段。

二要有效地帮助大学生认识社会主义初级阶段的基本特征，尤其是 21 世纪新阶段我国发展所呈现出的新的阶段性特征。高校思想政治教育要帮助大学生认识社会主义必然经历若干具体的发展阶段，在不同的时期会呈现出不同的阶段性特征。只有认清我国发展的阶段性特征，才能更好地认清我国的基本国情。

三要帮助大学生认识和把握社会主义初级阶段的主要矛盾。我国社会主义初级阶段的主要矛盾是人民日益增长的美好生活需要和不平衡不充分的发展之间的矛盾，该矛盾融入了社会主义初级阶段的整个过程和社会生活的各个方面，进而决定了我们必须将解放和发展生产力放在第一位，把发展作为党执政兴邦的第一要务，坚持以经济建设为中心，在经济不断发展的基础上，协调推进政治建设、文化建设、社会建设、生态文明建设以及其他各方面建设。

(二)党的基本理论、基本路线、基本纲领、基本经验教育

自改革开放以来，逐步形成的党的基本理论、基本路线、基本纲领和基本经验是中国共产党领导广大人民群众建设中国特色社会主义伟大实践的结晶，是中国共产党和中国人民的宝贵财富，它们对于加强和改进党的建设、建设和发展中国特色社会主义事业具有指导意义。对大学生进行党的基本理论、基本路线、基本纲领和基本经验教育，是当前思想政治教育的重要内容，因此，高校思想政治教育要帮助大学生深入理解和把握党的基本理论、基本路线、基本纲领以及基本经验。

1. 党的基本理论

党的基本理论包括马克思列宁主义、毛泽东思想和中国特色社会主义理论体系。其中，中国特色社会主义理论体系包括邓小平理论、"三个代表"重要思想、科学发展观和习近平新时代中国特色社会主义思想。党的基本理论是我们党最宝贵的政治和精神财富，是全党和全国各族人民团结奋斗的共同思想基础，是指引党和国家事业不断从胜利走向胜利的行动指南。

2. 党的基本路线

习近平总书记在十九大报告《决胜全面建成小康社会　夺取新时代中国特色社会主义伟大胜利》中对党的基本路线作出了新的表述：领导和团结全国各族人民，以经济建设为中心，坚持四项基本原则，坚持改革开放，自力更生，艰苦创业，为把我国建设成为富强民主文明和谐美丽的社会主义现代化强国而奋斗。

3.党的基本纲领

党的基本纲领是党的基本理论中的重要内容,是党的基本路线的具体展开。党的十九大将"五位一体"总体布局和"四个全面"战略布局写入党章,统筹推进经济建设、政治建设、文化建设、社会建设、生态文明建设,协调推进全面建成小康社会、全面深化改革、全面依法治国、全面从严治党。这是现阶段我们党的基本纲领,是我们贯彻执行党的基本路线的行动纲领和准则。

4.党的基本经验

党的基本经验是指深入贯彻党的基本理论、基本路线以及基本纲领,不断进行理论升华,是对中国特色社会主义建设客观规律的深刻把握。它具体包括以下几点:

(1)要将坚持马克思主义基本原理同推进马克思主义中国化结合起来,解放思想、实事求是、与时俱进,以实践基础上的理论创新为改革开放提供理论指导。

(2)要把坚持四项基本原则同坚持改革开放结合起来,牢牢抓住经济建设这个中心,始终保持改革开放的正确方向。

(3)要把尊重人民首创精神同加强和改进党的领导结合起来,坚持执政为民、紧紧依靠人民、切实造福人民,在充分发挥人民创造历史作用的过程中体现党的领导核心作用。

(4)要把坚持社会主义基本制度同发展市场经济结合起来,发挥社会主义制度的优越性和市场配置资源的有效性,使全社会充满改革发展的创造活力。

(5)要把坚持独立自主同参与经济全球化结合起来,统筹好国内国际两个大局,为促进人类和平与发展的崇高事业做出贡献。

(6)要把促进改革发展同保持社会稳定结合起来,坚持改革力度、发展速度和社会可承受程度的统一,确保社会安定团结、和谐稳定。

(7)要把推进中国特色社会主义伟大事业同推进党的建设新的伟大工程结合起来,加强党的执政能力建设和先进性建设,提高党的领导水平和执政水平、拒腐防变和抵御风险能力。

党的基本理论、基本路线、基本纲领和基本经验是对中国特色社会主义实践经验的科学概括和总结。

(三)民族精神教育

中华民族所具有的民族精神是经历了五千多年的发展,逐步形成的以爱国主义为核心的团结统一、爱好和平、勤劳勇敢、自强不息的伟大精神。民族精神是一个民族在长期的共同生活和社会实践的基础上形成的为本民族大多数成员所认同和接受的民族意识、民族心理、民族品格以及民族气质的总和。它是中华民族五千多年生生不息、发展壮大的强大精神支撑,是我国各民族世世代代自强不息、团结奋斗的牢固的精神纽带,是我们不断开辟新征程、开创新未来的不竭精神动力。

在对大学生进行民族精神教育的过程中,我们应当培养大学生对中华民族共同的历史、文化、生活方式的归属感,培养他们对伟大祖国悠久历史和优秀传统的认同感,引导他们形成良好的道德品质和行为习惯,帮助他们正确理解中华民族精神的时代内涵。

当前和今后一段时期,我们要把国家意识、文化认同和公民人格教育(包含社会责任、诚信守法、平等合作以及勤奋自强教育)作为民族精神教育的重点内容。

在对大学生进行民族精神教育时,我们应特别注意以下四点:

一是把中华民族优良传统教育与时代精神教育有机结合起来。我们要将弘扬民族优秀文化传统与培育时代精神相结合,既要弘扬中华民族优良的人文传统和革命传统,又要吸收和借鉴人类发展的一切文明成果,以发展的眼光开展民族精神教育。

二是重视并充分发挥社会实践在民族精神教育中的作用。我们要科学规划社会实践的内容,拓展社会实践的新领域、新载体、新形式,使大学生在耳闻目睹和亲身体验中感知民族精神的强大力量,激发对祖国和民族的感情,增强民族意识和民族责任感。

三是要有效地把握民族精神教育的契机,善于抓住有利于振奋民族精神的重大事件与活动,及时开展一些民族精神教育,努力挖掘一些体现民族精神的典型案例,形成强有力的舆论导向。

四是要将学校教育与家庭教育、社会教育有机结合,既要发挥学校教育在弘扬和培育民族精神中的主渠道、主阵地作用,又要加强家庭教育、社会教育与学校教育之间的相互配合,使其相互补益、相互强化,从而形成民族精神教育的整体合力。

(四)时代精神教育

时代精神是社会在最新的创造性实践中逐步形成的,反映了社会的进步发展方向、引领时代的进步潮流,是为社会成员所普遍认同和接受的思想观念、价值取向、道德规范和行为方式,是一个社会最新的精神气质、精神风貌和社会风尚的综合体现。

以改革创新为核心的时代精神,是马克思主义与时俱进的理论品格、中华民族富于进取的思想品格与改革开放和社会主义现代化建设实践相结合的伟大成果,是民族精神和中国共产党优秀传统在当代的弘扬,它们已成为我国各族人民不断开创中国特色社会主义事业新局面的强大精神力量。

全面建成小康社会,实现中华民族伟大复兴的中国梦,必须大力弘扬以改革创新为核心的时代精神,使全体人民始终保持昂扬的精神状态,使全民族的创造精神和创造活力充分迸发。为此,对大学生进行思想政治教育必须大力加强时代精神教育。

四、民主法治观教育

当代大学生的法治观教育主要体现了思想政治教育的实践性、创新性以及时代性,是当前高校思想政治教育的重要内容,关乎大学生的成长、成才以及国家的希望和民族的未来。因此,通过对当代大学生法治观发展现状的分析,提出加强大学生法治观教育的路径对策,帮助当代大学生树立起正确的社会主义法治观念显得十分重要。

法治,简单来说就是采用法律来治理国家。但是具体来看,法治是以民族政治为前提和目标,以严格依法办事为理性原则,表现为良好的法律秩序,并有着内在价值规定的法律精神的一种治国方略。

法治观是指人们对法律的性质、地位及其价值、作用等问题的观点和看法,即人们认识法治理念、运用法律知识、践行法律思维、评判法律作用和价值的观念。大学生的法治观是指大学生这一特殊群体对法律的性质、地位、作用等的认识和评价。大学生群体是青年群体最重要的组成部分,但是他们在很多方面都不够成熟,他们具有丰富的感情,年轻气盛,遇到事情容易冲动,思想意识还处在不十分成熟的状态,思维也不够缜密,很容易受到来自社会各方面各种因素的影响。他们往往会因为考虑问题不够周全,遇到问题时不能冷静理智地思考,而出现"感情用事""意气用事"等情况,如容易因为同学间的一点小矛盾做出一些过激的行为。

一些学生在进入大学校园之后,接触了拥有不同家庭背景的同学。不同的成长环境影响着学生的思维方式,而不平和的心态容易使其产生一种盲目攀比的意识,当自身的经济承受能力无法满足自己的需求时,有时甚至会导致盗窃行为的发生。

大学生掌握着较高水平的文化知识,在当前飞速发展的信息时代下,一些掌握着网络专业知识或者其他知识的大学生在经济效益等的驱使下,容易走上犯罪道路。

当前大学生的法治观与之前相比有一定程度的提高,但是也有部分大学生对法律抱有怀疑的态度。比如,学生之间发生争执或出现打架的情况时,有的大学生能够理智地对待,报告给学校或报警,但也存在部分大学生选择隐忍或是直接反击。

当合法权益受到不法侵害时,有些大学生因缺乏合法维权的观念,宁愿选择消极放任态度,或者采用报复手段讨回"公道"而触犯法律,也不愿相信法律的公信力,缺乏应有的法律信仰。大部分大学生认同并接受建设法治社会的重要性,但是在日常的生活中,真正践行的却寥寥无几,缺乏主动性。这主要表现为:在课余时间自觉学习法律知识的大学生很少,很多大学生对当前大学生违法犯罪现象的认识存在一些偏差,一部分大学生认为违法犯罪的主要原因是太冲动、处理事情不够理智、缺乏理性,却忽视了自身"法治观念淡薄"这一根本原因。

当前,为加强大学生法治观教育,高校要抓好以下几个方面的工作:

一是向大学生普及法律知识。高校要培养大学生的法治意识,提高大学生的法治素养,指导大学生的法治实践,要加强法律常识教育,帮助大学生理解马克思主义法学的基本观点,使大学生了解我国的法律制度和法律体系,了解宪法和法律的基本精神与内容,特别是与人们日常生活相关的法律规范的基本内容。这是社会主义法治教育的基础性工作,应持之以恒地抓好。

二是培养大学生的法治观念。首先,把握党的法治创新理论。在 2020 年 11 月召开的中央全面依法治国工作会议上,"习近平法治思想"被正式提出,成为全面依法治国的指导思想和根本遵循。对于当代大学生来说,能否对中国特色社会主义法治理论、法治实践、法治道路形成坚定自信和自觉信仰,首先取决于对习近平法治思想的科学内涵和指导意义是否有充分认知。一方面,高校思想政治教育应向大学生阐释习近平法治思想形成发展的实践逻辑、理论逻辑和历史逻辑。习近平法治思想是在我国长期的法治实践基础上、在科学的理论探索实践中、在深厚的历史涵养下形成、创立和发展起来的,通过讲授这些知识可以增强大学生对习近平法治思想的政治认同、思想认同、理论认同和情感认同。另一方面,高校思想政治教育应帮助学生深刻理解习近平法治思想的核心要义,在向大学生宣讲时,可针对学生的思想实际,着重讲清我国法治建设由谁领导、为了谁、依靠谁、走什么路等根本性问题,使大学生对中国特色社会主义法治理论与法治道路之"特色"有深入理解和内在认同,坚定自身中国特色社会主义法治自信。其次,持续完善高校法治宣传教育体系,增强大学生法治观教育实效。改革开放以来,我国大学生法治观的培养得到重视和不断强化,特别是党的十八大以来对依法治国的全面推动,使大学生法治素养成为高校人才培养的基本素质之一。然而,大学生法治观的培养还面临着从思想认识到教育模式等挑战,法治中国的宏伟目标、立德树人的教育使命、全球格局下的人才要求,都亟须高校进一步提高对大学生法治观的培养的重视程度。以此为前提,高校应主动回应当前法治宣传教育方面的重点问题,着力建立系统完善的法治观念培养课程体系、切实有效的法治实践活动体系、耳濡目染的校园法治文化环境体系等,多举措增强大学生法治观教育实效。

三是构建家庭、学校、社会多方参与的法治文化教育网络。文化是影响人们内在意识和外在行为最深沉的力量,全社会是否产生了守法光荣、违法可耻的社会氛围,是否形成了崇尚法治、法律至上的法律信仰,是否孕育出了浓厚的社会主义法治文化,是新时代大学生内心深处法治信念能否生长的决定性因素。为此,除高校应建立起完善的法治宣传教育体系外,家庭和社会也必须注重法治氛围的营造。在家庭中,父母应自觉成为"办事依法、遇事找法、解决问题靠法"的模范,尊重孩子的权利和自由,以身示范参与社会法治共建,等等。社区应将普法教育常态化,以小区布告栏、宣传画、宣传页、自媒体等方式向家庭宣传法律知识,结合"党员下沉社区"等活动开展法治教育家长课堂。总之,加强大学生法治观教育,亦有赖于社会多方参与,共同创造有利于大学生法治观念生成的法治文化。

四是促使大学生养成法律习惯。培养大学生的法律习惯,要注重培养大学生的法律思维习惯和法律行为习惯。法律思维习惯指的是人们按照法律的规定,对法律问题所采取的思考、分析以及解决的方式与倾向;法律行为习惯是人们在实践中所形成的依照法律办事的行为习惯。促使大学生养成法律习惯,自觉守法,是法治教育的落脚点,是法律转化为现实的重要体现。我们要着重培养大学生讲法律、讲证据、讲程序、讲法理的思维方式和依法办事的行为习惯,使法律习惯落实到大学生的生活中。

五、和谐社会发展观教育

和谐社会是人类永恒的追求,是一种信仰、一种理论、一种文化、一种实践。不同的民族拥有不同的文明,具有不同的历史阶段,对和谐社会也有着不同的诠释。

21世纪初,中国共产党提出建设社会主义和谐社会的全新思想体系,对和谐社会的哲学基础和根本目标有了新的认识。

人的全面发展受制于人与社会的和谐关系。个人向往自由,要求权益自主;社会需要秩序,要求权利规范。这两种需求协调一致、归于和谐,是现代社会必须首先解决的问题。人与自然的关系决定性地影响着人与自身、人与人、人与社会所组成的人类社会这个子系统。人的全面发展受制于人与自身的和谐关系。人与自身的和谐就是克己爱物,将欲望限制在有限的范围内,用有限的生命去追求无限的精神享受。人的全面发展还受制于人与人的和谐关系。人与人的和谐是人与自身和谐的外化,只有在生产资料公有制的社会中才能实现。

经过长期的发展可以看出,人们更多注重的是人与自身、人与人以及人与社会之间的关系,在进入 21 世纪后我们才真正认识到人与自然关系的重要性。和谐社会实质上是几大和谐关系的统一与人的全面发展。

社会和谐是国家富强、民族振兴以及人民幸福的主要保证。社会主义和谐社会的构建,是建设富强、民主、文明、和谐的社会主义现代化国家的内在要求。社会主义和谐社会是全体人民共同建设、共同享有的和谐社会,它充分体现了全党、全国各族人民的共同愿望。中国共产党提出的构建社会主义和谐社会是对现在所有社会主义运动的借鉴和超越,更是对马克思主义的进一步发展,是当代中国的马克思主义。

社会主义和谐社会,是中国共产党领导全体人民共同建设、共同享有的和谐社会,是人与自然和谐相处的社会,是惠及十几亿人口的更高水平的小康社会,是强国之路,是民族的复兴大业。

要想实现和谐社会的目标,要靠全社会的共同努力。改革开放以来,我国高校在数量、规模上都得到了很大的发展。高校担负着培育社会主义建设者的神圣使命,为建设社会主义和谐社会担负着重要的政治责任、社会责任和自身责任,它在传播知识的同时,更重要的是传播先进思想。为此,高校应该紧紧围绕和谐社会观对大学生进行教育,科学判断校园内和谐社会观的发展规律和发展趋势,顺势而上,有所作为。

和谐社会观教育必须紧紧围绕为国家培养建设者和接班人的根本目的,将爱党、爱国教育贯穿大学生教育的整个过程,必须坚持用马克思主义的立场、观点与方法来指导,用爱国主义、社会主义的道德观念、价值标准与人格意识来引导,帮助师生掌握正确的立场、观点与方法,获得基本的理论、知识与技能,培养良好的道德品质和行为习惯。

高校在对大学生进行和谐社会观教育时,要注重教师的道德水平,因为它直接影响着人才培养的质量。教师与学生相处的时间最长,教师与学生思想沟通和行为交流的潜移默化,对学生的和谐社会观教育有着相当大的影响。教师不应把教书看成谋生的手段,而应该毫无私心杂念地投身其中,以教书育人为崇高的职责。教师不仅要做学生的良师,也要做学生的益友,关注学生的喜怒哀乐,只有这样,才能形成民主、宽松、和谐的师生关系,和谐社会观教育的目的才会充分实现。

大学阶段属于过渡阶段,是大学生从学校走向社会的过程。他们在这个阶段受到的教育对其今后的成长很重要,影响着他们对人生、对社会的态度。因此,大学生树立牢固的和谐社会观,是其追求真理,不断完善、提升自我的主要途径。大学生要牢记历史,展望未来,为国家发展、富强,实现社会主义和谐社会而勤奋学习和工作;要从社会得到爱,再把爱传播到社会中。

高校应当牢记使命,激发出自身具有的能力与活力,认真对大学生进行和谐社会发展观教育,将大学生培养成社会主义和谐社会优秀的核心建设者,为早日实现社会主义和谐社会而共同奋斗。

第二节　高校思想政治教育内容存在的问题与对策

一、当前高校思想政治教育内容存在的问题

当前,关于高校思想政治教育内容的改革与完善,高校主要从思想政治理论课和日常教育活动等方面进行,并且取得了一定的成绩。但是在实际运作中,高校思想政治教育内容依然存在一定的问题,主要表现在如下几个方面。

(一)脱离实际

对于高校思想政治教育的实施,中共中央、国务院《关于进一步加强和改进大学生思想政治教育的意见》明确指出:"坚持以人为本,贴近实际、贴近生活、贴近学生,努力提高思想政治教育的针对性、实效性……"但是在实际工作中,高校思想政治教育的内容仍然不同程度地存在着脱离学生实际、脱离社会生活实际的现象。

一方面,对于学生关注的热点问题,高校思想政治教育的内容有时候不能完全涉及,而且与大学生自身学习、生活以及就业方面的问题联系得还不够紧密。网络媒体的普及使得当前大学生更多地关注社会热点和焦点问题,而面对这些问题,思想政治教育如果选择回避,不及时解释,容易使学生产生错误的思想倾向。大学生思想上存在的困惑,一般是由一些具体问题造成的,仅仅靠大道理很难达到说服学生的效果,最有效的方法是引导其找到解决实际问题的方法。

另一方面,当前的高校思想政治教育往往容易忽略大学生个人价值的实现和现实生活中的实际问题,这与现代思想政治教育"以人为本"的理念相悖。如果教育内容对大学生个人的生存和发展没有直接价值,则在实施过程中就会受到大学生个体的排斥,容易引起大学生的逆反心理,那样就势必影响他们接受思想政治教育的程度。

(二)缺乏创新性与层次性

大学生包括不同年级,不同年级大学生的个性特点、思想现状和利益诉求大不相同。高校思想政治教育要在明确基本要求的前提下,关注不同年级大学生的思想特点和实际状况,在教育内容的设计上体现要求的差别化和目标的层次性,因材施教、因势利导地解

决学生思想上存在的问题,培养学生独特的个性,真正实现育人的目的。

由于思想政治教育者缺乏对大学生思想特点关注的主动性,不能够深入了解大学生的实际情况,所以高校思想政治教育倾向于理论内容说教及灌输。高校思想政治教育理论课存在着照搬教材、照本宣科的情况,教育的内容不能针对不同的年级对待区别,无法对大学生产生吸引力,与现阶段大学生的话语体系相脱节,也落后于当前经济社会发展及大学生群体需求的多元化发展。而在实际的思想政治教育活动中,我们有时候会忽视大学生的思想状况、道德水平和接受能力,甚至会出现打击大学生积极主动性的情况,这不利于他们的成长发展。高校思想政治教育内容整体欠缺创新性与层次性。

(三)忽视对大学生能力的培养

在当前高校思想政治教育活动中,教育内容经常以知识的形式出现,对于学生的要求也往往是对他们知识的理解和记忆,而忽略了大学生的实际需求,不能够真正提升大学生的能力,这样会导致部分学生知识记住了,思想认识却没有得到真正提升,道德修养水平没有切实提高。

整体来说,当前的大学生思想成熟独立,思维开放活跃,具有强烈的表现欲和成长进步的积极性,往往十分关注自身综合能力的提升,不满足于思想政治教育活动只是传播知识,只是要求他们机械地记忆知识,期望思想政治教育者能够在传递教育知识内容的同时注重培养其实际能力。

二、完善高校思想政治教育内容的对策

(一)深入大学生现实生活,提高教育内容的吸引力

高校开展思想政治教育的过程,是高校思想政治教育内容对大学生的思想产生影响的过程,也是对大学生行为进行引导调控的过程。因此,要充分发挥高校思想政治教育的实效,就要关注影响高校思想政治教育内容发挥效果的因素。从大学生的角度讲,其现有思想状况、道德水平和成长环境在一定程度上会影响高校思想政治教育内容作用的发挥;从高校思想政治教育者的角度来说,其教育手段、途径、载体和方法会在很大程度上决定高校思想政治教育内容是否能够起到相应的作用。

高校思想政治教育内容要真正发挥作用,需要大学生从内心接受教育内容,对教育内容感兴趣,而思想政治教育者只有走进大学生的实际生活,了解大学生的真实需求,顺应大学生的接受心理,其所教授的内容才能够被学生接受,才能够唤起他们情感上的认同,激发他们的学习兴趣,从而达到高校思想政治教育的目的。

(二)分层设计传授,提高教育内容的针对性

人的思想观念是客观事物在人脑中反映的结果,来源于人的生活现实,其形成和发展的过程受到社会因素的影响和制约。不同的社会历史条件和社会环境会使教育对象

产生不同的思想倾向和思想层次,形成不同历史时期人们的思想特点。由于受到家庭背景、成长环境和先天遗传等因素的影响,大学生在能力素质和思想认识方面会表现出差异性,在社会整体思想观念的影响下,其思想观念和道德水平也会表现出多元化的发展态势。因此,要有针对性地开展高校思想政治教育活动,思想政治教育者需要认识到大学生思想状况差异的存在,并根据这种差异选择有不同的教育内容。

根据大学生思想状况的差异和个人能力素质的不同,可将他们分为骨干群体、弱势群体和一般群体。同一群体中的学生又有不同年级、不同学历层次的差别,这也使得大学生思想状况和道德水平呈现出阶段性发展的特点。要提高高校思想政治教育的针对性,就要关注不同层次学生群体的特点和需求,制订相应的教育计划,设计有差别的教育内容,从而实现相应的教育目标。

(三)关注大学生的发展,提高教育内容的接受度

我们要实现高校思想政治教育的目标,一方面,需要向大学生传播思想政治教育知识,提高他们对思想政治教育内容的认知;另一方面,需要强化大学生的道德行为和道德修养。高校思想政治教育应关注大学生的实际需求,从提升大学生的实际能力方面下功夫,摆脱单纯的知识传播和讲授,增强教育活动的吸引力。高校思想政治教育内容还应突出培养大学生的实际能力,一方面,应该重视社会实践环节,通过开展相应的教育活动,引导学生走出校园,步入社会开展道德实践活动,形成正确的思想认识,提升他们适应社会的能力;另一方面,高校思想政治教育者要不断改进教育方法,丰富教育内容的组成结构,提升对大学生能力培养重要性的认识,在教育活动中贯穿对大学生能力的培养,从而激发大学生学习的积极主动性,以提高教育活动的实际效果。

第三节　高校思想政治教育方法的改革与发展

一、高校思想政治教育的常见方法

当前我国高校常用的思想政治教育方法主要有理论宣教法、实践塑造法、榜样示范法、激励教育法等。

(一)理论宣教法

理论宣教法,又称理论灌输法或理论宣传学习法,即强调理论及宣传教育的作用,通过有目的、有计划地向大学生讲解有关教育理论及思想政治教育的内容,使大学生形成正确的世界观、人生观和价值观,成为新时代要求的四有新人。理论宣教法在高校思想政治教育中最为流行。高校思想政治教育的根本任务是改变大学生的思想观念,使他们形成正确的观念,首要作用是使他们明白哪些是正确的思想,哪些是错误的观念。运用

理论宣教法更能够深入学生的内心,强迫命令的方法适得其反。外部思想观念的输入是大学生形成新的正确思想的强大动力。马克思主义理论作为科学的理论,指导中国革命和建设取得成功,这一理论不会自动在人们的头脑中扎根,必须通过理论的宣传灌输,才能得到人们的认可和信服。

理论宣教法涵盖课堂讲授法、媒体宣传法等方法。课堂讲授法是高校进行理论宣教的最主要方法是大学生在课堂上进行系统理论学习的一种普遍有效的方法。媒体宣传法也是今天高校普遍采用的理论宣教方法。随着高等学校办公条件的改善,教室、餐厅多安装有闭路电视,这使得校园网络建设不断得到巩固和加强。这些构成了理论宣讲的重要平台和渠道,有力地促进了正确的思想观念入脑入心,为大学生以马克思主义的基本理论、方法和立场观察世界、分析社会奠定了坚实的基础。

(二)实践塑造法

实践塑造法,即实践锻炼法,是指通过实践的方式提升思想观念及知识、技能的一种方式方法。这种方法是知与行的统一,是理论与实践的结合。树立正确的思想观念单靠理论的说教难以达到理想效果,所以还要在社会实践中强化认识,深入学习。实践塑造法主要包括劳动教育法、服务体验法、社会考察法等。劳动教育法就是让受教育者深入劳动实践,使之在劳动中受到启发和感悟,树立起良好的劳动观念,培养热爱劳动的习惯和意识,进而培养他们亲近劳动人民的感情。高校都设有专门的劳动课,以培养大学生的思想品德。服务体验法也叫社会服务法,即通过为社会提供服务,帮助人们解决具体的生活问题,在奉献自身力量的同时,获得自身品质提升的方法。高校设有种类繁多的社会服务组织,大学生利用自己所学的知识技能,力所能及地为社会服务,同时在服务过程中,使自己的政治思想和品德修养得到升华。社会考察法要求学生深入社会实践,真正深入实际问题,对特定的社会现象进行分析和挖掘,最后形成一种深入的、正确的认识,形成分析问题、解决问题的能力。大学生参加社会考察与调查的方式比较多,每个学年学校都会集体组织各种社会调查活动,大学生要积极参与这些活动,真正了解国情、了解社会。

(三)榜样示范法

榜样示范法又称典型教育法,就是通过树立典型人物和事例,对大学生进行价值引导和塑造。这种方法也有赖于大学生的自觉学习与模仿,并在日常生活和工作中按照正确的要求规范自己的行为。

(四)激励教育法

激励教育法是指运用各种物质的或精神的手段来激发人们的主观动机,鼓励人们朝着正确的方向前进、努力的教育方法。激励教育法也可以说是鼓励法,主要包含三层含义,即以人们的客观需要和主观动机为根据,以实现一定的期望为目的,以物质激励和精神激励为主要手段。其具体还可分为目标激励、奖惩激励和竞争激励。

二、高校思想政治教育方法改革的必要性

当前高校思想政治教育工作中依然存在一些问题,如思想政治教育课程的目的性并不是很强,其在大学中的作用和意义和现代大学生的实际思想没有紧密联系,很少一部分高校根本就没有想到要将现代大学生的思想和所进行的思想政治教育课程进行联系。因此,高校思想政治教育方法改革是十分必要的。

三、高校思想政治教育方法改革的基本思路

(一)高校思想政治教育的主体互动模式建构

我国教育改革一直在不断进行中,在人们心中对于"双主体论"的思想也越来越重视。"双主体论"指出,在教育过程中,师生双方都发挥了作用,这一过程中不仅教师是主体,学生也是主体,师生双方都可以成为主体和客体。在对大学生进行思想政治教育的时候,教师是活动的主体,学生是活动的客体,教师要将自身的主体性和创造力充分发挥出来;在大学生接受教育的过程中,学生就变为主体,教师就是客体,教师要尊重学生的主体性,将学生内在的潜能激发出来。所以,教育的过程不再单单是以往教育的"主客体"模式。在现代教育中,教育者与受教育者之间是平等互动的关系。

(二)高校思想政治理论课教学的研究与实践

实效性对于思想政治教育课尤为重要,这样可以有效地改变学生的行动方式,改革的方面包括教学方式、教学内容和教学考核方式。首先,站在思想政治教育理论课的教学形式和教学内容的角度来讲,要提高教学质量,将学生学习的主动性和积极性调动起来,应该和改革开放之后的社会实际、大学生的思想实际相结合,增强教学内容的针对性,紧密结合生活中的难点、焦点和热点问题,使大学生感到学有所用,学有所长,并鼓励大学生通过自身的社会实践来加深自身对书本理论知识的真正理解和高度认同。其次,从思想政治教育理论课的考核方式来看,大学生的思想政治素质尤其不能单纯以卷面成绩来衡量,而应该实行多种有效方法,综合考量。

四、高校思想政治教育方法改革的基本要求

在思想政治教育的过程中,要根据教育目标的不同要求、教育内容的不同特点以及教育对象思想问题的性质、存在方式及其产生的原因等,选择适当的方法。高校思想政治教育方法改革需要遵循以下基本要求。

(一)针对性

针对性就是从实际出发,有的放矢,用不同的方法完成不同的任务,解决不同的问题。选择方法必须注重针对性,强调的是针对不同教育任务,针对不同对象,选择不同的

教育方式方法。其实质是要求思想政治教育方法的运用合乎思想政治教育过程的客观规律,合乎人的思想品德形成发展的客观规律,这是现代思想政治教育科学性的体现。选择方法的针对性要求实际上也就是实事求是的原则在思想政治教育方法选择过程中的运用。俗话说,"一把钥匙开一把锁""对症下药",讲的就是针对性。思想政治教育主要应该针对思想政治教育的内容、教育对象的特点和思想实际状况来选择适合的方法。

高校思想政治教育方法改革要求具有针对性,具体要求做到以下几点:

第一,根据思想政治教育的目标任务和具体内容选择方法。方法是人们完成任务、实现目标的工具和手段,是为目标任务服务的,受到目标任务的制约。在思想政治教育过程中也是如此,一定的目标任务总是需要用某些特定的方法来完成,一定的方法也总是在适应某些特定的目标任务时才会表现出显著效果。根据思想政治教育的目标任务选择方法,正是目标任务与具体方法之间的辩证关系的要求,体现了思想政治教育方法和目的性的特征。思想政治教育的目标任务往往以具体的教育内容来体现,目标清晰、任务明确,教育的内容也随之清晰、具体。因此,在思想政治教育过程中,根据思想政治教育的目标任务选择方法这一针对性要求在这里也就转换成了根据教育内容的性质和要求来选择适当的教育方法。

第二,根据教育对象的具体特点选择方法。教育对象有个体和群体之分,他们的年龄、所学专业、党派、所处社会地位各不相同。在进行高校思想政治教育方法改革时,这些都是需要考虑的内容。对个体进行教育,必须考虑其文化知识状况、个人经历、家庭环境、个性特点等。例如,教育对象的性格不同,有的豪爽,有的细腻,有的活泼热情,有的孤僻冷淡。对个体进行教育还要考虑不同个体在思想道德水平方面的差异和思想道德活动特点的不同。在进行高校思想政治教育方法改革时,这些都是不可忽视的因素,方法的运用要因人而异。

第三,根据具体的思想热点问题选择方法。一定时期的思想热点问题是人们思想发展变化的反映,往往为思想政治教育提供了重要的教育时机。但教育方法的选择一定要正确把握思想热点的性质,准确判断思想的影响范围和程度,深刻分析引发思想问题的原因,针对思想热点问题的性质、影响程度及其原因采用不同的教育方法。例如,解决一时产生的思想困惑问题和解决政治立场问题,就应该采取不同的方法。全局性、普遍性、长远性的问题如果采用解决局部性、个别性、暂时性问题的方法就难以被真正解决,而解决局部性、个别性、暂时性问题如果运用解决全局性、普遍性、长远性问题的方法也未必有效,不仅浪费人力、物力等思想政治教育资源,甚至会引起人们的反感,使其产生抵触情绪,引发其他新的问题。同样,针对问题形成的原因选择适当的方法也很重要,如针对实际学习生活困难引发的思想问题,就要先从解决实际学习生活问题入手,然后进行思想教育;而针对认识片面引发的思想热点问题,就要加强理论教育,提高思想认识,着重从思想方法的角度进行引导。

(二)综合性

在现代社会中,思想政治教育影响人们思想的因素很多,也很复杂,变化又快,思想政治教育不能靠单一的方法解决问题，而要综合运用各种方法。另外，社会环境对人的思想影响的作用加大，这使得思想政治教育具有反复性，要克服这种反复性，强化和巩固思想政治教育的成效，也必须采取多种手段。高校思想政治教育方法改革的综合性要求，就是根据现代社会发展和人们思想活动的特点而提出的。所谓综合性就是指思想政治教育者在实施思想政治教育的过程中，要综合分析思想政治教育体系内部各要素的特点以及环境因素影响的复杂性特点，同时或先后选择一种以上的教育方法运用于教育过程，并在把握不同教育方法各自特点及共同趋向的基础上，进行有效的协调综合，有机地构成共同教育目标、工作任务服务的统一性方法体系，形成整体性优势和综合性效果。

现代思想政治教育之所以强调方法运用的综合性，主要原因有：第一，影响大学生思想行为发展变化的因素是复杂的、综合的，要应对这些互相联系、互相制约的主客观条件和各种复杂因素的影响，唯有选择多种教育方法加以综合运用，才能保证思想政治教育产生实效。第二，大学生参与的社会活动是多方面的，接触的人物、事物是多方面的，接收的信息是多方面的，因此，需要思想政治教育者了解和引导的内容和方法也必然是综合性的。只有跟随时代潮流的变化，从各个方面引导教育对象，才能适应当今社会对思想政治教育者的要求。第三，随着现代科技的迅速发展，社会各项工作和研究领域都出现了社会化和综合化的倾向，单一的学科和工作已经让位于学科的互相渗透和交叉与工作的综合联系。现代思想政治教育应该适应这种整合发展趋势，多兵团作战，多方法配合，以系统科学的思维方式构建思想政治教育工作体系与方法体系，强化方法的系统运作、整体协调，形成教育合力和综合优势，不断增强方法运用的有效性。

思想政治教育方法的综合性运用，其实质是多种方法在思想政治教育过程中构成协调、有序的关系，形成教育合力，产生综合效果。根据在具体教育过程中所构成的不同关系，思想政治教育方法的综合运用形成了多种具体的综合方式。主要有主从式综合方式与并列式综合方式，协调式综合方式与交替式综合方式、渗透式综合方式与融合式综合方式。高校思想政治教育方法改革的综合性要求，就是要根据不同的教育任务、教育内容、教育对象以及教育环境条件的不同选择具体的综合方式。

(三)创造性

方法的创造性发展，是人的认识能力、实践能力得到发展的具体体现。思想政治教育方法的发展史就是随着思想政治教育实践的不断发展，古今中外思想政治教育工作者对思想政治教育方法继承和创新的过程。现代思想政治教育工作者更应该不断研究新情况，创造性地运用传统的教育方法，总结和探索新的教育方法。

方法是联系理论与实践的桥梁，是理论与实践相互转换的中介。理论具有普遍性，而人的实践活动具有特殊性，一般性的理论能解决特殊性的实践问题，靠的就是方法的创造性运用。思想政治教育作为人类的一种实践活动，以人的思想活动为其工作对象、实践领域，相较一般的实践活动更具特殊性和复杂性。因此，对方法选择运用的创造性要求更高。不仅如此，现代社会发展变化的速度越来越快，人们的思想道德领域新情况、新问题层出不穷,现成的教育方法往往难以直接解决、改变这些新情况和新问题。只有克服教条主义和经验主义,对已有方法进行创造性改造,才能适应思想政治教育的现代发展步伐。思想政治教育必须根据当前的新情况,实现思想政治教育方法的创新。如果无视历史条件的变化,把特定历史条件下产生的具体方法绝对化,拒绝研究新情况,就会导致思想方法僵化,在新的历史条件下被淘汰。

高校思想政治教育方法改革的创造性要求具体表现在以下几个方面:第一,坚持解放思想、实事求是、与时俱进的思想,以增强思想政治教育的实效性为基本要求,自觉研究新情况,解决新问题,探索新方法。现代社会发展的丰富内容和复杂情况,要求人们勇于开拓和创新,注重效果和效益,运用系统的思维方式,通过方法的创新,从整体上思考问题、预见问题、解决问题。现代思想政治教育的对象和环境都在不断发生着变化,如果试图用过去曾经发挥过积极作用、取得过良好效果的方法来解决现代思想政治教育面临的新任务、新课题,只能是幼稚的幻想。不重视方法选择运用的创造性,必定跟不上社会进步和思想政治教育发展的步伐,也难以适应教育对象和教育环境的新要求。第二,汲取和运用现代科学研究成果,创新思想政治教育方法。思想政治教育方法不仅以马克思主义理论为指导,也以哲学、心理学、教育学等学科理论为基础,这就需要高校不断综合运用这些相关学科所取得的新的研究成果,丰富和发展适应现代化要求的思想政治教育的科学方法论体系。第三,运用现代科学技术成果,实现教育手段的现代化。自媒体和融媒体技术的发展,为思想政治教育提供了更加丰富的载体和条件。在这些新基础上,高校思想政治教育必须掌握这些新的手段,改进和更新方法,才能取得理想的教育效果。

五、高校思想政治教育方法改革的策略

(一)以主体间性理论为核心,发展高校思想政治教育的同构式方法

主体间性的前提是人成为人,人成为主体,这样主体之间才能相互作用,形成联系;如果忽视主体性,就谈不上主体间性。而"同构"是数学上的一个概念,指数学对象之间的一种映射,是这些教学对象之间存在的关系。

发展以主体间性理论为核心的高校思想政治教育同构式方法就是要以"以人为本"为理念,将受教育者的主体地位放在首位,将其与思想政治教育的关系通过映射理论进行分析。

把握高校思想政治教育同构式方法,就是秉持"以人为本"的理念,将大学生放在思想政治教育的首位,并以此为出发点,构建思想政治教育系统。

我们加强大学生同构式发展的同时,要将高校思想政治教育目标和个体发展目标相融合,确保两者的一致性。此外,要不断创新思想政治教育的内容,将思想政治教育的领域不断扩展,保持其新颖性。

在主体间性理论中,高校思想政治教育基地模式也很重要。在国际化视野下,我们要搭建跨文化平台,融合多种文化特色和视角使大学生能够接触到更多的文化元素;要

构建新的主客体互动模式,充分发挥大学生的主体作用,开启师生之间的互动模式,引导大学生积极参与学习过程;还要积极引导教师加强学习,紧跟时代发展,不断优化、创新自身"语言库"及"思维系统",保持自身的发展,缩小与学生语言上的差距,使双方交流更加流畅。

此外,随着新媒体的发展及高校网络平台的构建,通过网络进行思想政治教育已经成为一种重要方法。为更好地利用这一方法,师生都要提高自身信息素养,加强技术学习,充分利用网络平台进行沟通交流。

(二)以社会服务思想为引领,发展高校思想政治教育的社会工作方法

社会工作在西方发展迅速,学校社会工作是其中的一种模式。这种模式兴盛于20世纪的美国,以家庭教师访问形式为开端,经历了个案工作之后逐渐制度化,最后发展为一种模式。这种模式具有学校课堂教学难以取得的优势和效果,其突出作用主要表现在对特殊学生的教育、对学生的深入了解上等。我国部分高校也开始尝试运用这种模式进行思想政治教育。

提供服务并以实际的参与和实践来解决问题是社会工作模式的特征。这种模式与思想政治教育存在一致性,因为社会实践一直是思想政治教育倡导的途径与方法,并且思想政治教育以服务学生为主要宗旨,这一点与社会工作的服务特性也存在一致性。运用社会工作模式加强思想政治教育的育人作用,是一种新的探索与尝试。

首先,我们要将社会工作的服务理念引入高校思想政治教育,以近距离、更贴心的服务,加强高校思想政治教育服务。

其次,我们要树立个体服务意识,将大学生群体教育与个体教育结合起来,并专门针对大学生个体开展工作。这就要求高校具体做到以下两方面:一方面,思想政治教育工作者要充分分析大学生的个体差异,找出具体的教育方法,使教育对象的个性得到尊重;另一方面,可借鉴社会工作中的小组工作方法,成立小组,以加强大学生之间亲密关系的构建,通过小组的力量和团队的合作,共同解决难题,共同成长进步。常见的方法就是通过问题讨论、校外服务活动等方式,使大学生在活动中加深对彼此的了解,通过相互学习和借鉴,学会接纳和尊重彼此,最终塑造大学生良好的个性。这一方法比较典型的例子就是华中师范大学的恽代英党校培训班,该培训班以刚进入大学的新生党员为培训对象,将不同专业的学生编排到同一学习小组。这种突破专业界限进行小组学习的编排方式,就是为了使不同专业的学生能够看到彼此在知识、能力、见识方面的不同,进而更好地交流、学习。培训班除了进行日常课堂学习外,还通过各种活动使学生之间加深了解。这些活动包括小组游戏、小组党员成长计划等。上述方法也在其他高校得到了运用,并且受到学生的广泛欢迎。在高校思想政治教育中,学校社团是运用小组活动方式较多的地方,所以我们要积极重视学校社团的作用,鼓励学生积极参与社团活动。

最后,我们要借鉴社会工作的个案工作方法,帮助大学生解决遇到的实际问题,如通过访谈、网络交流、记录等方式缓解大学生的压力,解决其交往困难等问题。同时社会工

作中的一些心理治疗模式也可引入思想政治教育,如行为治疗模式、人本治疗模式等。

(三)以协同理论为借鉴,发展高校思想政治教育的协同式方法

协同理论主要强调系统的观点,强调系统要素之间彼此影响、相互作用。只有各要素之间保持一种平衡、有序的关系,大系统的正常运转才能得到保障。大数据时代下的高校思想政治教育方法改革也是一个系统工程。大数据使各要素之间的作用更加复杂,这更需要各要素具有协同性和协调性。鉴于此,协同式方法也是高校思想政治教育创新的必然选择之一。

首先,高校的思想政治教育学科要与其他学科充分融合,通过吸收其他学科有益的方法,突破自身方法的封闭性,使彼此之间的方法不断渗透、融合,使自身的方法更加具有创新性和发展性。

其次,高校的思想政治教育方法要向立体化、全方位发展。在我国,高校思想政治教育存在"5+2=0"的效应,即学校5天的正面教育会被学生2天的社会负面教育相抵消。所以,高校思想政治教育要形成合力,除了要进行学校思想政治教育外,还要加强家庭、社会教育,最终形成以学校教育为主导,以家庭教育为依托,以社会教育为主线的合力教育。学校思想政治教育还要形成"大学工"的工作理念,将相关学科如心理学、社会学等的专家、学者纳入高校思想政治教育的队伍,以提高高校思想政治教育的实效性。

六、高校思想政治教育方法的发展

人类的历史就是不断从必然王国向自由王国发展的历史。在社会生活的各领域,人类总要不断总结经验,有所发明,有所创造,有所前进。随着社会环境的变化和人们思想的发展,新的情况不断出现,新的思想特点也不断出现。因此,高校思想政治教育方法必须有新的发展,才能适应不断变化的新情况。

(一)高校思想政治教育方法在继承中发展

思想政治教育方法论是高校思想政治教育理论体系的重要组成部分,它有一个不断发展的历史过程。一定的思想政治教育方法是教育者在实践中适应一定的社会环境和人们特定时期的思想特点而创造出来的。当这一套方法满足思想政治教育实践的需要时,它就会具有较强的说服力和感染力,产生较好的教育效果;反之,当这一套方法被历史抛到后面,不适应思想政治教育实践时,就会失去说服力和感染力,被实践抛弃。在这一不断发展推进的过程中,仍然有一些历经考验的教育方法经过改进和完善,能够同新的教育实践相结合,具有新的生命力。因此,高校思想政治教育方法的现代发展,就是在科学分析、正确对待、选择继承中国古代传统教育方法和中国共产党思想政治教育方法的基础上,不断创新发展的过程。

我国古代具有重视德治与德教的传统,因而形成了一套具有我国民族特色的道德教育的理论与方法体系。尽管这些理论与方法是为古代社会服务的,但我国历史上讲道

德、重修身的传统美德,在今天全面建设小康社会的进程中是应当而且需要继承和发扬的,尤其是古代道德教化与修身养性方法所具有的现代价值更值得我们去研究、开发。

中国古代道德教化的主要方法有以下几点:①正面灌输。灌输是教化的基础,儒家为了进行道德灌输,将道德规范设计成仁、义、礼、忠、恕、孝、悌、勇、恭、宽、信、敏、惠、友、敬、慈、爱、温、良、俭、让等20多个道德条目,要求人们在道德实践中遵循。封建统治者把儒家著作奉为"经"书,要求世人诵读,还采取编写蒙书的方式向普通民众灌输,使之家喻户晓,妇孺皆知。②身教示范。身教重于言传是中国古代道德教育的一条重要原则。孔子说:"其身正,不令而行;其身不正,虽令不从。"他认为作为国家的官吏,要以身作则,先"正己",后"正人",起到表率作用。荀子在《荀子·修身》中也明确提出:"夫师,以身为正仪而贵自安者也。"这强调教师必须起到典范作用。③礼乐结合。传统礼教的目的在于维护人际关系和社会结构的和谐与稳定。乐教则在于对受教育者进行道德教化和在潜移默化中陶冶情操。孔子认为道德修养"兴于诗,立于礼,成于乐"。礼乐结合,就是要把社会对人的道德规范内化于人的情感、意志之中,从而转化为人们的自觉行动。④环境陶冶。中国古代道德教育重视环境对人品格形成的作用,要求教育者创造良好的教育环境,使受教育者能够健康成长。⑤因材施教。中国古代教育,尤其是道德教育,十分注意选择不同的内容和方法,针对不同的教育对象进行教育。孔子是因材施教的典范,如他在回答学生关于伦理问题的提问时,总是针对不同的人予以不同的回答。

在重视道德教化的同时,中国古代教育家也主张"为仁由己",强调自教自律的修身方法。中国古代的修身方法主要有以下几种:①提倡学思并重,主张学习、继承前人道德,并通过自己的思考转化为自己的品质。孔子曰:"学而不思则罔,思而不学则殆。"②注重反省内求,做到"自省""自讼""见贤思齐焉,见不贤而内自省也",通过反思领悟道理,从自身求取善良美德的本性,以提高自己的道德修养。"求其放心""反求诸己""反身而试""择善而从"等都属于反省内求的自我教育方法。③奉行积善成德,即通过学习和实践优良品德,实现扬善除恶,进入高尚的道德境界。荀子说:"积土成山,风雨兴焉;积水成渊,蛟龙生焉;积善成德,而神明自得,圣心备焉。"正是这个道理。④主张身体力行,即在道德实践中要按照道德准则和规范行事,躬行笃行,不断提高道德修养水平。孔子始终强调把"躬行"放在首位,主张"君子欲讷于言而敏于行",经常教育学生多干实事,少说空话,要言行一致。荀子甚至提出"知之不若行之"的见解。⑤要求"慎独",做到高度的道德自觉。"莫见乎隐,莫显乎微,故君子慎其独也。"慎独,体现了严格要求自己的道德自律精神,是指一个人独处时也要谨慎地注意自己的内心和行为,防止产生违背道德的思想或不符合道德要求的行为。中国古代有关自我修养的思想和方法值得我们认真研究和汲取。教育者要在不断改进高校思想政治教育方法的同时,注意激发教育对象的自我修养意识和欲望,从而有效地促进其对高校思想道德教育的接受和内化。

(二)高校思想政治教育方法在借鉴中发展

高校思想政治教育因其阶级特性和意识形态特色,具有相对性、差异性的一面。但任何时代、任何国家都不会放弃对人们进行思想、政治、道德教育。就人类社会的发展进程而言,高校思想政治教育又具有绝对性的一面。研究其他国家和地区的高校思想政治教育的传统与经验,学习思想政治教育学科以外其他学科的理论与方法,可以为现代思想政治教育方法的发展提供有益的借鉴。

借鉴其他国家和地区的高校思想政治教育方法,是发展我国高校思想政治教育方法的重要途径。其他国家,特别是西方发达国家,虽然没有思想政治教育这个概念,但政治工作、思想教育与道德教育是绝对不可缺少的。他们根据本国的性质以及社会发展与教育对象发展的要求,也建构了类似于我国思想政治教育的一整套工作体系与工作方法,其中有些方法,如政治社会化技术、政治与道德的传播与接受方法、法规自律方法、咨询服务方法、民主自治方法、隐性教育方法等,已形成自己的特色,富有成效,值得我们借鉴。

西方国家还把政治工作与思想、道德教育较早地纳入各个不同学科进行研究,形成了与这些工作相关的学科和相关理论,尤其是关于道德教育的理论与方法十分丰富。例如,科尔伯格的道德认知发展理论与方法、拉斯思等人创立的价值澄清理论与方法、班杜拉等人提出的社会学习理论与方法,在西方道德教育实践中发挥了重要作用,至依旧还能为现代思想政治教育方法的发展提供诸多的启发。此外,社会学、心理学、学习学、传播学、管理学等学科的知识、理论与方法,大量地被运用于西方社会对人的教育、引导、管理、开发实践中。广泛地吸收这些理论知识,借鉴西方国家的成功做法,对我国的高校思想政治教育方法的现代化发展能起到积极作用。还有其他人文社会科学,如伦理学、教育学、系统科学等学科的知识与方法,也需要加以借鉴。总之,只有广泛学习、借鉴其他国家和相关学科的方法与知识,我国的高校思想政治教育方法才能适应面向世界和激烈竞争的社会环境,才能在比较和鉴别中取长补短不断发展。

(三)在高校思想政治教育实践中探索新方法

高校思想政治教育方法的发展,从总的发展趋势上看,是一定的时代内容、理论内容、环境内容决定一定的方法。我国政治、经济、文化和科学技术的迅速发展,深刻地改变了人们的思想观念、行为方式及思想政治工作的目标、内容。高校思想政治教育方法必须与时俱进,在实践中探索和创造新的方法。

1. 探索满足主体多样性发展的咨询辅导方法

随着市场经济体制的发展与完善,竞争和创新已经成为推动我国社会发展的基本方式,也成为人们生存与发展的基本方式。但是,竞争有机遇也会有风险,创新可能成功也可能失败。帮助人们把握机遇,避免风险,明确努力的方向,已经成为现代思想政治教育的重要任务。

竞争,顾名思义,就是在竞赛中争胜,在现代社会生活中表现为精神追求的较量与物质利益的争夺。因此,只要有竞争,就会有主动与被动、优胜与劣汰的差别。人们如何在竞争中争取主动和优胜,避免被动与淘汰呢? 与时俱进,不断创新,是通向成功与胜利的唯一途径。"人无我有,人有我优,人优我廉"体现了企业生产的创新策略,是企业产品参与市场竞争的规律。而人们在面临生存与发展的竞争时,权衡各种利益关系,分析各种参照因素,进行创新性思考与创造性活动,选择自己优势方面予以突破,就能在竞争中使自身能力发挥最充分、价值体现最大、利益获取最多,赢得竞争的胜利。竞争和创新,已经成为人们时常需要面对的人生课题。现代思想政治教育必须发展适应竞争与创新的理论,将思想政治教育预测、决策等工作方法转化成教育方法,用以指导人们适应竞争环境、参与创新活动,满足社会发展和个人发展的需要。

现代人的发展,是富有个性、创造性与多样性的发展,这给现代思想政治教育提出了诸多新的要求:第一,社会主义市场经济体制促进了人的主体性发展,凸显了创造性与个性化色彩。为了谋求更快、更好的发展,他们需要社会提供多样化的思想道德教育以满足个体主体性、个性化要求。第二,社会的多样化存在形式和多元化的价值取向,增加了人们适应社会环境的难度,仅凭个人的知识和经验已经难以解决个人发展中的许多复杂问题。为了更好地适应社会,顺利发展,需要寻求专业咨询人员的帮助,听取合理、正确的意见和建议。第三,改革开放的深入发展,推进了社会的民主化进程,传统思想政治教育的权威模式受到挑战,人们普遍要求民主、平等、相互交流的工作与教育方式。第四,现代社会变化节奏加快,社会竞争性加剧,人与人之间的利益关系的复杂程度增加,容易引起人们的心理震荡、精神苦闷、思想困惑,增加心理负荷,导致心理不平衡,产生心理障碍甚至心理疾病。总之,人们面向未来的发展是多取向、多层次、多路径的,每个人的发展都面临着大量不确定因素,这就需要高校思想政治教育工作者能够针对教育对象发展的不同需求,运用科学的预测、决策方法,为其提供个性化的咨询辅导服务,开拓新的咨询方法领域,满足不同主体特殊性、多样化的发展需求。

2. 发展与现代传媒相协调的隐性教育方法

现代高校思想政治教育越来越明显地受到来自现代大众传媒的挑战。这是因为电视、手机、计算机网络等现代大众传播媒介在我国迅速普及并进入家庭,人们越来越习惯于依赖现代大众传媒来满足自己的信息需求,但大众传媒所传播的思想观念、价值标准、时尚风貌并不一定与思想政治教育相一致。因此,发展隐性教育方法,与现代传媒相适应、竞争,成为现代高校思想政治教育方法需要创新的课题。

参与激烈竞争、日新月异的现代社会生活,需要大量社会信息的支持。伴随着我国现代化进程中多层面、多样化的社会变迁过程,社会成员的活动方式和组织形式正在发生变革,越来越多的"单位人"向"社会人"转变,人们所依赖的信息渠道也由单位转向无处不在的大众传媒。依托行政组织体系开展思想政治教育的传统模式,在这种情况下,越来越难以奏效。因此,根据现代传媒向时空扩张、呈网络发展的趋势,突破固定的行政组织框架,探索隐性教育的方式方法已成为高校思想政治教育方法创新的突破口。

隐性教育方法主要包括渗透式教育方法、陶冶式教育方法和实践体验教育方法。渗透式教育方法,即教育者运用科学的方法将教育的内容渗透到教育对象可能接触到的一切事物和活动中,潜移默化地对教育对象产生影响的方法。众多专家认为,隐性教育的内容应当广泛渗透在优秀的科任教师、进步的课程设置、积极的学校精神、先进人物的榜样示范和良好的社会环境中。自觉运用渗透式教育方法,要选择合适的载体,这些载体包括活动载体、文化载体、管理载体和传媒载体等。陶冶式教育方法,即营造一个健康、乐观、向上的文化氛围和教育环境,开展喜闻乐见的文化艺术活动,使人们在耳濡目染中接受思想道德熏陶的方法。简而言之,就是寓教于境、寓教于情、寓教于乐。这里的教育环境既包括有形的自然景观、文化景点,也包括无形的文化氛围和社区人际关系。实践体验教育方法,即组织人们自觉参与群众性精神文明创建活动以及社区的管理和建设,自愿参与各种生产劳动和社会服务活动,丰富实践体验,提高思想道德素质的方法。近年来,思想政治教育工作者根据市场经济条件下人们主体性增强的特点,大力开展群众性的主动参与、共创共建的各种活动,如开展"文明社区""文明单位""文明班组""文明校园"建设,实施面向社会弱势群体的"帮贫助困"工程,组织青年参加志愿者和"三下乡"等活动,都收到了良好的教育效果,体现了实践体验教育的巨大作用。

3.推广管理评估方法有利于高校思想政治教育工作的实施

管理涉及社会生活的各个领域,自觉运用管理评估方法,将高校思想政治教育的基本内容与基本要求转化为管理评估的具体指标并渗透到管理活动中,能够实现思想工作与业务工作的有机结合,有利于高校思想政治教育虚功实做,取得实效。

现代管理评估已经不再仅仅是衡量好坏、优劣的手段,它更重要的职能是目标激励、促进发展。自觉运用管理评估方法,可以通过相互比较,激发人们的积极性。这是因为管理评估的标准反映了社会对业务工作以及人员思想素质、业务能力的要求,起着"指挥棒"的作用,一旦被人们认同就会变成他们努力奋斗的目标,激发其强大的内在精神动力。同时,评估是正常竞争的必然要求,管理评估过程为人们提供了相互比照、知己知彼的机会,有利于形成比学赶帮、相互促进、共同提高的良好局面。由于管理评估的结果能够客观地反映教育对象的现实状况,通过把实际表现同评价标准对比,就能找出教育对象存在的问题和不足,以明确今后努力的方向。

自觉运用管理评估方法,有利于加强高校思想政治教育制度化、规范化建设。在以经济建设为中心的新的历史时期,现代高校思想政治教育具有相对稳定的目标内容与任务要求。把这些内容与要求以评估指标体系的形式确定下来,周期性地进行评估检查,体现了高校思想政治教育工作的建设意识,可以使日常思想政治教育做到经常化、制度化、规范化。

重视评估方法的实际运用,开发管理评估的思想政治教育功能,是高校思想政治教育理论研究与实践探索长期受到关注的一个问题。但效果众说纷纭,应用范围也比较有限,关键是在具体操作方法上还有诸多问题亟待解决。研究思想政治教育与业务工作有机结合的机制与方法,摸索对教育对象的思想行为进行定性定量考查的可行办法,提高思想政治教育评价活动的科学性,增强通过管理评估促进教育对象思想道德素质提高的有效性,进一步推广走向民主化、法制化要求的管理评估方法,是现代高校思想政治教育方法发展的又一重要任务。

4.创新高校思想政治教育的网络载体

Internet(因特网)是世界最大、覆盖面最广的计算机互联网络。它采用统一的通信语言把众多的局域网和广域网连成一片,构成一个现代的信息超级市场。只要轻点鼠标,进入网络,人们就会被卷入信息的海洋。网络中拥有极其丰富的信息资源,是信息的现代载体,这些信息对人类社会的政治、经济、文化以及人们的思想行为产生着重要的影响和作用。计算机互联网络的出现,拓展了人类的生存空间,发展了人们的社会交往关系,丰富了人的本质内涵。同时,为人类的实践活动提供了新的手段与工具,极大地推动了社会政治、经济、文化的发展,也拓展了高校思想政治教育的空间和渠道,为高校思想政治教育运用网络载体提供了可能。第一,网络上丰富的共享信息和多种多样的信息形式,为开展高校思想政治教育提供了可利用的巨大信息资源。利用这些信息资源,教育者不仅可以提高自身素质,及时更新教育内容,还可以选择那些与人们工作、学习、生活、就业相关的信息,为教育对象提供服务,增强思想政治教育的服务功能。第二,网络的开放性、交互性、及时性等特点,有助于教育者迅速、准确地了解教育对象的思想情绪和他们关心的热点问题,增进相互沟通。第三,网络参与的平等性和非强制性,有助于人的主体性的发挥,对于网上的思想政治教育信息,人们能够自主地根据自己的需要主动点击、浏览、下载。在这个过程中,淡化了教育者和教育对象的身份界限,克服了思想政治教育中经常出现的逆反心理,增强了高校思想政治教育的亲和力,网络为高校思想政治教育和教育对象的自我教育提供了有效平台。第四,网络以图、文、声、像等形式形象、生动、逼真地表现教育内容,增强了教育内容的感染力和吸引力。心理学研究表明,人们在认识某一事物时,只用听觉能够认识事物 15% 的特征,只用视觉能够认识事物 20% 的特征,而视觉、听觉并用则可以认识事物 65% 的特征。运用网络的超媒体特点进行思想政治教育活动,可以最大限度地调动人的视觉、听觉感官参与活动,促进教育对象对思想政治教育信息的感知与接受,从而提高高校思想政治教育的有效性。

总之,运用网络载体进行思想政治教育不仅是可能的,而且还具有一些其他载体所不具有的优势,这为现代思想政治教育带来了新的教学方式,促进了教学方法的发展和创新。当前,我们要根据"积极发展,充分运用,加强管理,趋利避害"的原则,积极推进高校思想政治教育进网络工程,充分发挥网络载体的思想政治教育功能。一是积极抓住我国网络建设的大好时机,加强高校与政府、新闻单位、社会组织网站建设的协调,充分利用社会网络资源,建立多种形式的网上思想政治教育阵地。二是努力探索思想政治教育进网络的规律,组织丰富多彩的网上思想政治教育活动。利用网络资源,组织网上思想政治教育活动;针对热点问题组织网上讨论;利用网络开展文化活动;利用网络方式开展咨询服务活动;等等。三是加强网络道德教育和网络行为规范教育,逐步规范网络秩序与网络行为。四是提高教育队伍的网络思想政治教育水平。为了适应思想政治教育进网络的要求,需要建设一支有较高的政治理论水平、熟悉思想政治教育,又了解网络文化特点,掌握网络技术,在网上进行思想政治教育的教师队伍。提高思想政治教育工作者的网络知识和技能水平,帮助网络技术保障人员学习必要的思想政治教育理论与方法,使他们能够更好地满足思想政治教育进网络的需要。

第三章 "三全育人"视角下高校思想政治教育研究

第一节 "三全育人"基本理论概述

一、"三全育人"的内涵解析

(一)"三全育人"的基本内涵

"三全育人"既是一种教育理念,也是一个全面的、系统的育人指导思想和原则。由于"三全育人"理念多以口号的形式出现在各类文章中,因而学者们对于"三全育人"的理念并无统一、一致的界定,偶尔触及的也只是从某一个角度对其进行阐释。基于此,本书在总结学者们关于"三全育人"概念的基础上,试图对其进行界定。本书认为,"三全育人"应从广义和狭义两方面去理解,广义地说,"三全育人"是一种教育理念,并非仅仅局限于德育这个范畴,不能将它简单地等同于德育的指导思想。之所以常把它和德育联系起来,是因为它的内容非常贴切德育的要求,应用于德育实践更能取得成效。狭义地说,"三全育人"主要是一种德育理念,它强调在德育这个体系内,从"全员""全程""全方位"三个方面来调动德育各方面的力量,齐抓共管,共同协作,构筑一个德育立体结构,形成一股强大的德育合力,发挥德育实效性。"三全育人"具体包括以下内容。

1. "全员育人"

全员育人即人人育人,主要从育人主体角度出发,强调每个人都要有育人意识,树立起育人责任感,在自己的本职工作上发挥育人职能,并且相互配合、交叉合作,形成一股强大的育人合力,构成完整、全面、和谐的高校思想政治教育工作体系和格局。这里的"人人"主要指高校的全体教职员工。

2. "全程育人"

全程育人主要从时间角度出发,强调育人要贯穿大学生学习、成长的全过程,要认真研究大学生从高校入学到高校毕业的每个阶段的特点及其身心发展规律,以及大学生每个阶段所面临的实际问题,从而有针对性地规划从低年级到高年级不同阶段的思想政治教育的工作重点和方法,促进高校思想政治教育的发展。

3."全方位育人"

全方位育人主要从空间角度出发,强调育人要体现在促进大学生全面发展的各个方面和环节,教育工作者要根据大学生的学习和生活实际,将显性德育与隐性德育相结合,通过有形或者无形的手段把思想政治教育渗入他们学习和生活的各个环节,渗透教学、管理和服务的各个方面,使大学生形成良好的思想品质和人格修养,促进他们的全面发展。

(二)"三全育人"的要素组成

1.人员要素——全员育人

人员要素指从人员开始进行整合,全体教育工作者都应自发自觉地承担起育人责任,学生自己也应参与到育人工作中来。传统的育人理念认为专业任课教师就应该传授知识、教书育人,而德育工作和思想政治教育工作则仅仅是班主任、辅导员和思想政治课教师的责任。全员育人使育人主体扩大到高校教职员工,从注重传授专业知识延伸到重视学生人格的正确形成和良好思想道德品质的培养,是对育人主体的突破和创新。全员育人要求高校所有教师和工作人员,以及家长、社会等多个方面的力量共同参与,产生上下联动的效应,体现学生与教职工之间的良性互动,形成人人参与、与外界产生联系的开放式育人格局。在学生日常的学习和生活中,完成全员育人的目标离不开管理育人和服务育人的方法,管理服务人员对学生表现出的关心、爱护和尊重,能够起到感化教育的作用。

2.时间要素——全程育人

联合国教科文组织在《学会生存:教育世界的今天和明天》中就提出了发展终身教育的思想,这是教育史上一个具有历史意义的里程碑。同样,育人并不是一蹴而就,而是一场需要各方面协调参与的"持久战",需要较长时间才能看到成效。它也必须贯穿学生从课上到课下、从入学到毕业的全过程,否则它就只是提出了一个形式、一个口号,无法达到真正的育人目的。"三全育人"中的全程育人体现了育人工作的长期性特点,补充了育人工作的留白期,提高了育人效率。作为"三全育人"的组成部分,全程育人主要是从时间的维度上进行育人,它以大学生成长发展的过程为主线,即从入学开始直到毕业离开学校为止,全程都要对大学生进行思想政治教育。这是对以往育人模式中的时间要素进行了延展,蕴含着"三全育人"的长效性内涵。全程育人还提倡根据处于不同身心发展水平、发展阶段的学生进行有针对性的教育活动,调整相应的教育内容和教育方法,体现了"三全育人"的连续性。

3.空间要素——全方位育人

空间要素指从不同的角度和维度出发,运用多样化的手段和方法,覆盖育人工作的方方面面,在帮助大学生学习掌握专业知识技能的同时锻炼其适应社会的才智,塑造新时期立德树人的教育任务所要求学生具备的社会主义核心价值观,全方位、多角度、宽领域提高大学生的综合素质。全方位育人强调的是将教育教学、管理服务、实习实践、思想文化、网络资源等多方面育人因素集合于一个广阔的育人空间,一切能对大学生的优秀道德品质养成产生影响的直接要素或间接要素都包含在其中。高校的物质环境和精神文明会对大学生产生双重的育人作用,包括校内基础设施、生活学习场所、治学理念制度、科研学术风气、社团文化活动等,都会内化为育人的方法和途径,深深根植于全体师生的行为中,这种物质文化和精神文化的双重影响是达到育人成效的重要因素。

4."三全"之间的关系

"三全育人"是一个各要素之间相辅相成、缺一不可的有机整体,全员、全过程和全方位是这个体系的三根支柱,三者之间既有联系又各有侧重。

首先,全员育人、全程育人和全方位育人之间有着内在联系,假设把"三全"放到一个立体坐标图中来看,全员育人就是它的立坐标,代表育人主体的多样性特点;全程育人则是它的纵轴坐标,代表着育人时间的范围;全方位育人则是它的横向坐标,代表着育人的空间范围。"三全育人"中的各个要素之间存在差异,但本质都是为立德树人服务的,它们相互补充、互相吸收,扩展成一个宏观立体的系统,任何一个要素的缺失都会使"三全育人"难以支撑。

其次,从相互区别的角度来看,"三全"的各个要素又有不同的侧重点。全员育人是从育人主体的角度出发,对实施育人工作的队伍建设进行规划,育人队伍的力量是否强大直接决定了育人成果的好坏,如果没有优秀的育人队伍发挥核心作用,就算再宏伟的育人目标也难以实现,再科学的育人规划也是海市蜃楼。

全程育人则集中于育人的时间上,首先,高校思想政治教育工作绝对不是一蹴而就的,而是一朝一夕贯穿于大学生学习和生活中的点点滴滴,是在长线的教育过程中慢慢积累起来的,因此,教育教学的全程都不能有丝毫放松;其次,育人是一项长期的系统工程,要关注处于不同阶段的大学生的身心发展特点和规律,从入学教育到毕业不同时期所呈现出的思考方式、关注点不同,因此,要根据这些差异来设计课堂教学和思想指导内容。全方位育人的重点落在育人空间和范围上,力求培养德智体美劳全面发展的大学生,育人不仅仅是传统育人目标要教授大学生专业知识和培养其优秀品质,更要注重大学生独立人格和兴趣爱好的培养,突破传统育人方式的狭隘性,将大学生放在首要位置。育人主体究竟要从哪些领域和范围详细开展育人工作、如何使用相应的育人程序和方法等问题,都是全方位育人所要回答的。这既是当代素质教育所呼唤的目标和要求,又是"以人为本"在教育工作中的着实体现,真正地让大学生享受到自由发挥的空间,从而最大限度地挖掘自己的潜能,使自己成为一个拥有专业技能又富有高尚道德品质的人。

(三)"三全育人"模式的基本理念

我们了解了"三全育人"模式的要素组成,有必要进一步探究其基本理念,以全面、完整地理解"三全育人"模式的丰富内涵。

1.以育人为核心,重在整合

人是教育的出发点,也是教育的归宿。因而育人在德育体系中应当处于中心位置。

"三全育人"模式的三个要素围绕育人这个核心点相互联系、相互依存,从而构成一个有机、有序、和谐、完整的整体。育人既是"三全育人"模式的出发点,也是它的归宿,占据了德育系统的核心位置,处于提纲挈领的地位。其他三个构成要素都是以育人为中心,为实现育人的目标而服务。它们最大目的是最大限度地挖掘潜在的或者现实的德育资源,并将其整合起来,形成合力,以便更好地实现育人目标。如果没有育人这个核心点,那么"三全育人"模式也就成了一盘散沙,没有方向和目标,也没有任何构建的价值和存在的意义。育人的成败,实际上是对"三全育人"模式构建成功与否的检验。育人对于"三全育人"模式的重要性,无异于经济建设对于社会主义现代化建设的意义。总之,育人是"三全育人"模式的重心和归宿。以育人为核心,实质上也是以人为中心、以人为本理念的体现。

2.全员调动,齐抓共管,形成教育合力

当今教育舞台上,多种多样的德育模式不断演变,说明我国德育研究正在绽放蓬勃旺盛的生命力,同时也推动了我国德育事业不断向前发展。但是,我国德育实效性不足的问题仍然存在。德育实效性不足是由多方面的、复杂的综合因素所致,但是德育合力的缺乏是最主要的因素。"三全育人"模式提出全员育人,通过调动所有人员参与德育工作,形成以党委统一领导,各部门齐抓共管的新时期思想政治工作格局,这是以往其他德育模式所缺乏的,是"三全育人"模式最大的特色和闪光点。过去,我们一直存在一个观念误区,认为德育仅仅是思想政治教育教师的职责,其他的任课教师只需要完成自己的教学任务,而思想政治教育教师在进行德育工作时,也往往采取传统的灌输方式,使得学生对教师所传授的规范、准则仅仅是被动接受,甚至产生抵触、逆反情绪,这大大降低了德育效果。当今交通运输、信息通信,尤其是互联网的高度发展,为促进经济、科技、文化、教育等方面在全球范围日益频繁的交流提供了便利,信息交流日益便捷,使得人们仿佛生活在地球村里,信息的便捷获得消除了人们交流的障碍,但各种思潮和文化的碰撞也更加猛烈。对新事物敏感的大学生极易受到海量未过滤信息的影响,因而仅仅靠思想政治教育教师单方面的思想教育是不足以应对的,必须将全部人员调动起来,才能全面地了解学生的思想特点,及时解决其出现的问题。全员调动,一方面,能激发教育者进行德育工作的积极性,另一方面,能通过不同部门及德育工作者之间的分工合作,大家一起向着共同的德育目标迈进,无形中凝聚成强大的德育合力,从而增强德育的实效性。

3.全程跟进,上下联动,抓好大学生教育的关键点

德育是塑造人灵魂的伟大工程,而由于人的思想观念具有易变性、不稳定性、隐蔽性等特点,以及受教育者原有的价值观念、生活环境等多种因素的影响,使得教育者对受教育者所传授的价值观念、道德准则等内化为受教育者自己的价值准则需要一个过程,不是短时间内就能完成的。德育的最终目的是使受教育者将内化的价值规范外化成行为,并形成良好的行为习惯,进而形成稳定的品质。"三全育人"模式通过全程育人这一构成要素,鲜明地突出了育人的全程性,通过全程跟进,抓住大学生习惯的关键点进行针对性的教育,既保证了育人时间,又突出了重点,有的放矢,从而更好地帮助大学生顺利度过成长过程中的转折点,如入学适应期、离校就业期等,大学生在这些转折时期很迷茫、焦虑,如果不能及时进行教育引导,会使部分大学生迷失方向、荒废学业,有些大学生甚至因产生严重的心理负担而导致心理疾病。所以及时抓好关键点进行教育,不仅能够帮助他们缓解焦虑,使他们轻轻松松地学习,享受学习的乐趣,还能使他们的身心健康发展。

4. 全方位展开,全面配合,促进大学生全面发展

确立好育人主体,德育工作才做好了第一步。育人主体如何开展德育工作,关系着德育目标的实现。人是德育的中心,德育的最终目标是为了促进人的健康、自由、全面发展。因此德育工作的开展应围绕人的全面发展展开。我们知道素质教育是教育者以培养、完善、提高受教育者的全面素质为目的,有计划、系统地将社会的要求转化为受教育者的内在需要、促使其身心发展的教育活动。实现人的全面发展也是素质教育的题中之意。新时期,德育模式的构建不能忽视时代和社会发展的要求,素质教育是我国教育史上一次划时代的改革,德育所培养的人才应与素质教育的要求相契合。"三全育人"模式以人的发展为中心,以实现人的全面发展为目标,通过调动全部人员参与德育工作,运用多种手段和途径,从多种德育渠道着手,全方位地开展德育工作,从而促进大学生的身心健康发展,提升大学生的思想道德素质、科学文化素质、专业素质等,使大学生的知识和能力不仅得到增长,而且能发展自身个性,从而促进他们全面、健康地发展。

二、"三全育人"的重要特征

(一)系统性

"三全育人"在作用形态上具有系统性的特点。"三全育人"中的所有因素都是为了育人这一目的而存在的,这之内的一切因素相互融合产生整体大于局部的作用,集中于"三全育人"的理论、机制建设中,根据立德树人的现实需求形成具有独特内涵的体系。"三全育人"中的任何因素都不是孤立存在的,各因素之间既有联系,又有不同的重点,全员育人的重点在于育人主体因素的全参与,全方位育人的重点在于空间因素的全覆盖,全程育人的重点在于时间因素的全贯通,其内部实现机制所进行的活动也不仅仅是单独某一方面的活动,而是这个体系中各环节齐头并进的系统性活动。在"三全育人"的系统性建设中,根据各因素之间的差异性,取长补短、内外兼顾,充分发挥整体育人的作用。

(二)连续性

"三全育人"在时间、空间和内容等方面呈现出连续性的特点。"三全育人"填补了过去大学生在成长成才过程中教育的许多空白。首先,"三全育人"试图打造一种课内与课外育人并行的模式,教育者不仅在日常的课堂教学中对大学生授予专业知识、进行思想政治教育,同时还以个人高尚的道德情操去感染、影响他们;课下,教师通过对大学生的关心爱护和友好沟通,帮助解决他们在生活上、课业上遇到的困难,所进行的是一种心灵沟通,也能起到"管思想"的作用,育人过程得到充分延展。其次,教学理论与教学实践相结合,教育者所讲授的理论知识要与实践教育充分结合,育人不仅在校园内进行,思想政治教育不能局限于课堂,还要加强对大学生实践能力的培养,以理论指导实践,以实践充实理论。最后,统筹多方育人资源,显性育人手段与隐性育人手段、校园物质环境和精神文明相结合,时刻凸显育人主题。

(三)网络性

"三全育人"在结构上还具有网络性的特点。与强调"三全育人"系统性不同的是,构成"三全育人"的各个因素之间还会呈现出向外辐射的网状特征,有横向也有纵向、有单向也有多向的互动。其中,"三全育人"各因素之间虽然是分散分布的状态,但如果任一因素发生了改变,均会引起这个网络中结构的全面波动和变化,产生"牵一发而动全身"的连锁效应。与此同时,在这个交织错杂的网络中,各因素之间所展现的网络结构并不是完全一致的,相互之间的作用程度有近有远,所发挥的作用分主次、大小,作用关系还会因为时间、环境等条件产生不同的区别。但不论内部因素如何变化,"三全育人"的重点依然要落在学生这个中心上,将思想政治工作贯穿教育教学全过程,最终的育人目标仍旧是立德树人。

(四)开放性

任何一个系统都具有开放性的特点,需要与外界持续进行物质、能量和信息的交换,这种不同程度的开放是"三全育人"得以循序发展的基础,这样才能与系统外的其他环境产生联系和交互,从而产生内因与外因的交换作用,也因此让"三全育人"体系处于连续向前的变化之中。从这个角度看,"三全育人"作为高校思想政治教育系统中的重要组成部分,更不应是与世隔绝的封闭性系统。一方面,外界环境面临着互联网工具等媒介的普及使用,增加了环境的不确定性,在这种不确定、开放的环境之中,大学生获得信息的方式更加便捷迅速,这样的过程会对他们产生更有冲击性的、多元的全方位影响。此外,高校的一个重要职能就是服务社会,所培养出的人才最终都会走向社会并为社会的发展而服务。外部环境处于不断变化中,即将步入社会工作的大学生需要能够快速进入状态并适应社会环境,因此,高校育人工作应当把"三全育人"时刻放置在一个动态、开放的系统中,这样才能更好地增加育人工作的针对性和效率,所培育出的人才才能更大限度地满足一切的社会需求。

(五)创新性

思想政治工作绝不是单纯一条线的工作,而是全方位的、无处不在的、无时不在的。育人工作需要全员参与、全程贯穿、全方位渗透,需要在新思政观的引领下进行综合改革。要从中国特色社会主义教育知识体系教育同思想政治教育相结合这一基本认识出发,坚持两者的辩证统一,科学认识和把握思想政治工作的定位,整合各方育人资源,把促进大学生成长成才作为高校一切工作的出发。各地区、各高校乃至各院系,应该针对各自的特殊性,从大学生的视角、学科的视角、工作任务和职能的视角,创新"三全育人"的开展路径和实施办法,突出重点,彰显特色。

(六)实践性

当前,高校育人工作还存在诸多现实问题,既有思想认识问题,也有具体实践问题,既有方式方法问题,也有体制机制问题,但核心的问题还是"围绕学生、关照学生、服务学生"的育人意识不强。一直以来,高校育人工作主要由学生思想政治工作者和思想政治理论课教学工作者两支队伍来承担。相比较而言,高校其他教职工群体的育人主体责任是模糊不清的,他们在承担育人责任方面也没有行之有效的考核方式。这势必导致各高校中不同程度地存在"重教书、轻育人""重管理、轻育人""重智育、轻德育""重科研、轻教学"的现象。在全过程全方位育人方面,由于过度依赖上述两支队伍,高校的育人资源整合、育人方式转变、育人意识提升、育人时空拓展都滞后于人才培养需求。此外,由于育人的协同效应较弱、载体和方法欠缺,高校"三全育人"工作亟待从供给侧方面进行改革,以实现与需求的契合发展。"三全育人"理念是解决以上现实问题的钥匙,新时代"三全育人"理念的核心价值在于厚植"人人育人、时时育人、处处育人"的工作意识,增加科学育人的供给,以适应思想政治工作需求的新变化。

三、"三全育人"的意义

"全员育人、全程育人、全方位育人"德育机制的实践有助于发挥高校、家庭、社会在教书育人、管理育人、服务育人方面的作用,有助于大学生的全面发展和综合素质的提升。高校"三全育人"工作是一项富有创新性和创造性的工作,在立德树人的教育细化中,将社会主义核心价值观进行有效融入,才可以将教育理论根植于高校的教学课程中,促使其落地生根、枝繁叶茂。这也是全面建设创新型社会主义接班人的重要内容。"三全育人"体现了立德树人的内在要求,顺应了人才培养的发展趋势,契合了高校思想政治工作的发展规律,对努力构建德智体美劳全面培养的教育体系,形成更高水平的人才培养体系有很大的帮助。同时,加强党对教育工作的全面领导,统筹协调家庭、高校、政府、社会各方面的育人责任,具有十分深远的意义。

(一)建立"三全育人"德育机制是立德树人的根本要求

青年兴则国家兴,青年强则国家强。大学生担负着实现中华民族伟大复兴的责任与使命。近年来,很多高校围绕大学生成长成才开展了一系列工作,但对以大学生为中心的"三全育人"理念的重要性认识不足,重知识讲授、忽视人格塑造的现象仍然存在,"三全育人"格局尚未完全形成。

(二)建立"三全育人"德育机制是我国高等教育政策调整的必然要求

党的十八大以来,国家提出培养技能型人才和高素质劳动者的要求,"三全育人"机制满足了新形势下高等教育人才培养模式改革的要求,有助于高校加快转型,提高人才培养的质量,为实现中华民族伟大复兴的中国梦和向第二个百年奋斗目标提供坚实的人才保障和智力支持。

(三)建立"三全育人"德育机制是大学生成长成才的时代要求

大学生具有时代特点与性格特征,他们获取知识和信息的途径从书本、课堂拓展到了微信、微博等新媒体,教师的权威面临挑战,学校已不再是获得知识的唯一场所。社会的多元化也给学生带来了深刻影响,部分大学生自理能力比较差、自控能力差、心理素质不高,极易产生思想和心理问题。

(四)建立"三全育人"德育机制是高校实现转型发展的客观要求

当前,我国高校在实现规模扩张的同时,越来越关注质量提高和内涵建设。育人是高校的核心,德育是一项系统工程,需要动员和整合学校、社会、家庭、学生等各方面的力量,形成德育合力。

"三全育人"是新时代党和国家从培养社会主义建设者和接班人的战略高度出发对高等教育提出的重大命题。作为新时代高等教育发展的创新理念和实践模式,"三全育人"不仅反映了党和国家对教育本质和教育规律的深化认识,也是对"培养什么人、怎样培养人、为谁培养人"这一根本问题的生动解答,体现了高等教育立德树人的内在要求,顺应了人才培养的发展趋势,契合了高校思想政治工作的发展规律。

第二节 基于"三全育人"背景的高校思想政治教育资源整合探索

一、基于"三全育人"背景的高校思想政治教育资源整合的教学现状

(一)育人与教学未能有效结合

从国内部分高校的教学活动来看,一些学科教师在教学过程中,对大学生注重对学科理论基础培养,并没有在教学过程中开展相关的德育工作,国家相关部门曾经在教育教学会议上明确指出要在教育教学的过程中贯彻落实立德树人的教学理念,但是在现实中,在一些高校当中各学科教师认为对于大学生的思想政治教育工作,应该由本专业的辅导员来进行开展,学生只需要在课上掌握本学科的内容即可,在考核中也没有针对大学生的德育水平进行综合性的评价,由此可以看出,高校中各学科教师对思想政治教育并没有提高重视,没有针对各学科中所蕴含的思想政治教育因素进行深度探究,而只是注重各学科基础理论的讲解,对于大学生的思想价值观念也没有起到引领和重视的作

用,在教学活动和育人工作中也没有做到有效融合。

(二)学科教师与院校管理部门协调不够

第一,在目前国内一部分高校的内部没有注重思想政治教育的开展,由于认识不足使得有很多学科教师认为开展思想政治教育应该由专门的思想教师或者本专业的辅导员进行负责。在"三全育人"的背景下,有很多教师对于"三全育人"没有进行深入探究与剖析,也没有和本校的思政教师以及相关专业的辅导员进行学术上的交流与沟通,因而使得思想政治教育与其他学科的整合效果较差。在"三全育人"的背景下要求高校中的全体人员都要提高自身对开展思想政治教育的重视,但是从当下的实际情况来看,还有很多不足。

第二,在开展思想政治教育整合的过程中缺少相关的教学机制,由于当前高校中各门学科的课时安排较少,学习任务量较大,各科教师几乎将绝大多数时间花费在备课与教学科研上,并没有针对怎样将学科与思想政治教育有效整合进行分析,教学资源的不对等使得在各个学科教学过程中整合思想政治教育遇到了不小的阻碍。

第三,相关开展思想政治教育的教师的流动性较大,在业务水平上也有所欠缺,这使得高校思想政治教育活动的开展很难得到有效保障。

(三)各学科在教学过程中没有整合思想政治教育

如今高校各个学科的相关教材中在教育内容的设计上几乎很少谈及思想政治教育,即便有所谈及也并没有着重的突出育人功能,这是由于各学科教师不注重对思想道德知识进行整合。

首先,从高校的学科教材中可以看出,文史类的教学内容中涵盖了一些德育教学的因素,但是工科类的教材却很少出现与思想政治相关的内容,这就使得一些工科专业开展教育教学活动时对于大学生进行思想道德教育缺少一定的领导性,没有通过课程的开展提高大学生的思想道德水平。

其次,个别专业教师在学科教学过程当中没有注重对学科的核心素养进行挖掘与探究,教材内容以及相关教学活动都能够体现学科的核心素养,只有进行深入探究才能够发现学科中的育人价值。当下在各个学科的教材中,缺少核心素养与理论基础的结合点,这使得教学不能发挥一定的育人功能。

最后,在"三全育人"的背景下主要强调了教师要在教学实践活动当中开展育人工作,但是,从当下的实际情况来看,教师几乎很少通过实践活动来提高大学生的学科核心素养以及实践能力。

二、基于"三全育人"背景的高校思想政治教育资源整合的策略

(一)提升学科教师的育人意识

在"三全育人"背景之下,高校要想有效整合思想政治教育,贯彻落实"立德树人"相

关理念,不能仅仅通过思想政治课程来体现,各个学科都应该在开展教学的过程中将学科的教学思想与思想政治的相关理论进行有效整合,充分发挥育人作用。

首先,要出台相关的制度,让高校的全体学科教师提高自身的责任意识,在备课和教研时都要根据思想政治教育结合自己所教学科的特点设立一套专项的教育教学体系,这样才能将立德树人理念贯彻落实到实处。

其次,高校内部还要对于全体学科教师出台全新的考评标准,在新考评标准中要新增各个学科相关的思想政治教育内容要求,以此起到监督和管理的作用,并且通过一定的奖励机制来鼓励各个学科的教师在授课的过程当中结合思想政治教育的相关内容开展一系列的教育教学活动,增强自身的育人意识,提高自身在教学过程中育人的积极性,实现通过各个学科一系列的教育教学活动来达到育人的效果。

(二)提升院校管理人员的责任意识

为了实现"三全育人"中"全员育人"理念,高校中的相关管理人员也要提高自身的育人责任意识,牢记在开展育人工作中"以学生为核心"的宗旨,保证在开展管理工作和校园服务的过程中的育人质量,促进大学生全方位的发展。

为了有效提升相关管理人员的业务水平和道德修养,高校应该根据管理人员的工作内容进行针对性培训,通过一系列如线上培训、定期开展调研活动以及岗位业务水平竞赛等方式,提高他们的业务水平。为了更好地开展相关的管理工作,制定并落实好问责制度,这样相应的管理人员在工作中就可以通过自己的职业素质,带给大学生最优质的服务体验,当大学生遇到困难的时候也能够通过自身过硬的业务水平帮助他们解决。

(三)将优秀传统文化融入高校思想政治教育中

在高校的教学过程中要将优秀的传统文化与思想政治教学活动进行整合,通过一系列的传统文化课程来落实思想政治教育。现今,高校的思想政治课主要是针对马克思主义哲学、近代史等一些基础课程进行相关讲解,对于一些优秀的传统文化课程却没有相关的课时安排。因此,高校可以根据自身的实际情况增设一些传统文化的选修课程,将思想政治教育与传统文化进行有效整合,通过课程设置来加强大学生对传统文化的了解,从而提高他们的思想道德水平,达到"立德树人"的教育教学目标。在高校基础设施建设过程中一定要突出传统文化,让大学生在一个充满传统文化的教学环境中学习,其自身的思想道德观念自然会受到一定程度的影响。同时,高校基础设施建设要处处彰显传统文化的特点,如可以在教学楼的进门处张贴传统文化的诗词和标语,在校园内设立中华民族英雄人物的雕塑。与此同时,在一些重要的传统节日可以举办与传统文化相关的活动,如诗词朗诵、周末论坛,以及优秀爱国影片观影活动等,让大学生通过丰富的院校活动来提升自身的思想道德水平。

(四)将时代精神与思想政治教育相整合

国内一些高校开设的思想政治课程主要是注重培养大学生的思想政治观念以及学

习相关的马克思主义哲学,要求大学生通过课堂的学习能够完成教师布置的学习任务,但是从当下来看,在思想政治课程的讲解过程中却几乎很少对现阶段弘扬的"时代精神"进行专门的讲解。

随着素质教育的推广以及时代的发展,教师在进行思想政治教育的过程中应该不断对教学内容进行革新和完善,这样是为了最大限度地调动大学生学习的积极性,如果在开展思想政治课程的教学过程中开设"时代精神"这一内容的讲解,能够提高大学生学习乐趣的同时还能够培养他们吃苦耐劳、勇于拼搏的精神。在教学过程中,将时代精神与思想政治教学理念进行整合能够不断提高学生自身学习的能力,同时,还有助于他们自身思想道德观念的养成,从而实现"立德树人"的教学目标,营造优良的校风以及提升学生积极向上、精神饱满的面貌。

(五)传统思想政治教育与新兴教学模式相整合

现阶段高校在进行思想政治教学的过程中,由于其教学模式的改变以及社会的进步,以往单一的教学模式很难有效地提高大学生的学习效果,所以在开展思想政治教育的过程中需要与新兴的教学方法进行融合,以丰富思想政治教育模式。在"三全育人"的背景下,思想政治教育的主要任务就是为了实现社会的进步,提升大学生的思想政治观念和核心价值观,因此,要想提高高校思想政治教育过程中育人教育活动的主导性就要采用不同的教育教学方式。例如,教师在开展思想政治教育的过程中可以利用多媒体来开展教育,这样通过信息技术中的庞大教学资源,能够给思想政治教育提供一个新的参考,从而丰富教师的教育教学资源,拓展大学生的学习视野,才能确保思想政治教育具有一定的时代感和与创新性,也才能提高大学生在思想政治教学中的学习乐趣。

综上所述,现阶段高校思想政治教育工作的整合是一项复杂的教育教学工作。在"三全育人"背景下,要将思想政治教育资源进行有效整合,提高各个学科以及高校相关管理人员的责任意识。在开展教学的过程中,要通过与传统文化进行有效整合,利用时代精神来促进大学生思想政治观念的转变,要通过学科之间的互相融合,运用新兴的教育手段,促使大学生全方位发展。

第三节 "三全育人"视角下
高校思想政治教育的实施对策

一、"三全育人"与高校思想政治教育的联系

首先,从大学生自身发展上看,大学时期是个人人生观、价值观形成的重要时期,因此良好的思想政治教育有助于其形成正确而完善的人生观和价值观,树立正确的人生理想,有良好而坚定的理想信念是个人发展的前提条件。而"三全育人"从全程性、全面性

以及全员性上对大学生进行培养,能够有效提升高校思想政治教育的效果。不仅如此,"三全育人"理念是现阶段国家大力提倡的新型育人模式,有着良好的育人体系,因此,相对于传统的育人模式,"三全育人"视角下的高校思想政治教育更能够激发大学生的学习动力,促进其全面发展。

其次,思想政治教育是推进"三全育人"改革的重要载体。思想政治教育一直是我国教育工作的重中之重,尤其是新时代以来,国家对思想政治教育工作更为重视,并且多次召开会议讨论了大学生的思想政治教育工作。因此,"三全育人"视角下的高校思想政治教育将更有利于推进"三全育人"全面走进教育,有利于教师、学生以及社会深入了解"三全育人"的内涵和作用,促进国家教育的革新。"三全育人"下的教育革新,可以充分整合社会上的有效资源,促进思想政治教育体系,甚至是整个教育体系的长远发展,有利于构建良好的育人体系。高校思想政治教育是人才培养的有效载体和实现路径,有利于促进大学生的全面发展,促进学校育人成果的提升,进一步促进国家的发展,也是促进新时代"三全育人"的有益途径。

最后,"三全育人"为高校思想政治教育提供了理论视角。"三全育人"讲求全员、全方位、全程育人,这三者之间相辅相成,形成了完善的育人体系。因此,"三全育人"理念为大学生的思想政治教育提供了理论基础和现实依据。

二、"三全育人"视角下高校思想政治教育存在的问题

(一)教育全员性没有得到有效落实

教育全员性没有得到有效落实,通俗地讲,就是教育主体并没有做到全员参与,以及专职思想政治教育教师的职业水平还不够高。大学生的思想政治教育包含两方面的内容,即思想教育和政治教育,这两者要做到有机统一,不仅要促进大学生的思想进一步提高,更要促使大学生了解国家的政治大事,提高其思想觉悟。

首先,在大学里,除了辅导员,任课教师与大学生有较少接触外,一般课下很少接触,这就导致师生之间沟通不畅,从而影响育人效果。

其次,其他专业课的教师对学生的思想政治教育意识不够。全员性要求所有的任课教师都要有意识、有责任地对大学生进行思想政治教育活动,但是在现实中有一部分任课教师只"教书",不讲或少讲思想政治内容,缺乏科学的育人意识。

再次,一些管理服务部门各自为政,不对大学生进行思想政治教育。其实在实际的高校生活中,管理部门与大学生的思想政治教育也是息息相关的。但是在实践中,一部分管理部门似乎忘记了自身担负有对大学生进行思想政治教育的责任,只做自己分内的事情,而忽视了自身的育人责任。

最后,大部分大学生自身对思想政治教育的认识不足,认为思想政治教育离自己生活较远,不关心国家大事,学习思想政治也仅仅是为了应付考试,这在一定程度上导致高校思想政治教育的效果大打折扣。

（二）教育过程的全程性把握不到位

尽管在高校教育中,思想政治教育一直都在进行,也确实取得了一定的成绩,但是从总体来看,思想政治教育仍然存在诸多问题,不足之处仍然未得到弥补,如在教育上存在只重视思想政治理论传授,忽视课下的交流沟通;重视理论知识,忽视实践。前文提到思想政治教育的全程性要求要覆盖大学生教育的全过程甚至是其成长的全过程,要无处不在,无时不有,显然目前各高校对大学生的思想政治教育的全程性仍然不够完善。此外高校思想政治教育的各个环节缺乏相互了解,没有严密的管理体制,缺乏完善的制度来促进教育过程的衔接,因此,高校各个思想政治教育阶段的衔接性不强,前后关联性差,教育目标不明确,也没有与时俱进。

（三）教育资源全方位整合不力

"三全育人"视角下高校思想政治教育需要整合多方面的资源,促进大学生的全面发展。但是在实际中,学校、家庭之间缺乏有机统一,联动性不强。

首先,现在部分高校的育人活动形式仍然较为传统,没有与时俱进,创新性不强,大多还停留在以教师为中心的育人方法上,教师只是一味讲述知识,忽视了大学生的积极性,没有让学生成为课堂的中心,没有创建良好的学习氛围,造成学生被动地接受,导致教育效果低下,甚至旷课、迟到以及上课睡觉等情况频繁发生。

其次,许多家庭对大学生的思想政治教育也缺乏关注,更不用说参与到思想政治教育中去。家庭教育贯穿大学生教育的全过程,家庭教育在大学生的思想政治教育中同样起着重要作用。家庭思想政治教育做到位对大学生的思想政治观念培养有着举足轻重的作用,因为思想政治教育本就需要潜移默化地对大学生施以影响。但是很多家庭尚存在过分关注大学生的文化课,而忽视其思想政治教育,一些家境条件好的家庭,对子女的教育投入较多,因此,对大学生的思想政治教育比较重视,但在个别家境较差的家庭里,父母无暇顾及子女的思想政治教育,更多的是关注其文化课。

三、"三全育人"视角下高校思想政治教育的实施对策

（一）坚持高校思想政治教育的全员性

在全员育人中,所有的参与者都要明确自身的责任和义务,树立高校思想政治教育理念,根据大学生的特点和"三全育人"的原则对其进行思想政治教育,不能逃避责任。

首先,要提高专职思想政治教育教师的职业水准,让他们多关注时事政治,提高育人效果。

其次,各任课教师要加强与大学生的沟通,不能只关注课堂知识的传授,课下也要多与他们交流,加强思想政治教育的功能,帮助大学生树立正确的人生观、价值观和思政观,促进课上和课下思想政治教育相结合。

再次，充分发挥管理人员的育人作用，要改变过去管理层与教师在高校思想政治教育工作中的脱节现象，管理层也要担负起对大学生进行思想政治教育的责任，强化自身的育人意识，制定相关的教育制度，完善思想政治教育体系，多与其他授课教师进行沟通，努力了解大学生的特点和差异，盘活育人活动。

最后，大学生自身要加强思想政治意识，摒弃先前为了应对考试而学习思想政治的想法，进行自我教育。

(二)坚持高校思想政治教育的全过程性

坚持高校思想政治教育的全过程就是要做好各阶段思想政治教育工作，并且做好衔接。高校思想政治教育工作之所以分阶段是因为不同时期的大学生的思想以及认知水平、自身特点不同，这个过程是由浅入深的。例如，在大一阶段主要是做好高中与大学的衔接，使大学生不至于在大学初期迷失自我，所以要开展各种思想政治宣讲活动，帮助其正确对待大学生活。大二、大三是大学生思想教育的过渡时期，这时他们已经熟悉大学生活，所以尽可能举行一些道德实践活动，让他们学会用实际行动来树立良好的思想政治观念和远大的理想。大四阶段，大学生即将走向社会，这一阶段主要在思想上缓解他们紧张的情绪。帮助他们建立新型的就业观，树立正确的择业观，了解职业发展前景，做好职业规划。

(三)坚持高校思想政治教育的全面性

坚持高校思想政治教育的全面性需要学校、家庭和社会形成合力。

首先，高校要根据学生不同时期的不同特点做好大学生的思想政治教育，提高教师、管理人员的思想政治教育意识同时强化大学生的思想政治学习意识，做好各个阶段的衔接。

其次，家庭也要承担起对大学生进行思想政治教育的责任，不能一味地关注其文化课成绩，更要关注其思想变化。在这方面高校要适当地与家长做好沟通，带动家长关注时事政治，在家庭中创造良好的思想政治教育氛围。

最后，社会也要承担起高校思想政治教育的责任，要积极进行思想政治知识宣讲，创造良好的氛围，为大学生提供实践平台，让他们在实践中掌握更多的思想政治知识，帮助他们树立爱国主义思想。

第四章 课程思政视角下高校思想政治教育研究

第一节 课程思政概述

一、课程思政的内涵

课程思政,即将思想政治教育元素,包括思想政治教育的理论知识、价值理念以及精神追求等融入各门课程,潜移默化地对学生的思想意识、行为举止产生影响。本书将从课程思政的本质、理念、结构、方法和思维等几个维度来认识和把握其丰富的内涵。

(一)课程思政的本质是立德树人

课程思政在本质上是一种教育,目的是实现立德树人。"育人"先"育德",注重传道授业解惑与育人育才的有机统一,一直是我国教育的优良传统。"思想政治教育是做人的工作,解决的是'培养什么样的人''如何培养人'的问题,是我们党和国家的优良传统和各项工作的生命线。"①我们党历来高度重视学校德育工作和思想政治工作,探索形成了一系列教育方针、原则,为"培养什么样的人、如何培养人以及为谁培养人"提供了基本的工作遵循。课程思政是要将思想政治教育融入其他课程,不管是作为具体的思想政治教育还是作为宏观的教育而言,它都是为了实现立德树人的目标。课程思政始终坚持以德立身、以德立学、以德施教,注重加强对大学生的世界观、人生观和价值观的教育,传承和创新中华优秀传统文化,积极引导当代大学生树立正确的国家观、民族观、历史观、文化观,从而为社会培养更多德智体美劳全面发展的人才,为中国特色社会主义事业培养合格的建设者和可靠的接班人。

(二)课程思政的理念是协同育人

从课程思政的提出来看,其目的是实现各类课程与思想政治理论课的同向同行,实现协同育人。不论是"三全育人",还是"十全育人",体现的都是协同育人的理念。作为

---

① 王学俭. 现代思想政治教育前沿问题研究[M]. 北京:人民出版社,2008.

我们党的教育方针和我国各级各类学校的共同使命,能不能为中国特色社会主义事业源源不断培养合格的建设者和可靠的接班人,能不能为实现中华民族伟大复兴的中国梦凝聚人才、培育人才、输送人才,是衡量一所学校教育水平最为重要的指标。世界一流大学都是在服务自己国家的发展中成长起来的。中国特色社会主义教育本身就是知识体系教育和思想政治教育的结合与综合,不能让思想政治工作和人才培养变成彼此孤立的"两张皮"。课程思政正是将两者辩证统一起来,把教书育人规律、学生成长规律和思想政治工作规律紧密结合起来,把立德树人内化到学校建设和管理的各领域、各方面和各环节,用一流的思想政治教育体系建设引领一流的人才培养体系,使思想政治教育至柔至刚、滋润万物的精神力量融通教师的每一节课堂、贯穿大学生的每一步成长,真正在"三全育人"的大思政工作格局中,引人以大道、启人以大智、育人以大德,使大学生成长为栋梁之材。

(三)课程思政的结构是立体多元

课程思政本身就意味着教育结构的变化,即实现知识传授、价值塑造和能力培养的多元统一。现实的课程教学中往往由于各种原因导致这三者被割裂,课程思政从某种意义上来说正是对这三者的重新统一。课程思政要求教师在教育中积极探索实质性介入大学生个人日常生活的方式,将教学与大学生当前的人生遭际和心灵困惑相结合,有意识地回应大学生在学习、生活、社会交往和实践中所遇到的真实问题和困惑,真正触及他们默会知识的深处,即他们认知和实践的隐性根源,从而对之产生积极的影响。同时,在理性化的社会中,感性和理性、感性体验和知性认识必须结合起来,这样才有可能真正使某种价值观念得到深入、稳定、持久的理解和认同。因此,课程思政也要求教师向大学生传授普遍的、客观的知识,进一步提高他们的理性认知能力和水平,以促进其默会知识的提升和转化。而言传知识与默会知识,或者说知识传授与心灵成长、价值塑造和能力提升之间的互动,恰恰是课程思政所要达到的目的。

(四)课程思政的方法是显隐结合

人才培养体系涉及教学体系、教材体系、学科体系、管理体系等,贯穿其中的是思想政治工作体系。课程思政正是要立足于勾绘这样一个育人蓝图,通过深化课程目标、内容、结构、模式等方面的改革,把政治认同、国家意识、文化自信、人格养成等思想政治教育导向与各类课程固有的知识、技能传授有机融合,实现显性教育与隐性教育的有机结合,促进大学生自由、全面的发展,充分发挥教书育人的作用,聚焦课程建设和教学活动,使思想政治教育融入教育教学的各个要素,填补专业课程教学在育人环节上的空白,打通学校思想政治教育的"最后一公里",从而使全面协同育人落实到细微之处。

所谓隐性思维,是指课程思政中的专业类课程的教育教学采取润物细无声的方式,潜移默化、自然而然地穿插党的主张、国家意志和意识形态要求,从而达到思想政治教育的要求和目的。为何课程思政中的专业类课程要采取隐性思维方式来实现育人目的?

对专业课与思政课的意义进行比较,专业课相对于思政课更需要采取润物细无声的方法来实现思想政治教育目的。专业类课程主要担负着专业人才的培养任务,要让大学生通过专业知识、技能的学习和掌握,成为训练有素的专业人才。鉴于专业类课程与思政课的课程性质的不同,专业类课程比较适合采取隐性的思想政治教育方式,在专业知识的讲授过程中有意识地通过教学设计让大学生接受知识传承和价值引领双重任务的训练。相对而言,思想政治理论课由于具有明确的政治性和意识形态性,采取坚持显性教育和隐性教育相统一的方式从某种意义上来说,更强调思想政治教育和铸魂育人目的的政治性、直接性、明确性。因此,思想政治理论课的讲授要努力避免通识化倾向,即避免在思想政治理论课改革中片面扩大通识性内容,而对思想政治理论课的中心内容讲解不到位,甚至淡化教学内容的意识形态性,把思想政治理论课上成通识课。哲学社会科学与自然科学相比较,自然科学更需要隐性思维教育方式。哲学社会科学课程包含着治国理政、治国兴邦等诸多智慧,因此,哲学社会科学内在地包含着社会的需要、政治的需求和愿望,较容易实现显性教育的意图。而自然科学本身是对自然界发生发展规律的认识和把握,自然科学本身没有鲜明的价值取向,因此,在自然科学的教育过程中采用隐性思想政治教育更符合大学生的接受心理,更能产生教师所期待的效果。

(五)课程思政的思维是科学创新

在社会大变革、文化大繁荣的时代,既要树立科学的思维,也要树立创新的思维。在全国高校思想政治工作会议上,习近平总书记提出了提高学生思想政治素质的明确要求,即"四个正确认识",其要义就在于让学生学会用正确的立场、观点和方法分析问题,把学习、观察、实践同思考紧密结合起来,善于把握历史和时代的发展方向、把握社会的主流和支流、现象和本质,养成历史思维、辩证思维、系统思维和创新思维。对于课程思政而言,首先,其展现的就是一种科学思维,它强调要用辩证唯物主义和历史唯物主义的思维方式去看待事物,不能陷入唯心主义和机械唯物主义的泥沼,将理论导向神秘主义。尤其是在当前国际社会意识形态领域风云变幻,各种社会思潮观念激烈交锋的背景下,我们的教育要想顶住压力、抵住侵蚀就需要进一步加强在各门课程中的思想政治教育,用马克思主义的立场、观点和方法去教书育人,为大学生构筑起牢固的思想防线,抵制各种错误思潮、错误言论对他们的危害。其次,课程思政所展现的是一种创新思维,它强调在思想政治理论课以外的课程中融入思想政治教育,这是以前的思想政治教育未曾关注的。而且在课程思政建设的具体过程中,也需要创新思维,以新思维催生新思路、以新思路谋求新发展、以新发展推动新方法、以新方法解决新问题,实现课程思政的创新发展。

二、课程思政的特点

课程思政有着诸多特点,把握这些特点能够帮助我们更好地理解什么是课程思政,从而在实践中更有效地推进课程思政的建设。

(一)寓德于课是首要特点

习近平总书记在全国高校思想政治工作会议上强调:"要坚持把立德树人作为中心环节,把思想政治工作贯穿教育教学全过程,实现全程育人、全方位育人,努力开创我国高等教育事业发展新局面。"①立德作为思想政治教育的重要内容,也应是课程思政建设的重要内容,应借助课程这一重要载体,寓德于课,既寓德于具体的课程内容,更寓德于教师的课程教学过程。德,不仅是立身之本,而且是立国之基。既重视以德修身又重视从政以德,这是中华民族历来的价值追求。"一个优秀的老师,应该是'经师'和'人师'的统一,既要精于'授业''解惑',更要以'传道'为责任和使命。"②教师既要做学问之师,又要做品行之师,这其中就蕴含着立德这一重要要求。新时代,教师肩负着培养社会主义事业建设者和接班人的重要任务,而我们培养的社会主义事业建设者和接班人应该是"德智体美劳全面发展"的,而且德在首位。立德不只是思想政治理论课及其教师的任务,更是所有课程及教师的任务。立德是课程的应有之义,课程思政所要实现的正是寓德于课,从而为国家、社会和人民培养德才兼备之人。

(二)人文立课是主要特点

课程思政是要在课程教学中挖掘"人文素养"元素,其中重要的是人文精神,即对人类生存意义和价值的关怀。事实上,每一门课程都可以成为课程思政建设的载体,只是难易程度有所区别。每一门课程的教学从根本上来说都是一种教育,都是在进行教书、育人,其本身就蕴含了人文精神,只是不同课程的性质导致其不同程度地隐化了这种精神。健全的教育不仅包括知识的学习,更包括具有价值观意义的家国情怀教育,尤其是思想政治教育中社会主体力量所倡导的主流价值的教育。课程思政要突出课程原有的人文精神并在此基础上进一步加深。它强调教师在教学过程中应注意挖掘人文素养,使教学知识的内涵更加丰富,知识教育更富情趣,能力培养更趋务实。我们要深刻领会习近平总书记反复强调的立德树人是教育的根本任务这一思想中所蕴含的人文精神,更加自觉、更加有效地把知识教育和理想信念教育、道德品格教育有机结合起来,充分发掘各类课程的思想政治教育元素,进而深化对课程思政的认识和理解,把对人本身的关怀融入每一门课程的教学,让所有课程真正承载起育人功能,切切实实守好课程育人一段渠、种好培根铸魂责任田。

(三)价值引领是核心特点

课程思政是要将思想政治教育元素融入各类课程的教学过程,其中思想政治教育元

---

① 习近平在全国高校思想政治工作会议上强调:思想政治工作贯穿教育教学全过程　开创我国高等教育事业发展新局面[N]. 人民日报,2016-12-09(1).

② 习近平. 做党和人民满意的好老师——同北京师范大学师生代表座谈时的讲话[N]. 人民日报,2014-09-10(1).

素主要指思想政治教育内容,不一定是具体的思想政治教育理论知识内容,也可以是思想政治教育所体现的一种价值理念和精神追求。一方面,从课程思政的具体融入内容看,具有较强的可操作性和比较容易实现的融合模式,即将社会主义核心价值观融入课程教学过程,在内容上集中凸显了课程思政的价值引领特点;另一方面,从课程思政内容融入的抽象层面看,课程思政的主要内容不是要向大学生灌输思想政治教育的基本理论知识,而是要通过这种教育形式来培养大学生树立正确的世界观、人生观和价值观,实现对大学生的价值引领。正如习近平总书记在学校思想政治理论课教师座谈会上强调,青少年学生正处于人生的"拔节孕穗期",最需要精心引导和栽培,而且青少年的价值取向在某种程度上决定了未来整个社会的价值取向,因此抓好这一时期的价值观教育十分重要。总体而言,不管是从具体的还是抽象的内容融入来看,价值引领始终是课程思政的核心特点。

三、课程思政的当代价值

课程思政理念的提出是为了改进和加强高校思想政治工作,对于落实教书育人的主体责任,对于确保全员、全过程、全方位育人要求的实现具有重要的推动作用,也有助于全面提高高校思想政治工作的水平和质量。加深对课程思政的内涵定位、育人为本导向和问题导向等的认识,系统规划课程思政的生成路径,对高校坚持社会主义办学方向,培养德才兼备、全面发展的人才具有重要的现实价值。

(一)课程思政是新思想政治教育观的重要体现

德国教育家赫尔巴特认为:"教学如果没有进行道德教育,只是一种没有目的的手段;道德教育如果没有教学,就是一种失去手段的目的。"[①]美国教育家杜威认为:"德育方面应致力于改变简单的、粗暴的、直接性的德育方法,而应该采取渗透到各学科和整个学校生活中的间接性德育方法。"[②]课程思政不仅体现了这一教育观点,而且结合中国特色社会主义高校对人才的培养需求,倡导将知识传授与思想政治教育相融合,形成新的育人模式。具体而言,一方面,课程思政实现了知识传授与思想政治教育的融合。各个学科、各类课程的育人功能依托其学科领域知识与实践方法的积蕴,将价值引领融会贯通于相应的专业知识传授,实现了知识传授与价值引领的育人功能。不同学科知识、理论和方法的引入,将在更深、更广的层次上推动思想政治教育突破传统教育理念的局限,逐步摆脱对单向灌输等传统教育方式的路径依赖,不断增强内容的知识性、学理性以及方法的多样性,从而形成更为科学、系统的思想政治教育体系,满足大学生的成长成才需求。另一方面,课程思政有助于高校思想政治教育内涵和外延的丰富与拓展。课程思政将不同学科课程进行功能整合,使其融入思想政治教育的总体格局,这就极大地拓展了

---

① 赫尔巴特. 普通教育学·教育学讲授纲要[M]. 李其龙,译. 北京:人民教育出版社,1989.

② 杜威. 道德教育原理[M]. 王承绪,译. 杭州:浙江教育出版社,2003.

思想政治教育的内涵体系,使高校思想政治教育不再局限于思想政治理论课,而是拓展至所有课程,思想政治教育的内涵由此得以丰富,其教育吸引力和感染力也必将得到提升。

(二)课程思政明确坚持育人为本的导向

课程思政的实施,有助于高校思想政治教育的发展提升,推动思想政治教育的现代转型,核心在于其明确坚持育人为本的导向。在育人为本的导向下,推进课程思政的教育教学改革,需要从学科、教材、教学、管理等方面做好规划和引导。

首先,就学科而言,课程思政要重视哲学社会科学的育人功能,正如习近平总书记在哲学社会科学工作座谈会的讲话中指出:"高校哲学社会科学有重要的育人功能,要面向全体学生,帮助学生形成正确的世界观、人生观、价值观,提高道德修养和精神境界,养成科学思维习惯,促进身心和人格健康发展。"[①]这指明了高校哲学社会科学的使命和责任,明确了哲学社会科学育人功能的基本内涵。哲学社会科学所具有的培养大学生的理想信念、道德情操、法律意识、生活态度等功能,也为课程思政的实施提供了充分的可能,哲学社会科学与思想政治教育之间具有同向性、契合性和相通性,是高校思想政治教育的重要载体和力量,也是课程思政教育教学改革的重要组成部分。

其次,就教材而言,应加强教材编审,推进课程思政教育教学改革,推进教材体系的相应发展。例如,创编一批立场端正、内容科学、体系完备、特色鲜明的核心教材,能够充分适应中国国情和社会发展实际,符合社会主义核心价值观,同时建立、统一教材的编订和管理制度,确保教材的质量。

再次,就教学而言,应制定完备的教学指南,明确相关专业课所对应的价值教育内容。课程思政要求高校各类课程都能体现育人功能,这就必须明确各个学科、各类课程所应承担的思想教育和价值引领内容,要以课程思政为导向,制定清晰明确的教学大纲和教学指南。在尊重各类课程的差异性和独特性的基础上,吸收和借鉴思想政治理论课的教学经验,融合哲学社会科学课程与思想政治教育教学方案,形成相应的教学指南,为课程思政的育人导向提供具体指导。

最后,要积极改进教学管理,强化课堂教学的思想政治教育主导作用。课堂教学是推进课程思政教育教学改革的核心环节,因此必须加强课堂教学管理,提升课堂教学质量,这样才能真正落实课程思政理念、推进课程体系建设。加强课堂教学管理,一是要建立健全相关的教学管理制度,将思想政治教育和价值引领明确纳入课堂教学管理制度;二是不断改进课堂教学方式,完善理论知识与实践方法相结合的课堂教学模式,加强实践教学环节,引导大学生在理论学习基础上,通过实践深化对理论的认知和理解,并在实践过程中加强价值认同,完成价值内化;三是完善教学评价体系,将思想政治教育和价值引领作为课堂教学评价和教师教学评价指标,推进课程思政教育教学改革的实施。

---

① 习近平. 在哲学社会科学工作座谈会上的讲话[N]. 人民日报,2016-05-19(2).

（三）课程思政十分注重坚持问题导向

中共教育部党组印发的《高校思想政治工作质量提升工程实施纲要》在阐述高校思想政治工作的基本原则这部分内容时,指出新时代高校思想政治工作原则之一是:"坚持问题导向,注重精准施策。聚焦重点任务、重点群体、重点领域、重点区域、薄弱环节,强化优势、补齐短板,加强分类指导、着力因材施教,着力破解高校思想政治工作领域存在的不平衡不充分问题,不断提高师生的获得感。"在此原则指导下,课程思政应坚持问题导向,重点破解课程思政所面临的各类困境。就现实性而言,课程思政是一种整体性的课程观,既有助于突破思想政治理论教育集中于思想政治理论课的瓶颈,又有助于缓解思想政治理论课"孤岛化"的现实困境。课程思政以育人为核心目标,贯通不同学科和课程的功能,使各学科课程都能真正参与高校育人工作,体现育人价值。在这一导向下,各类学科课程与思想政治理论课之间形成协同合作的整体,相互滋养,相互支撑,形成育人合力,共同作用和服务于立德树人这一根本任务。就教学目标而言,课程思政积极探索构建思想政治理论课、综合素养课程和专业课"三位一体"的思想政治教育教学体系,使各类课程与思想政治理论课形成协同效应。

此外,在课程思政理念的引导下,各类课程都要发挥出不同的育人功能。例如,思想政治理论课作为高校思想政治教育的主渠道,需要承担系统化开展马克思主义理论教育教学的主要职责;综合素养课程则重在培养人的综合素质,筑牢理想信念,传承中华优秀传统文化,提高大学生的人文内涵;哲学社会科学和自然科学课程则作为专业课,在其具体的专业知识等的教育中凸显价值引领和人格塑造功能。各类课程在育人目标的实现上相辅相成,体现出新的思想政治教育观。

第二节　基于课程思政的高校思想政治教育
共同体建构路径

习近平总书记在全国教育大会上强调:"要努力构建德智体美劳全面培养的教育体系,形成更高水平的人才培养体系。"[①]这一重要论述对新时代高校人才培养工作指明了方向和提出新的要求。高校人才培养工作需要致力于多方形成合力,致力于共同构建"三全育人"工作格局。思想政治教育共同体的构建是高校培养时代新人,形成更高水平人才培养体系,落实立德树人根本任务,促进大学生健康成长成才的重要举措。本节从课程思政的视角探讨构建高校思政教共同体的价值意蕴、分析构建的现实困境,提出构建的路径策略,以期进一步加强和提升高校思想政治教育的质量和效果。

---

① 习近平. 在全国教育大会上的重要讲话[N]. 人民日报,2018-09-10(1).

一、课程思政与思想政治教育共同体的逻辑关联

课程思政是高校做好大学生思想政治工作,实现立德树人根本任务的战略举措。课程思政在本质上强调课程育人,在内容上要求专业课程教学环节要融入思想政治教育元素,在形式上要求专业课教师也要主动承担对大学生的思想政治教育,把教书育人贯穿人才培养的全过程,与思政教育形成有机统一体。因此,课程思政的提出,天然地助推了高校思想政治教育共同体的发展。

"共同体"最早由德国社会学家斐迪南·滕尼斯于 1887 年提出。他认为:"共同体是建立在共同体成员本质意志的基础上,通过血缘、地缘、信仰、风俗等而形成的比较亲密而又相互信任以及默认一致的人际关系,一种原始或者天然的人的意志完善的统一体"。① 把"共同体"引入思想政治教育学科领域,我们称之为"思想政治教育共同体"。关于思想政治教育共同体,不同学者进行了不同的论述。无论学者对思想政治教育共同体的表述如何,按照共同体理论,较之于其他共同体的内涵,思想政治教育共同体有着自身的学科内涵与特征。从这个意义上来说,对于高校而言,本研究所指的思想政治教育共同体是高校内部所有部门、所有人基于教育价值的认同,为了共同的教育目标,整合各方面的力量和要素,相互联系、共同参与,确保大学生学习供给和目标实现的工作机制和体系。课程思政视域下高校思想政治教育共同体更加凸显和强调育人的一体化、协同性原则,旨在破解思想政治教育与专业教育相互隔绝的"孤岛效应",在育人实践中起到凝聚各方育人力量,整合各方面育人要素,形成协同育人效应,提高人才培养质量。

二、课程思政视角下高校思想政治教育共同体构建的价值意蕴

(一)培养时代新人实现中国梦的需要

在新的历史条件下继续夺取新时代中国特色社会主义伟大胜利,全面建成社会主义现代化强国,实现中华民族伟大复兴的中国梦,不断为人类做出更大贡献,需要一代又一代担当民族复兴大任的时代新人接续奋斗才能梦想成真。教育作为基础性、战略性、先导性的事业,肩负着新时代人才培养、智力支持的重任。思想政治教育共同体的构建是一项培养时代新人的系统工程,是"三全育人"在思想政治教育工作上的重要体现。每一门课程和每一个部门都是思想政治教育共同体的重要组成部分,都肩负着育人的职责,发挥着育人的功能。课程思政的建设需要所有课程都发挥育人功能,全体任课教师都要肩负起为党育人为国育才的初心和使命,需要各方面的协同配合,相互支持,形成育人合力。课程思政视域下的思想政治教育共同体发挥每一门课程作为育人主渠道的作用,与思想政治理论课同向同行,同频共振,有利于实现知识传授与价值引领的有效结合,进而实现培养担当民族复兴大任的时代新人,确保党和国家的伟大事业兴旺发达、后继有人,

---

① 斐迪南·滕尼斯. 共同体与社会——纯粹社会学的基本概念[M]. 林荣远,译. 北京:商务印书馆,1999.

确保中华民族伟大复兴中国梦的实现。

(二)高校落实立德树人根本任务的需要

思想政治教育是高校实现立德树人根本任务的灵魂工程。这个灵魂工程的实效性需要多方的参与和共同努力,形成纵向到底,横向到边的协同育人机制。从纵向而言,需要上到领导下至普通教职员工各层面凝聚育人共识,明确育人责任,勇于育人担当;从横向而言,需要各职能部门、二级院(系)沟通协调、配合支持,从体制和机制上形成"三全育人"格局。课程作为高校实现立德树人的主渠道、主阵地,需要建设和发挥好课程思政。课程思政将思想政治教育融入每一门学科、专业和课程,让大学生在学习专业知识和技能的同时接受思想的教育、价值的引领和品德的提升,实现显性教育和隐性教育相统一,实现思想政治教育春风化雨、潜移默化的育人效果。课程思政建设让思想政治教育共同体中的不同专业教师、每一门课程都充分肩负起育人的责任,做到守土有责、守土负责,使各类课程形成育人"聚合效应",实现教育教学中对大学生的思想引领。

(三)促进大学生健康成长成才的需要

培养德智体美劳全面发展的社会主义建设者和接班人,需要思想政治教育共同体各方面的力量和资源协同配合,精准施策,共同发力。以往思政课程与专业课程各自为战,相互隔绝,存在着"两张皮"现象,思想政治教育陷入"孤岛效应"。课程思政着力于在大学生知识传授的同时实现灵魂的塑造,使得教书与育人有机融合,实现不同专业、学科间的育人价值连接,实现不同层面的教师与管理人员的协同配合,形成思想政治教育"一盘棋"的整体转化。随着时代的发展,大学生成长发展需求和期待不断更新和发展,课程思政是更好满足大学生成长发展需求的有效选择。课程思政突出人才培养的中心地位,强调根据国家和社会发展需求,围绕人才培养目标,通过修订人才培养方案、优化课程设置、改进教育教学方法和手段,挖掘利用好各门课程所蕴含的思想政治教育元素和资源,实现思想政治教育与知识体系教育的有机统一,不断满足大学生成长发展的需求和期待。

三、课程思政视角下高校思想政治教育共同体构建的现实困境

(一)共同育人共识凝聚不够

加强高校思想政治工作,构建思想政治教育共同体,虽然不同层次的会议都进行了布置和强调,但一些领导和专业课教师对课程思政重要性认识不足,重视还不够。有的认为思想政治教育是务虚的,有的仍停留在传统的思维方式,认为思想政治教育是政工人员和思政课教师的事情,与其他课程无关。有的则认为思想政治教育是"耍嘴皮子"的工作,不需要花太多精力,高校思想政治教育共同体理念从"头脑"到落地,在不同层面、不同人群的理念和认识层面,都存在一定的差距,课程思政"三全育人"的共识还不够,教

师共同育人思想、理念和意识有待增强。高校思想政治教育共同体的工作机制和体系有待加强。

(二)共同育人合力发挥不足

高校思想政治教育的开展需要各方面力量的支持和配合,协同开展,形成合力。但高校内部各职能部门往往从固有部门的狭隘思维和利益出发,进行工作分工利益的博弈,表面上重视和配合,但在具体的操作中却相互推诿、不予以协助配合,相互之间存在着割裂、矛盾和冲突,导致不同领域、不同方向的教育改革成效相互弥散、彼此消解,无法统整为实现育人目标的力量。在尚未从根本上真正解决教育评价指挥棒问题之前,在唯分数、唯升学、唯文凭、唯论文、唯帽子的顽瘴痼疾影响下,部分教师的侧重点始终都放在对自身利益密切相关的科研和职称上,愿意把更多的时间和精力投入其中。部分教师只教书不育人,课堂上更多局限于知识的传授,而把育人的责任转嫁给辅导员、班主任等学工队伍。思政理论课和专业课教学之间、思政政工和非思政政工人员等"两张皮"现象在一些高校仍没有很好地解决。各门课程"同向同行",各方进行通力合作,"同频共振"的育人合力发挥不足。

(三)共同育人资源整合不多

实现思想政治教育共同育人效果需要各种育人资源的有效整合,发挥资源的最大效能。在课程思政的实践过程中,育人资源没有很好地利用和发挥的问题还比较突出,整合育人资源有待加强。一是育人资源利用不够充分。高校中不同院(系)、不同学科各育人资源属于各自管辖的范围,由于利益的博弈和个体主客观原因,除学校公共使用外,平时大多处于分散、独立状态,有些资源没有被激活与配置而处于闲置与浪费情形,不同学科之间缺乏互相支持和协同配合,尚未形成资源共享、高效使用。二是课内与课外的资源缺乏整合。教学局限于课内资源应用,与课外资源缺乏有机衔接对应,存在割裂和分散的情况,相互间的融合度不够。三是育人资源挖掘不够。课程思政要求挖掘各课程的思政元素有效地开展思想政治教育工作还处于表面、初始阶段,各类不同来源、不同层次、不同内容的育人资源没有完全被挖掘,思政元素和专业知识的融合性还需进一步拓展深化,思想政治教育共同体育人效果未能充分体现和发挥出来。

四、课程思政视域下高校思想政治教育共同体构建的路径

(一)强化共同育人思想,凝聚共同育人共识

1. 强化教师教书育人的思想自觉

要实现党的二十大提出的"着力培养担当民族复兴大任的时代新人""培养德智体美劳全面发展的社会主义建设者和接班人"关键在于全体教师的共同辛勤努力。做好大学生思想政治教育工作不仅是思政工作者的责任,也是全体高校教师的职责所在。2017

年,中共中央、国务院印发《关于加强和改进新形势下高校思想政治工作的意见》明确指出:"高等学校各门课程都具有育人功能,所有教师都负有育人职责。"课程思政建设就是要增强各类课程教师和思政教师的协同育人,调动全校所有部门、科室相互协作,共同创造良好的育人环境和后勤保障,构建相互支持、配合,齐抓共管共建的思政教育共同体,提升育人效能。课程思政视角下的每位教育者都是思想政治工作系统中的一员,都具有独特性和唯一性,发挥着不可替代的作用。高校思想政治教育共同体不再单是辅导员、思政课教师的职责,而是所有教育者的共同职责。要通过举行不同层次的理论宣讲、专题研究、学术讲座等方式方法,从实现中华民族伟大复兴的战略高度,提升高校教师对新时代教育的重要性的再认识,加深不同层次教师对课程思政"三全育人"的理解和把握,提高全体教师育人的自觉性和积极性。

2. 落实学校党委对思想政治工作的领导

课程思政的开展涉及学科面广,课程门类多,要实现其他课程与思政课程同向而行,同频共振的育人实效必须强化学校党委对课程思政工作的引领作用,避免教师产生抵触、反感情绪,防止传播不良思想政治言论,始终确保社会主义办学方向,贯彻党的教育方针,把握正确的课程育人导向。

3. 落实主体责任,强化责任担当

实现课程思政要求的"守好一段渠、种好责任田",需要抓住教育决策者、研究者和实践者的"关键少数",让这三大主体切实承担各自的教育责任,明确自己在共同育人上起着什么实际作用,必须承担何种改变的责任,并在自身作用力和影响力上各尽其责,在育人目标、育人方式上形成共识。只有从思想上提高认识,更新育人工作理念,改善育人方法,拓宽育人渠道,才能使全员参与思想政治教育,形成教育共同体,才能满足新时代的人才培养要求。

(二)构建共同育人生态,建立多维育人体系

构建优良的共同育人生态,是做好新时代高校思想政治教育的重要保障。高校构建优良的共同育人生态就是要努力集合课内课外、线下线上、校内校外等优势育人资源,协同学校、家庭、社会和政府,形成一个相互共融、同生共长、平衡发展的生态环境,努力营造文化多元共融、师生共长、和谐共生的育人共同体。

1. 充分发挥课程育人的主渠道作用,构建高校思想政治教育课程体系

课程作为高校人才培养体系中的最基本单元,是高校立德树人的重要载体,是专业建设的核心要素,直接影响着人才培养的质量。既要发挥思政课作为德育教育主阵地和主渠道作用,同时又要深入挖掘各学科的德育资源,切实发挥各学科的德育实效,实现课程的育人功能。

2. 强化教师队伍的能力提升

教师是课程思政的实施主体,也是思想政治教育共同体的育人主体。通过加强教师

教学的绩效考核,以能力提升和绩效考核为抓手,促进各学科课程的质量提升,淘汰"水课",打造"金课",将显性灌输传授与隐性的潜移默化相结合,使思想政治教育在不知不觉中深入大学生的内心,切实提高思想政治教育的亲和力、针对性和感染力。

3.加强校园文化建设,构建高校思想政治校园文化体系

"校园文化和课程思政二者是相辅相成的关系,优秀的校园文化,可以促进高校建构起更加科学的、卓越的课程思政体系"。[①] 课程思政所挖掘和利用的思政元素和资源不单在课堂和书本,还延伸到课外和良好的校园环境。要发挥校园文化的育人功能,突出校园文化特点,创新校园文化建设,营造良好的校风和学风,让大学生在良好的校园文化中潜移默化地受到熏陶与感染,不断鞭策他们追求上进,乐观自信,成长成才。要立足本校的历史和校园实际,创造更多体现课程和学科专业特点、特色的校园文化品牌,挖掘育人文化元素,丰富大学生的文体活动,使其成为涵养大学生心智和价值观的重要载体,以达到以文育人、以文化人的目的。

4.加强课程思政与第二课堂的有机融合

优化整合第二课堂资源,充分利用高校各类社团、企业、乡村等有效载体和资源,通过开展校园文化、社会实践、志愿服务参观学习等活动,让大学生在第二课堂的实践中磨炼意志、锤炼品格,提升能力,更好地促使大学生健康成长成才。

5.加强课程思政中的网络思政建设

习近平总书记在全国高校思想政治工作会议上指出:"要运用新媒体新技术使工作活起来,推动思想政治工作传统优势同信息技术高度融合,增强时代感和吸引力。"[②]随着互联网技术的快速发展,QQ、微博、微信、抖音等新兴媒体,以其独特的媒体优势,深受青年学生的喜爱。无网络不生活是当今大学生的真实写照。"微"时代背景下,高校要以现代信息技术为抓手,扎实推进网络教育,丰富微信、微博等"红网工程"内涵,加强学校各网站等信息门户建设和资源整合,加强线上线下教学的融合发展,充实课程思政育人资源,构建多样的育人体系。

(三)增强共同育人力量,发挥协同育人合力

高校思想政治教育的质量提升是一项系统的工程,需要各方面力量的共同努力,脚踏实地,久久为功。课程思政的建设就是要整合高校思想政治教育环境中的各方力量,营造全员参与的思想政治教育氛围和育人合力。

1.建立健全育人工作领导机制

习近平总书记在全国教育大会上强调:"加强党对教育工作的全面领导,是办好教育

---

① 张策,王丽珍,李亚军,等. 试论校园文化对高校课程思政体系建构的作用[J]. 教育理论与实践,2019,39(21):29-31.

② 习近平在全国高校思想政治工作会议上强调:思想政治工作贯穿教育教学全过程 开创我国高等教育事业发展新局面[N]. 人民日报,2016-12-09(1).

的根本保证。"①要建立高校思想政治教育工作领导小组,做好顶层设计,发挥好党委的领导作用,加强对课程思政开展的指导和部署,加强各方面人员和资源的统筹协调,为课程思政提供政策支持、资源保障;要充分运用执纪问责作用,根据各自的职责进行分解任务,细化目标,定期对标各部门的思政工作任务进行评价,对完成任务情况较好的给予表扬和奖励,完成情况不好或工作不到位的给予批评,对相关责任人要进行问责;要加强不同职能部门之间的信息分享和沟通,建立大学生思想政治教育工作联动机制,协调和引领所在院系以及各职能部门的育人力量,同行之间的团结协作,分工配合,统一思想统一行动,促使课程思政开展所涉及的各群体、各岗位、各环节的育人元素连线成网,不断提升高校育人工作的科学化水平,以实现全员育人、全程育人和全方位育人。

2. 完善全员育人的制度建设,为教师参与教书育人提供制度支持

高校要结合自身办学情况,制定系列性制度措施,为开展课程思政提供支持。按照"思想政治教育共同体"的目标,打造思想政治教育工作师资队伍的大格局。无论是党政、教务,还是教辅、后勤等部门,无论是思政工作的专职教师还是其他学科专业教师,既做管理者,又做教育者,都是管理育人的主体。要通过制定各项管理规章制度,如设立专项课题申报、开展课程思政培训、加大职称评定中课程思政研究的权重和分值、评优评先表彰激励制度、监督问责制度等,以制度进行引领和规范思想政治教育共同体,加大课程思政建设的支持力度,提升思想政治教育的质量。

3. 积极利用校外资源和力量开展共同育人教育

建立校外交流合作平台,主动定期和地方政府、企业和基层社区交流,加强校地合作、校企合作,建立育人基地、教学点。通过组织学生校外实习、创新创业实践、就业指导等活动,充分利用校外育人资源创新思想政治教育工作方法,提升育人的实效性。要充分借助校外育人力量,提升人才培养的质量。通过聘请校外党政机关、企事业单位、各行业优秀人才、社会先进典型人物到学校开展讲学活动,汇聚和充实好课程思政的专职和兼职、理论和实践、校内和校外结合的育人力量,发挥育人合力。

4. 建构育人共同体建设评价机制

以提高育人质量为目标导向,发挥绩效考核激励作用,根据组织的职能分工和工作职责,采用不同的评价机制,构建包括对组织领导、投入经费、场地设施、责任清单、师生评价、目标内容、闭环反馈以及效果评估等多方面的评价,以科学完善的评价机制,激发各方面积极参与育人共同体的建设,以最大限度地发挥各方的育人功能,真正落实全员参与、全过程贯穿、全方位协同育人体系建设,着力构建高校"大思政"格局。

综上可见,高校思想政治教育共同体的构建要以强烈的责任感和使命感,强化责任担当,用创新思维、协同育人理念来引领,充分挖掘院系、各职能部门思想政治教育的主体功效,在其分工合作的基础上,协同联动凝聚合力,积极整合各类思政资源,根据不同

---

① 习近平. 在全国教育大会上的重要讲话[N]. 人民日报,2018-09-10(1).

的教育环境和教育内容的特点,提升高校思想政治教育的质量,促进大学生全面成长成才,确保培养德智体美劳全面发展的合格社会主义建设者和可靠接班人。

第三节　课程思政视角下
高校思想政治理论课的优化建设

思想政治理论课是高校课程教育体系中不可或缺的一部分,承担着加强大学生思想政治教育建设的重要任务。在新的历史时期,要培养出合格的社会主义建设者和接班人,首先就要从思想上教育大学生爱党、爱国、爱人民,而思想政治理论课是能够对大学生思想造成影响的最直接和最有效的方式。但在实际教学中,教学效果不理想的现象还普遍存在。课程思政的提出让各高校思想教育的发展找到了改革的途径,要求各高校能够从所开设所有课程的教学内容、方法以及教学形式上进行改革和创新,借助时代发展的优势,提升思想政治课程的教学效果,促进思想政治教学内容与其他学科相融合,帮助大学生建立起完整的、健康的人生观、价值观和世界观,为大学生将来的发展打下坚实的基础,促使其发展成为国家实现现代化建设过程中所需要的人才。

一、课程思政视角下高校思想政治理论课的教学现状

(一)课程地位的重视程度不足

课程地位的重视程度不足是影响高校思想政治教育效果的主因。高校对思想政治理论课重视程度不足是多方面的,主要体现在课程考核、课程时间安排、教学内容以及教师培养等方面。

第一,在课程考核方面,课程考核的科学性和重要性在一定程度上影响了大学生的学习动力,进而影响到学生的学习效果。部分学校虽然能够给思想政治理论课充足的课程占比,但是因为该课程并不属于重点考试科目,导致了大学生在学习时具有一定的随意性,影响了教学效果。

第二,在课程时间安排方面,部分学校在思想政治课程的时间安排上不合理,只能让大学生在有限的时间内学习到该课程的理论部分,无法与实践相联系,致使该课程越发枯燥化,导致大学生产生厌学心理。

第三,在教学内容方面,思想政治课程的教学内容在教学的过程中没有体现出与时俱进和本土化建设,让该课程的教学内容显得老旧、乏味,难以满足大学生的学习需求。

第四,在教师培养方面,学校没有对思想政治课程教师给予充分的支持,让该课程教师在教学的过程中没有发展前景和动力,致使教师教学的主动性和积极性降低,影响了该课程的教学效果,制约着大学生职业素养和综合素质的培养和提升。

(二)大学生思想的多元化

受社会发展和市场经济的影响,大学生在发展的过程中逐渐呈现思想多元化的现象,这种多元化的发展不仅影响思想政治课程的教学效果,也影响大学生未来的学习和发展。同时,高校主要以大学生职业教育为主要教学目标,部分大学生在学习的过程中对思想政治教育课程存在一定的轻视,接受程度比较低,成为当前该部分大学生在接受思想政治教育的过程中的主要限制因素,导致思想政治课程的教育效果不明显,影响大学生的全面发展。

(三)教师队伍建设问题

高校的思想政治课程存在专业教师不主动、不积极的现象,具体表现为在教学的过程中无法实现理论和实践相联系,课程教学内容仅仅局限在理论部分,无法发挥该课程的价值。部分教师在教学过程中还存在教学方式不创新的情况,只是一味地承袭传统的教学方法,难以调动大学生的学习兴趣。此外,还存在其他学科教师不渗透的情况,具体表现为教师在教学的过程中传授知识与育人分离,只教书不育人,难以让思想政治教育的内容融入学科教育中。

二、课程思政视角下高校思想政治理论课的优化建设方向

高校在进行人才培养的过程中要充分认识到思想政治建设的重要性,通过各种方式从教学内容、教学方法以及教学形式等多方面入手,提升思想政治教育教学的有效性,对大学生的学习和发展形成全面影响。

(一)加强各学科思想政治教育内容的渗透

在高校思想政治课程教学的过程中,不仅要提升思想政治课程的教学效果,还要让其他学科也能充分、合理地渗透思想政治教育内容,让不同学科之间相互协作,通过显性教育和隐性教育的双重教育模式,提升大学生的思想政治素养和水平。为此,学校应当加强对各学科教师思想政治水平的建设和提升,促进思想政治课程与其他学科内容的融合,帮助非专业学科教师进行思想政治内容的渗透,让培养人才、传授知识以及树立健康三观等目标在高校的教育教学活动中达到统一,从而提升高校的教学效果。

(二)借助互联网优势,拓展教学资源

互联网的发展为思想政治课程的改革和创新提供了新的途径。在课程改革的过程中,相关教师可以利用互联网的优势,不断地挖掘新的教学资源,让高校思想政治教学内容能够做到及时更新,满足大学生个性化的学习需求。而且利用互联网技术将更多的教学资源引入教学,不仅能够做到理论与实践的结合,帮助大学生理解教学内容,还能将大学生与社会和时政联系起来,帮助他们树立正确的人生观、价值观和世界观,为其成长成

才打下良好基础。

(三)利用现代科学技术,创新教学方法

现代科学技术的发展能够为高校思想政治理论课注入新的活力。首先,教学方式层面,多媒体技术的融入让高校教师可以利用多媒体技术将更多类似于文字、图片、声音以及课程相关的视频引入教学过程,极大地方便了教师的"教"和学生的"学",提高了该课程的教学效率;其次,教学的模式层面,互联网技术和现代科学技术的发展,让高校思想政治课程突破了传统的教学形式,慕课、微课以及翻转课堂等的运用让高校思想政治教学不再局限于课堂教学,让大学生能够随时随地利用碎片化的时间进行学习,不仅可以有效延伸高校思想政治课堂,还能够提升该课程教学的有效性。

三、课程思政视角下高校思想政治理论课的优化建设措施

在课程思政视角下进行高校思想政治理论课的优化建设,需要从教学的各个层面入手,全方位提升高校思想政治课程教学的实效性,为我国不断地培养出合格的现代化建设人才。

(一)坚持理论联系实践教学

提高大学生对思想政治课程重要性的认识非常必要,只有让教师和大学生都能认识到思政课程的价值和意义,才能更加有效地促进该课程在高校中的发展与革新。在教学中,坚持理论与实践相结合进行教学是让大学生能够充分体会到思政课程重要性的重要途径。例如,教师可以将时事政治引入到相关的教学内容中,不仅要引导大学生发现时事政治中蕴含的思想政治原理,还要让大学生能够在教学的过程中主动培养出自主思考的能力。利用这种教学方式,不仅能够让大学生获得思想政治课程相关知识的学习,还能够让大学生对社会动态有一定的了解,使其形成正确的价值观和人生观,帮助他们得到更好的发展。

(二)加强教师队伍建设,全面提升教学质量

教师是大学生思想政治教育的直接承担者,其自身的思想道德政治水平直接影响着大学生的思想政治建设水平。所以在教学中,高校应当加强对思想政治教师的专业知识水平和职业素养的提升,确保高校思想政治教育的教学质量。例如,在教学过程中,为了能够让教师转变观念,提高政治意识,高校可以定期对专业教师进行培训,进一步加强教师的政治学习。同时高校还可以鼓励教师通过在线学习,不断加强自身的专业技能与水平。此外,校际也可以加强合作,让专业教师进行交流,促进双方教育理论和教学方式水平的提升,为高校思想政治教育的教学质量提供保障。

(三)加大课程投入,全面促进课程发展

高校在进行思想政治课程体系的革新过程中,应当加大对该课程发展的投入,包括

人力、物力和财力。例如,高校在使用慕课、微课以及翻转课堂时,需要专门的设备进行教学视频的录制,高校则要为该课程的发展投入资金支持,还要提供专用的多媒体教室,帮助学科教师进行学科教学模式的创新,完成思想政治理论课的延伸。此外,高校还可以根据实际的教学需要,邀请知名的思想政治教育专家,帮助本校思想政治课程进行校本化建设,为促进高校思政课程的全面发展打好基础。

(四)采用多种教学方法,提升课程教学效果

不断创新教学方式是课程思政视角下思想政治理论课的优化路径之一。高校在进行思想政治理论课的优化过程中,教师应当加强对多媒体技术和现代信息技术的运用,提高教学效果。以翻转课堂为例,在教学中教师通过翻转课堂教学,让大学生在课下完成基础理论知识学习,然后在教学过程中,教师通过对大学生进行引导,让他们自主思考和讨论,不断提高其对教学内容的理解,促进该课程教学效果的提升,让高校的思想理论课程做到传授知识与育人的统一,帮助大学生完成知识与能力的共同提升。

(五)加强学科测评,提升各学科之间的联系

在进行思想政治理论课优化建设的过程中,加强该课程的测评能够有效促进教师和大学生对该课程的重视程度,只有把教师和大学生对思想政治理论课的重视程度提上去,才能激发教师教学和大学生学习的动力,进而让思想政治理论课在高校中得到更好发展。为了提升该课程的教学效果,学校还应当鼓励各学科之间加强合作,积极探讨课程思政的教育内容,让不同学科之间形成协同育人效应,通过显性教育和隐性教育两种途径,提升思想政治教育对大学生的影响,帮助他们树立完整、健康的"三观"。加强思想政治教育在其他学科中的渗透也能够丰富和发展其他学科,使其变得多样化。

第五章　多元文化视角下
高校思想政治教育改革研究

第一节　多元文化概述

一、多元文化的含义与特点

(一)多元文化的含义

多元文化源于美国的一些学者提出的文化多元主义思想,是与文化"同化论"和"熔炉论"相对立而问世的。具体地说,美国学者霍拉斯·卡伦在 1915 年发表的《民主与熔炉》一文和 1924 年出版的《文化与民主》一书中,提出多元文化的思想,但未获积极响应。多元文化正式产生于 20 世纪五六十年代的美国、加拿大,又称文化多元,是一种西方主张民族文化多样性、关注弱势群体、尊重差异、追求民族文化多元共存与社会和谐的理论。

"多元文化"是指两种文化现象:一是殖民地和后殖民地社会的文化,在这种社会中,既存在殖民国家的统治文化,也存在原住居民的种族或民族文化;二是指不同的民族文化,具有不同社会和文化来源的民族虽然共同生存着,但各民族之间以及各民族群体之间的文化特性有着较大的差异。

随着欧美文化运动的发展,多元文化的内涵也在不断增加,不同的学者对多元文化作出了不同的定义。1995 年,以联合国教科文组织为首在澳大利亚召开的"全球文化多样性大会"上,多元文化最终被定义为"包含各族群平等享有文化认同权、社会公平权以及经济收益需求"。在这个概念中,多元文化关注的群体已经逐步扩展到青少年、妇女、残疾人等。

综上所述,多元文化是指在人类社会越来越复杂化,信息流通越来发达的情况下,文化的更新转型也日益加快,各种文化的发展均面临着不同的机遇和挑战,新的文化也将层出不穷。我们在现代复杂的社会结构下,必然需要各种不同的文化服务于社会的发展,这就造就了文化的多元化,也就是复杂社会背景下的多元文化。

(二)多元文化的特点

1. 多样性

多元文化作为社会的一种既存事实,首先表现出文化的多样性特征。文化的多样性表现在各个方面:民族文化、行为方式、价值观念等。但是"多元"和"多样"是两个不太相同的概念:"多元"通常体现事物在本质上的差异;而"多样"则强调事物存在形态的不同。因此,当文化的存在形态不同且在本质上存在差异时,才能被称为"多元"。

2. 交往性

不同国家和民族都有着自己的生活方式、风俗习惯、价值观念等,即都有属于它们自己的文化。进入 21 世纪后,伴随着交通、通信设施,尤其是互联网的发展,各种文化之间的交往越来越频繁、越来越密切,人们之间的联系也日益增多,这使得人们有更多的机会认识不同国家、不同地区、不同民族的文化。文化间的交流和交往是多元文化形成的必要条件,也是它存在的基础,因此多元文化必须是在一定的系统结构中存在着相互联系的文化。

3. 平等性

多元文化是为了反对种族文化而被提出的。在很多国家,以统治阶级为主的种族文化通常在社会中占据主导地位,并且这些国家会以这种文化指导和规范其他种族的行为方式和价值观念。而多元文化则强调,在同一个社会中可以存在多种引导人们生活的文化,不占主导地位的种族也不需要抛弃自己的文化。在多元文化的社会中是没有歧视、没有偏见的,而这种社会平等的基础就是文化的平等。因此,多元文化认为,所有的文化都有其独有的特征,没有好坏之分,没有优劣之别,它们都拥有相同的生存和发展的权利。

4. 共通性

多元文化除了强调各种文化之间存在差异性和多样性之外,还强调文化之间的共通性。例如,不同的文化都会追求幸福和正义,不同的文化也都秉持着真善美的原则,等等。多元文化发展的目的并不是追求文化之间的差异性,而是促进各种文化在和谐的状态下共同发展。这种追求多种文化共同发展的目的,是在尊重民族和个体文化特色的基础上达到的。

二、多元文化的形成

随着全球化的到来,中西方文化相互渗透、相互融合,呈现出多元化的发展态势,同时,我国不同民族文化相互交流,真正进入多元文化共同发展的时代。从多元文化形成的具体原因来看,主要有以下几个方面。

(一)时代背景

改革开放以来,我国取得了举世瞩目的成就,经济迅速发展,教育和科技不断进步。

在这样的时代背景下,我国的社会结构、人们的思想观念以及文化的组成结构都发生了巨大的变化。

1.社会结构变化

随着改革开放的深入,我国社会结构发生了很大的变化,具体表现在以下四个方面:

(1)我国的社会经济成分发生了改变,在所有制结构中出现了多种经济成分,除了传统的国有经济和集体经济之外,个体经济、私营经济、合资经济、股份经济等纷纷出现。

(2)我国社会的组织形式发生了变化,随着市场经济的发展,消费者协会、行业协会等组织形式纷纷出现。

(3)我国社会的利益及其分配形式发生了变化。分配形式的多样化取决于公有制实现形式的多样化,分配制度在按劳分配之外出现了其他形式。

(4)社会就业形式发生了变化。过去,我国传统的就业形式只有全职就业一种形式,改革开放之后,多种形式出现,如自营就业、临时就业、兼职就业、非全日制就业等。

2.思想观念的变化

随着社会结构的变化,人们的思想观念也发生了改变。一方面,经济体制的改革和市场经济的快速发展促使人们逐渐树立起自主、竞争和效率等意识,人们思想观念的改变又进一步促使人们整体素质的提高,这对社会的进步和个人的全面发展都产生了重要的作用。另一方面,市场经济的发展推动了以价值规律为基础的交换法则出现在人们的生活中,这对人们改变生活和交往方式也起到了一定的促进作用。

3.文化组成结构的变化

对外开放,尤其是文化产业和教育市场的对外开放,大量的影视音像制品进入我国,使出国工作、求学、旅游及来华工作、求学、旅游的人逐渐增多,再加上外资企业等的影响,不仅使我国的文化领域空前活跃,而且使我国人民的思想观念和生活方式受到了国外,尤其是西方国家的各种理论、思潮、生活方式、价值观念的极大冲击,如哲学方面的人本主义思潮、唯科学主义思潮;经济方面的新古典综合派、新制度学派等;政治方面的新自由主义、新保守主义等;文艺方面的象征主义、表现主义、超现实主义等;新闻方面的报刊自由主义理论、报刊社会责任理论等;等等。改革开放使各种异质文化、思想观念交融在一起。

(二)经济全球化的发展

20世纪90年代以来,经济全球化开始成为世界经济发展的一个重要特征。经济全球化主要是指世界各国、各地区之间在生产、分配、消费等方面逐步形成的经济活动一体化的状态。经济全球化不仅促进了世界各国经济的发展,而且也推动了多元文化的交流和沟通。经济全球化的发展对多元文化发展的影响主要表现在以下方面:

(1)从从事经济活动的人员来看,跨国投资、国内外合作、合资企业等,这些活动都需要不同文化背景的人共同参与,在这些经济活动中,不同文化背景的人通过交流和沟通,使彼此更加了解对方的文化背景。因此,经济活动的国内外合作也可以看作是一种多元文化的交流。

(2)从经济活动中交易的产品来看,由于任何一种社会化的产品都反映了一定时代人类社会的生产力水平,因而它同时是一种文化载体,具有文化价值,也是一种物化的文化。无论其文化倾向、文化品位、审美情趣如何,都反映了一定的观念意识、精神追求、价值取向、文化心理,通过它我们可以了解其他国家的些许文化特征。

(3)从经济活动的媒介,也就是纸币或金属币来看,虽然随着网络信息化的发展,更多的经济活动以电子货币的形式完成交易,但是纸币或金属币仍然是目前商品交换中不可替代的媒介。纸币或金属币上印有的图腾、图案等都代表了使用这一纸币或金属币的国家或地区的文化特色。也就是说,纸币或金属币实际上就是体现个国家文化特色和文明程度的重要形式,我们可以通过纸币或金属币来研读一个国家或一个民族的历史和传统。

(三)网络技术的飞速发展

计算机的发明和网络时代的到来为人们带来了交流的新方式:人们只需要按一下按钮就可以知晓天下大事;只需要按下遥控器,就可以了解世界各地的景象和奇观;只需要拨打电话,就可以同在世界各个角落的亲人、朋友取得联系。

在整个信息通信业的发展中,互联网无疑是一个最大的亮点。信息时代为人类带来了互联网,它在很短的时间内迅速在全世界蔓延开来,成为人们购物、就医、学习、办公、交友的重要方式。互联网打破了国家和地区之间的界限,使地球成为一个"村庄",在这个"村庄"里生活的不同国籍、不同民族的人可以在网络社会中交流,在很大程度上缩短了人与人之间的距离。

互联网的迅速发展不仅有助于人们对自己国家或民族的行为方式和生活习惯产生更加深刻的理解,而且也对不同民族之间的相互理解和学习产生积极作用。

(四)多民族并存的历史格局

1. 中华民族和中华文化的起源

考古学家调查研究发现,中华民族和中华文明起源于多元化的因素和历史背景。远古时期到春秋战国时期是我国民族的起源阶段,在春秋战国时期就已经形成了以华夏为中心,华夏、东夷、北狄、南蛮、西戎五大民族集团各据一方的格局。这些民族集团经过长期的发展,在秦代逐渐融合在一起,成了最开始的中华民族,产生的文化也就成为最早的中华文化。

2. 多元民族文化格局的形成

到了魏晋南北朝时期,中华民族又吸收了来自匈奴、鲜卑、羌等族群的文化;隋唐之后,契丹、女真、蒙古等民族的加入促进了中华民族又一次融合;随着历史进程的发展,在之后的明清时代,这种民族之间的重组与融合还在不断发生。在一次又一次民族的重组以及民族文化的融合后,我国最终形成了由 56 个民族组成的大一统的国家。56 个民族各自都有属于自己的语言、行为习惯、风俗民情,民族之间相互尊重、互相融合。这样统一的多民族共存格局的形成进一步推动了我国民族文化的多元化发展。

第二节　多元文化对高校思想政治教育的影响

一、文化冲突和交融带来的影响及其应对

在经济全球化发展的今天,多元文化成为社会发展的必然。罗兰·罗伯森用"文化多元主义"来描述文化全球化,并认为:"坚持在日趋全球化的世界中的异质性和多样性是全球化理论不可缺少的部分。"①当前,高校思想政治教育面临着多样文化相互交错、相互激荡的复杂局面。在这种情况下,我们应正确处理弘扬主旋律与尊重多样化的关系。

多元文化的发展产生了广泛的影响。在多元文化冲突和西方"文化入侵"的过程中,当代中国青年在思想信念上受到了强烈冲击,出现了一定程度信仰危机,思想的不稳定性、无中心、多样化等现象。文化多样性是当代社会的显著特征,它带来了思想政治教育文化环境的多样性、虚拟性、开放性和自发性,带来了价值观选择的多样性和现实性,以及价值观教育载体的多样性。这要求高校思想政治教育的话语方式、话语体系、话语表述实现现代转型。当前我国文化多样性表现为多种异质文化的冲突、碰撞、共生、交融、争锋,引起了大学生价值选择的困惑,导致了大学生理性精神的缺失,冲击了社会主导价值观,削弱了高校思想政治教育主体的话语权。在这一情况下,高校思想政治教育应正确对待文化多样性的现实,坚持树立浓厚的问题意识、鲜明的阵地意识、积极的主动意识、深切的忧患意识,积极应对文化多样性的挑战,引导人们树立正确的价值观。

针对多元文化冲突带来的影响,高校思想政治教育应采取多种措施,进行积极应对。多样的文化和价值观必须以相对统一或社会公认的核心价值体系为引导,高校思想政治教育应主导文化发展,保障文化安全,培养大学生的文化自觉和文化自信。在多元文化冲突中培养文化自信,应正视信仰危机、强化主流意识、打造兼容机制、整合传统文化、扬弃"欧风美雨"。

二、多元文化的各种形态及其表现

文化形态多种多样,当前主要表现为网络信息文化、手机短信文化、大众文化、校园文化等。

---

① 〔美〕罗兰·罗伯森. 全球化社会理论和全球文化[M]. 梁光严,译. 上海:上海人民出版社,2000.

(一)网络信息文化与高校思想政治教育

网络信息文化是在数字、网络、通信等技术的发展过程中形成的一种文化形态。计算机是一种文化载体,传递着各种文化信息。计算机文化将为思想政治教育创造一个全新的环境,造就出一代新人,开辟一条新的思想政治教育途径。随着计算机网络的进一步发展,网络日益成为人们生活中不可或缺的一部分,并呈现出许多与原有文化不同的特点。网络文化的特点可以概括为开放性、平等性、快捷性、广泛性、虚拟性、交互性、多元性,其内容丰富、传播快捷、环境开放、覆盖面广、难以监控等。

网络文化的发展,对人类社会生活的影响是多方面的,对高校思想政治教育的影响是巨大的,它是一把"双刃剑",既丰富了高校思想政治教育的内容和形式,又在不断改变着高校思想政治教育的理念和模式。

对于新机遇,网络文化有利于观念现代化,强化自主终身学习观;有利于手段现代化,增强高校思想政治工作时效;有利于信息资源运用,增强高校思想政治教育的工作实效。网络文化内容的丰富性提高了学生的综合素质;网上信息交流的快捷性增强了高校思想政治教育的及时性;网民参与的平等性增强了高校思想政治教育的针对性;网络文化传播的世界性与大众性扩大了高校思想政治教育的覆盖面,其生动性和趣味性增强了高校思想政治教育的吸引力和感染力。

对于新挑战,网络文化造成了人际关系疏离、文化冲突、信息焦虑等情况。网络文化容易造成价值冲突、文化渗透、网络污染、心理受害等。

针对互联网时代出现的新情况和新问题,当前的网络思想政治教育工作出现"一哄而起、流于形式,概念混乱、论域模糊,底气不足、缺乏综合"三大弊端。因此,高校应注重研究和解决网络中的实际问题,避免仅通过简单技术手段来解决文化问题,同时应注重加强网络思想政治教育的基础理论研究。在信息时代做好高校思想政治教育应从多个方面入手:坚定马克思主义立场,坚持马克思主义的观点和方法;确立现代信息观念;注意联系实际,充分利用网络信息;积极开发信息资源;实现网上网下的联动;寓教育于管理,造就网络思想政治工作的行家里手;形成网络管理组织;倡导信息伦理;形成和完善信息法规制度;加强国际交流与合作。

(二)手机短信文化与高校思想政治教育

对手机短信文化与高校思想政治教育关系的研究,主要体现在手机短信文化的含义和特征、手机短信文化的功能、手机短信文化对思想政治教育的影响等方面。很多学者将手机短信文化称为"拇指文化",认为拇指文化具有广泛的思想政治教育功能,它搭建了与大学生互动交流的新平台,有利于提升大学生的精神境界,引导大学生身心健康发展,为其营造良好思想政治教育氛围,促进他们的个体社会化进程。新时期的高校思想政治教育,应努力建设并运用好拇指文化载体,积极传播与我国社会发展要求相一致的思想观念、价值观点、道德规范及其他先进文化。

手机短信文化的出现和发展，已经全方位地渗透到人们的生活中，并影响和改变着人们的生活和交往方式、思维观念、精神生活、行为方式等。因此，我们应充分掌握和运用手机短信文化，通过教育引导、技术引导、管理控制，让手机短信文化成为高校思想政治教育的新领域和新手段。

(三)大众文化与高校思想政治教育

大众文化，是一种以大众传媒为主体的消费性文化，是一种新的文化形态，人们称其为媒介文化或消费文化。随着群众性文化的发展，大众文化在"参与塑造、改造教育对象"中的作用越来越大，已然成为新时期高校思想政治教育必须关注并可以有效利用的重要部分。

大众文化的兴起，对社会产生了广泛的影响，对高校思想政治教育也产生了正反两方面的影响。关于大众文化的研究，国外已有很多成果，如《文化帝国主义》(约翰·汤林森)、《认识媒介文化——社会理论与大众传播》(尼克·史蒂文森)等。关于大众文化对思想政治教育的影响，笔者认为，大众文化推动了人们思想观念的转变和进步，为思想政治教育提供了重要的社会渠道；有助于社会大众统一价值观的形成。大众文化容易产生的三大困境——存在理由、话语权、有效性，给高校思想政治教育带来了严峻挑战。大众文化的迅速发展和广泛传播，改变了高校思想政治教育环境，对高校思想政治教育的主导理论形态、人格塑造任务以及传统理念和教学模式都产生了比较严重的影响。

针对大众文化引起的消极影响，学者们提出了许多应对措施。我们应有选择地吸收积极因素，创新高校思想政治教育的内容、方式、载体和机制，构建与大众文化相适应的高校思想政治教育新格局。具体地说，内容上应体现时代感、突显高品位、强化亲和力，方式上应增强互动性、把握规律性、强化影响力，载体上应转向媒体化、增强适应性、强化辐射力，机制上应实现长效化、立足有效性、强化内动力。化解大众文化的消极影响，应坚持马克思主义理论教育，注重教育方法的创新；坚持核心价值体系的建设，体现主导性与多样性的统一；坚持以人为本，确立现代思想政治教育的理念和方法。

(四)校园文化与高校思想政治教育

校园文化与高校思想政治教育之间是互相促进和依存的关系。良好的校园文化不仅可以促进大学生素质的提高，增强大学生思想政治教育学习的热情，还可以为思想政治课堂增添趣味性，健全大学生的人格，增强其社会责任感和使命感。正是由于校园文化能够给大学生的思想观念带来较大的影响，所以在高校思想政治教育工作开展的过程中，不仅要重视对校园文化所具有的积极作用，还要对其进行充分利用，将校园文化作为切入点，助推高校思想政治教育的实施，从而促进高校思想政治工作实效性的提高。校园文化推动高校思想政治教育工作开展的具体策略如下。

1. 提高思想认识，促进校园文化

作为对人才进行培养的摇篮——高校在向大学生进行文化知识传授的同时，还要重

视结合时代变化和市场需求,对自身教育理念进行改革创新,要更为关注高校思想政治教育工作的实效性。要对校园文化和高校思想政治教育工作间的关系有正确的认识,结合人才培养方案和思想政治教育工作开展的目标,将校园文化融合到高校思想政治教育当中,促进大学生整体素质的提升,进而为社会培养具有良好道德品质的人才。

2.重视校园精神文化方面的建设

法律法规以及规章制度等是从外部来约束与规范人们行为的,但道德则是从思想以及内在对人们施加影响的。作为校园文化的核心内涵,精神文化具有很强的号召与感染力,能够给大学生带来很大的影响。所以通过校园文化推动高校思想政治教育工作的开展,就应该重视校园文化中的精神文化建设。校训则是校园精神文化建设中的灵魂,同时还是学校教育理念的精髓和象征,所以基于校训的精神文化建设,更有助于高校思想政治教育工作的开展,有助于大学生真正从内心接纳,并有助于在此过程中促进校风与学风的建设。

3.重视校风、社团文化和校园环境的构建

以校园文化助推高校思想政治教育工作的开展,不但要重视以校训为核心的精神文化,还应该重视校风、校园环境以及校园中各种社团文化的建设。首先,是否具有良好的校风,对于高校的整体形象具有直接的影响,这也是高校精神文化最为直接的体现,是大学生品德素养的呈现,同时良好的校风还可以引导大学生树立正确的价值观,所以高校思想政治教育工作的开展离不开良好校风的建设;其次,校园环境和大学生的学习生活具有紧密的联系,和谐的校园环境可以潜移默化地影响大学生,促进其健康人格的塑造,道德品质的提高,所以对高校而言,应该重视营造良好的校园环境,结合高校思想政治教育的育人任务来优化校园环境;最后,社团是大学生校园生活中的重要组成,社团对于大学生的思想和精神影响不言而喻,所以重视社团文化的建设,通过社团文化推动高校思想政治教育也是高校校园文化与高校思想政治教育融合过程中必不可少的构成部分。

4.重视实践文化促进高校思想政治教育实效性的提升

高校思想政治教育的开展,只有落实到实践中才能真正地提升其育人的效果。所以,要通过校园文化推动高校思想政治教育工作,就要紧密结合时代发展,与时代需求相适应,对新形势下大学生的思想动态时刻加以关注,重视实践育人。基于此,作为高校而言应该按照实际需求,开展具有丰富内涵,彰显时代气息,且多样化的文化活动,在其中渗透高校思想政治教育,使参与其中的大学生可以通过文化活动而受到教育和熏陶,促进其思想的提高。同时,高校还应该重视校企联合教学模式以及科教融合的建设,鼓励大学生积极地参与社会实践,引导大学生自主融入社会,在实践中陶冶情操、提升职业道德,进而促进思想政治教育实效性的提高。

三、中华传统文化与高校思想政治教育的关系

关于中华传统文化与思想政治教育的关系问题,大多数学者都认为,中华传统文化

是高校思想政治教育的重要内容。高校思想政治教育要增强实效性，必须植根于中华传统文化的深厚土壤中，实现与中华传统文化的有机融合。中华传统文化已经深深融入我们的思想观念、行为习惯、社会活动当中，已成为我们整个民族心理思想结构中的一部分。中华传统文化具有塑造人、培养人的功能，是高校思想政治教育不可或缺的重要内容。它与马克思主义，与现代化并不冲突，而且相互融合。高校思想政治教育与中华传统文化相融合是必要的，也是可行的。中华传统文化与马克思主义、社会主义及现代大学教育具有契合性。

对待中华传统文化，我们应采取科学辩证的态度。中华传统文化是中华民族几千年的历史积淀，难免会带有历史的烙印，具有一定的时代局限性。随着社会的发展和时代的变迁，传统文化有合理和积极的一面，但也有不合理和消极的一面。高校思想政治教育的发展必须植根于中华民族文化精神的土壤中，对传统民族文化进行创造性的价值吸收和开发利用，重新挖掘、认识和评价，不断丰富、发展和充实，创造性地转化中华文化传统，使之成为社会主义精神文明和先进文化的重要组成部分。中华传统文化具有过程渗透性、方法内省性、效果实践性等特点，对提高个人思想道德素质和国家文化软实力具有重要作用。

因此，应科学、全面地认识中华传统文化，坚持古为今用、推陈出新，坚持取其精华、去其糟粕，运用马克思主义的立场、观点和方法对中华传统文化进行挖掘和梳理，去除中华传统文化中的消极成分，继承和发扬中华传统文化中的积极成分。同时，还应该将弘扬传统文化与培育社会主义核心价值观结合起来。

此外，有些学者还就中华传统文化与思想政治教育的融合问题提出了自己的思路。实现高校思想政治教育与传统文化的融合，应加强制度建设，加大传统文化教育的比重，组织以传统文化教育为中心的校园文化活动，注重人格垂范，等等。

第三节　文化自信融入高校思想政治教育的实践机制

一、文化自信和高校思想政治教育的关系

(一)实践的互动性

当今，多数高校在思想政治理论课、公选课、校园文化活动、通识教育与主题团日等诸多课程实践活动中均有关于文化自信的教学内容。而在当今网络发达的教育环境下，思想政治教育工作面临诸多挑战，多数现实问题形成的根本在于大学生群体欠缺对于个体文化的归属感及认同感，实用主义和崇洋媚外潮流盛行的境况致使思想政治教育工作面临各种困难。因此，教育者应借助文化自信教育以及思想政治教育所具备的实践互动性，加强高校思想政治教学的实效性，增强大学生的民族自信、文化自信与民族文化认同感。

（二）目标的一致性

文化自信与高校思想政治教育在育人目标方面具有一致性。习近平总书记在全国高校思想政治工作会议上指出："思想政治工作从根本上说是做人的工作，必须围绕学生、关照学生、服务学生，不断提高学生思想水平、政治觉悟、道德品质、文化素养，让学生成为德才兼备、全面发展的人才。"[①]文化自信的教学宗旨在于针对大学生群体展开传统优秀文化与现代先进文化的肯定及认同教育，加强大学生的文化自信。因此，基于目标宗旨而言，两者均是将培育大学生传承、发扬我国优秀文化及自觉传播先进文化作为终极目标，所以两者在育人目标层次具备一致性。

（三）内容内生同向性

从内容维度而言，高校思想政治教育及文化自信的内容主题均是人和文化，文化作为人类在历史发展中借助实践活动形成的对象化产物，经过历史检验产生较为稳定的生活、生产模式，并为后来人类展开活动提供前提和参照。文化自信的本源在于本民族历史文化，也就是吸收精髓后凝结的优秀传统文化，自中华人民共和国成立以来，产生了马克思主义和时代相融的新思潮与新思想，思想政治教育作为文化传播的手段，育人内容也伴随主流文化与先进文化持续更新，并将提升大学生政治与思想觉悟视作主要目标。大学生作为思想政治课程受教主体，吸收与学习文化的目标不但在于培育他们的道德文化修养，而且也对民族文化与国情等思想意识有所了解，从而产生民族自豪感及自信心。

二、高校思想政治教育渗透文化自信的意义

（一）有助于推动高校思想政治教育发展

高校思想政治教师应持有坚定的思想及政治观念，思想政治教育及文化自信的融通能使大学生在学习当中不但可以接受思想理论内容，而且可以在知识的海洋中感知我国文化的魅力及特色。唯有使大学生切实把握民族精神及民族文化，才可促使其明确甄别多元文化，在面临外来文化与思潮的冲击时持理性态度。高校思想政治教师应对于本民族文化的积极传播具备信心，在育人过程中，应将强化大学生对于传统优秀文化及先进文化的认同感当作育人目标，这不仅有利于大学生在接受思想政治教育时形成科学与正确的"三观"，而且有利于确保思想政治教育与时俱进，进而推动高校思想政治育人目标的完整性。

（二）有助于强化大学生的文化自信

当今大学生身为新时代的青年，承担着历史重任，而共青团作为先进青年的组织，应

---

① 习近平在全国高校思想政治工作会议上强调：思想政治工作贯穿教育教学全过程　开创我国高等教育事业发展新局面[N]. 人民日报，2016-12-09(1).

在党的鼓励和领导下切实发挥作用,始终保持主动创造性和先进性。现阶段作为青年群体建功的新时代,高校思想政治教育展开渗透先进文化的思想政治教学活动,借助先进文化引导大学生传播与捍卫我国先进文化。但是,当今多数大学生存在对于先进文化不具备较高关注度的问题,多样化的个人主义思潮及社会思潮对于大学生价值观、人生观、世界观的影响,导致其对于本国文化欠缺认同感,对他们树立文化自信造成不利影响。因此,将文化自信引进思想政治教育中是十分必要的。

(三)有助于引导大学生正确应对文化冲击

在当前的社会背景下,文化与经济国际化的深度发展,使得文化层面的国际传播及交流有了诸多便捷,但同时也为其他国家借助文化渗透落实其文化霸权供应了条件。因而,在当前多样文化并存的大环境下,因受西方文化的冲击与影响,多数大学生的价值观念以及理想信念发生了偏差,享乐主义、拜金主义以及功利主义现象较为严重,迷茫自责、空虚无聊以及盲目崇拜等消极心态的大学生较多。这一现象反映了大学生在面临多元文化时,产生了文化自信不足的情况,我国民族传统优秀文化当中蕴藏的高尚价值情操与传统美德所具备的影响力逐渐被弱化。因此,高校文化自信教学刻不容缓,唯有建设文化自信渗透至思想政治教育的实践机制,才可高效保障大学生合理面对社会多元文化所形成的影响及冲击。

三、高校思想政治教育渗透文化自信面临的困境

(一)文化育人与道德育人分离导致文化自信不足

文化与道德作为高校思想政治教育中不可缺失的两个关键要素,两者相得益彰并相辅相成。基于当前的教育现状,多高校的思想政治教育均呈现出注重政治素养提升,忽略人文情怀培育的现象,致使文化育人与道德育人互相分离,对大学生文化自信的养成具有消极影响。基于此,高等院校应兼顾文化育人与道德育人,推动两者充分结合,从而保障智育及德育的协同发展。

(二)大学生理想信念不坚定导致文化自信无所适从

文化自信与理想追求和人生信念在本质上基本一致,如果理想信仰茫然,必然会导致价值取向的盲从。现阶段,我国文化发展层面正身处在民族文化与多元文化的激烈冲突当中,这一冲突及矛盾难免会导致大学生思想认知定位发生偏离,并且对他们的世界观、人生观以及价值观的形成造成了严峻挑战。缺失理想信念在一定意义上可导致大学生产生信仰危机,对于其文化自信的养成造成严重影响。

(三)传统文化的传承意识模糊导致文化自信缺失

在经济社会迅速发展的当下,多元文化思想已成为当前社会发展进步以及国际交流

的文化主流。针对外来文化的持续涌入，大学生因对于自身民族优秀文化继承、理解、运用以及把握的不足，继而发生不同层次的文化传承意识模糊。由此所诱发的盲目模仿以及崇洋媚外思想为我国传统优秀文化的存在形态造成严重破坏，从而导致文化自信面临危机。

四、文化自信引进高校思想政治教育实践机制构建措施

(一)培育大学生的文化甄别能力

大学生的思想具备较高的可塑性，而当前外来文化的渗透，使得大学生在良莠不齐的文化中逐渐缺失前进目标。基于此，教师应培育大学生文化甄别能力，使其正确分辨文化内容的优劣，防止其被错误思想侵扰。在高校思想政治教学中，教师应通过文化分析的教育形式，借助中国特色社会主义理念，将多元文化进行全方位分析，促使大学生真正掌握文化的起始原因。同时，充分分析各类文化体系发展路径及趋势，使大学生及时辨别具备商业特性的文化属性以及诱导错误思想和行为的文化内容，抑制愚昧思想发展，加强大学生的自我保护能力。

(二)真正强化学校网络文化的建设

近几年，新媒体持续发展壮大，并以极大的潜在力量影响着传统媒介。在互联网信息条件的教育环境下，思想政治教育者应正确认识到互联网领域发展对于育人环境产生的影响，切实发挥院校第二课堂功能，强化对网络思想政治教学的适应性及主动性。首先，强化网络课程建设，促使大学生可独立过滤及筛选信息内容，选取自己兴趣度较高的教学内容。学校网站也要针对传统文化与当前主流价值取向展开宣传，落实通过正确与科学的校园舆论引导大学生，从而为他们创设适宜和安全的网络环境。其次，借助新浪微博与微信创造教育新平台，借助与大学生的线上互动交流，抢占互联网主阵地，从而达到主流思想传播的目的。还可以利用建设微信群与微信公众号推送等方式，及时宣传与文化自信有关的内容，呼吁大学生积极融入网络思想政治学习中。

(三)增设人文素养教育课程

高校增设人文素养教育选修课程，一方面，能够使高校思想政治理论课发展进步，另一方面，可强化大学生对于马克思理论内容的学习热情，培育其综合素养，落实专业文化课和思想政治理论课同步发展。多数高校持续探究在马克思理论的基础上，将传统文化内容的实践和理论融合，譬如围绕社会主义文化以及中华优秀传统文化等主题增设选修课，并且这些课程和思想政治教学的总体育人目标相一致，教育内容也是针对思想政治课程进行拓展和深化的。人文素养选修课不仅是对于思想政治教育的适当补充，也与其他选修课存在本质区别，在满足大学生个体兴趣和成才等多方面要求的同时，也促进了大学生健康成长成才。

第四节　多元文化视角下高校思想政治教育改革策略

一、多元文化视角下高校思想政治教育存在的问题

(一)对思想政治教育重视不够

大部分高校并不重视大学生的思想政治教育,只做表面功夫,仍停留在传统的思想政治教育模式下,以说教形式向大学生进行思想传输,这不仅对大学生不能起到真正的教育作用,还耽误了时间,耗费了精力,磨损了大学生对思想政治课的兴趣。因此,我们在多元文化的背景下,要对思想政治教育模式进行创新和改革,从多方面对大学生进行教育,传输正确的观念,让大学生受益匪浅。

除此之外,高校思想政治教育中还出现了一个比较明显的问题,即大学生处在多元文化的社会中,他们的信念和"三观"会受到一定程度的影响。外来文化迅速渗透到我国文化中,对大学生也造成了一定的冲击。在这种情形下,他们可能无法进行明智的甄别和正确选择,这时如果没有主流文化的指导以及学校的思想政治教育,很有可能会导致大学生认识不清,步入歧途。多元文化包含正能量文化和负能量文化,如果大学生受到负能量文化的侵蚀,而不能及时反应和解决,很可能会出现较严重的后果。

(二)教育内容缺乏开放性与多元性

传统的高校思想政治教育内容只是教给大学生既定的思想内容和规范,不允许他们提出任何合理性的怀疑。在多元文化视角下,各种各样的文化信息扑面而来,大学生正处于思想活跃、接受新事物较快的阶段,他们不仅有很多渠道获取新的信息、新的文化,也可以很快地将这些复杂多变的信息消化。因此,他们的思想活动更加复杂,思想动态更难捕捉,也使高校思想政治教育工作变得更加困难。

多元文化的出现,也延伸出了各种不同于以往的思想道德意识,道德标准也逐渐变得多元。大学生易受这些信息的影响,各种各样的价值观念、行为方式层出不穷,出现表面不一、言行不一的情况,如希望别人尊重自己,但又不尊重别人;用各种至高无上的标准要求别人,自己又达不到目标;等等。

(三)教育方法的有效性被弱化

多元文化不断发展,促使思想理论体现出多元化发展态势,映射到个体身上便是其思想理念多样性、价值取向多元化以及行为模式自我化发展。大学生深受社会、学校与家庭文化环境的影响,在接受高校思想政治教育前便已有了自身价值评判标准。特别是近些年多元文化的快速发展,促使大学生独立自主意识逐渐强化,不再盲目遵从权威,且

对于社会上发生的各类事件有自身的见解和看法。尽管灌输式教育方法有助于教师发挥自身中心作用,且便于有效组织课堂教学活动,但此种教学方法仅注重知识讲解,并未重视对大学生能力的培育,并不适宜多元文化背景下的思想政治教育。大学生作为学习主体,其在思想政治教育中一直处在被动地位,这不但限制了大学生发挥自主性,同时也阻碍了其创新意识和能力的全面提升。此种思想政治教育教学方法,在现如今的多元文化背景下难以提升高校的思想政治教育时效性。

(四)高校校园环境受到冲击

在多元文化背景下,高校校园整体环境呈现出积极健康的状态,但是部分社会消极风气与文化也为校园环境造成了反向影响,对高校思想政治教育顺利进行以及时效性提升具有阻碍作用。一方面,部分高校学术氛围不足,过于注重物质利益的追求,甚至产生了学术造假与学术腐败的严重问题,对于大学生群体的价值观和人生观的形式具有消极影响。另一方面,因为家庭环境的差异,思想观念势必有所不同,导致大学生生活习惯也存在差异性。对于处在成长关键阶段的大学生而言,其"三观"发展并没有完全成熟,且心智也处在发育阶段,彼此间极易出现矛盾和冲突现象,由此生成诸多问题,对他们的人际关系发展造成不好影响。另外,伴随校园环境趋于向社会化方向发展,多数大学生在人际交往过程中过于功利化,重视利益交换,导致人际交往属性从积极转向消极,这为其他大学生带来了诸多负面影响。总之,高校校园环境受到冲击,对思想政治教育教学顺利进行以及教育时效性提升均提出了挑战。

三、多元文化视角下高校思想政治教育改革的有效策略

(一)树立开放与民主的高校思想政治教育观念

高校思想政治教育可以承担社会文化的转变职责,尤其是在多元文化的社会价值冲突下,高校思想政治教育要坚持自己的方向,不能以大学生自由的选择为主导,使大学生在多元化价值观中迷失自己,而是要对其加以引导和干扰。然而,这种"干扰"不再是过去的"训教观"。在多元文化背景下,要丢弃训教观,提倡指导观念,高校思想政治教育要引导大学生不同的道德取向和道德规则进行分析,与自身的道德观念相融合,准确地、有效地选择与当今社会要求相符的道德理念。由此,教师与高校要适应多元文化思想政治教育发展的理念。多元文化价值可以共存,但也产生冲突,高校的教育变革也不能回避社会上原有的道德规范和取向。所以,在高校思想政治教育工作中,要树立开放民主的教育观念,把既定的道德作为一种开放体系,允许大学生根据自身的社会道德体验来认知,在他们原有的道德取向和规范上进行完善和改造。

(二)更新思想政治教育内容

高校承载着为社会培育人才的历史重任,也是传播文化、知识的主要场所,更是面向

大学生展开思想政治教育的主阵地。思想政治教育若想在多元文化环境下获得时效性的提高，在较大限度上取决于教育内容的更新和丰富，所以，若想促进思想政治教育作用的发挥以及时效性的提升，必须更新教育内容。教师应以现阶段思想政治教育内容为依托，基于多元文化对思想政治教育内容提出的挑战，有机整合教育内容，构建系统化教育内容体系。

（1）以思想教育为例。思想教育是针对方法论与世界观的教育，重点解决客观和主观是否契合以及客观和主观怎样契合的问题。所以，教师可以借助马克思主义及马克思理论中国化武装大学生，加强其认知与改造世界的意识和能力，使其自觉生成积极"三观"，抵御文化多元化发展中消极思潮的冲击。与此同时，高校思想政治教育也要强化科学知识、无神论以及唯物史观教育，深化大学生甄别伪科学与迷信思想的意识，使其养成自觉反对及抵御有神论观点的能力。

（2）以政治教育为例。政治教育是针对大学生未来政治方向、立场、信念与理想的教育，尤其是对于社会制度、国家和阶级等有关民生等问题的态度与立场。高校思想政治教育应强化社会主义、爱国主义以及集体主义教育力度，培育大学生热爱国家与社会主义事业的情感，使其对国家政策方针形成基本的了解与掌握。同时，强化法制观念培养，增强大学生权责意识，让其真正成为合格的国家公民。

（3）以道德教育为例。道德教育是针对的学生群体开展的行为规范培育，使其内化既定道德标准、树立道德观念，强化道德判断水平的教育，旨在让他们生成正确的道德行为与具备高尚的道德素养。在多元文化环境下，高校和教师应致力于思想政治教育内容的整合，构建集思想教育、政治教育以及道德教育于一体的系统化内容体系，持续丰富与创新教育内容，从而满足大学生个体多元化需求，提高教育时效性。

(三)改进思想政治教育方法

课堂作为高校思想政治教育活动开展的主阵地，课堂教学质量与思想政治工作质量呈正相关，在多元文化发展的环境下，教师应改进思想政治教育方法，拓展实践教育，以此来提升思想政治教学的时效性。在此过程中，教师可以将服务社会作为根本目的进行思想政治教育社会实践。社会实践始终是高校思想政治教育开展所惯用的举措，伴随近些年多元文化不断发展，社会实践形式也在原有基础上实现了新发展。大学生在思想政治教师的组织与带领下，以实践课时间或寒暑假时间去我国经济文化发展相对滞后或偏远山区进行支教、支农、支医活动，在实际环境下将所学理论与技能应用在生活当中，从而为当地居民提供便利。近些年，我国政府颁发的有关大学生任职村干部的规定，也在一定限度上体现了为人民服务的宗旨。这些活动从本质上便是以服务民众为目的而组织的实践活动，有利于培养大学生的集体意识、服务理念与国家意识。以思想政治教育为根本目的的社会实践活动，涵盖有组织的游览革命根据地、纪念馆与社会调研等，教师可以基于教育目的的差异性进行合理选择，从而在改进思想政治教育方法的同时，提高教育实效性。

(四)优化高校校园环境

高校应注重培养大学生的人文精神,把大学生群体置于教育主体地位,将其培养为全面与综合发展的优秀人才。无论是培养大学生人文精神,还是进行高校思想政治教育,其根本目的均是为了促进大学生的全面发展,所以,将二者进行有机融合具有必要性。在高校思想政治教育当中,增强培养大学生的人文精神意识,有助于高校明确科学与正确的育人观念,使大学们在多元文化背景下树立积极"三观",完善自身人格。大学生群体人文精神培育具体涵盖培育其人文观念、人文关怀能力以及加强校园文化建设等。首先,高校方面应设置校风校训,明确积极的人文观念。多元文化视域下,高校应与时俱进,以社会实际为基准树立特色化的教育观念,以校歌、校风以及校训等展示校园特色文化。同时,应将学风与教风用于展现师生形象的主要窗口,引导师生树立积极健康的思想理念、养成优秀的行为习惯。并且,学校还可以组织和培育与优秀学风有关的专题征文活动,借此提高大学生群体对于思想政治教育和养成优秀学风的积极性,创设优质学习环境。其次,设计与建设具备浓厚人文韵味的建筑景观,以此来熏陶大学生人文精神。例如,设立爱国人士雕塑、基于专业研究方向悬挂相关名人名言,并定期更新,以此让大学生在校园生活中时刻受到思想政治教育,并接受其感染和熏陶,从而有效提高教育时效性。

第六章　素质教育视角下
高校思想政治教育研究

第一节　素质教育概述

一、素质教育的内涵解读

(一)素质教育的基本含义

素质教育是以全面提高人的基本素质为根本目的,尊重人的主体性和主动精神,以人的性格为基础,注重开发人的智慧潜能,注重形成人的健全个性为根本特征的教育。素质教育,是社会发展的实际需要,要达到让人正确面临和处理自身所处社会环境的一切事物和现象的目的,它重视人的思想道德素质、能力培养、个性发展、身体健康和心理健康教育。

(二)素质教育的本质

从本质来说,素质教育就是以提高国民素质为目标的教育。这是从教育哲学的角度在教育目的层次上对素质教育概念的一种界定,这一界定把素质教育与其他种种不是以提高国民素质为目标的教育区分开来。

素质教育与应试教育的区别如下:

第一,素质教育的目标是提高国民素质;而应试教育的目标是"为应试而教,为应试而学",在此目标导向下,即使客观上能使部分学生的某些素质获得浅层次发展,也只是片面的,以牺牲其他方面发展为代价的。

第二,素质教育以提高国民素质为目标,必然要面向全体学生,面向每一名未来的国民;而应试教育则把目光盯在少数升学有望的学生身上,弃多数学生于不顾。

第三,素质教育为了提高国民素质,强调教育者发挥创造精神,从学校实际出发设计并组织科学的教育教学活动,促进受教育者在自主活动中将外部教育影响主动内化为自己稳定的身心素质;而应试教育则使教育者跟着考试指挥棒亦步亦趋,在教学方法上以灌输、说教、被动接受为基本特征。

(三)素质教育的基本内涵

1.素质教育以提高国民素质为根本宗旨

教育是人才培养的基础。发展教育,对提高中华民族素质、促进经济和社会发展具有战略性、全局性、先导性的作用。所以,教育必须以提高国民素质为根本宗旨。

2.素质教育是面向全体学生的教育

素质教育倡导人人有受教育的权利,强调在教育中使每个人都得到发展,而不是只注重一部分人。素质教育是面向全体学生的教育。对于这句话重点在"全体"。一说全体那就是指每一个学生,而不再是只关注一部分或少数学生。因此,素质教育是面向全体学生的教育,也是全面发展与因材施教相统一的教育。

3.素质教育是促进学生全面发展的教育

社会主义现代化大生产需要全面发展的新人。实施素质教育就是通过德育、智育、体育、美育等的有机结合,来实现学生的德、智、体、美等方面的全面发展。

个体的发展并不只表现为某一方面或某些方面素质的提高,考察其发展的好坏,也应当以其整体素质的提高为标准。从社会发展对个体的需要来看,每一个个体的公民素质都是必须具备的,可以认为素质教育在这一点上同全面发展教育是一致的。每一个个体全面素质的提高,一方面,可以保证其正常的社会活动或适应整个社会生活;另一方面,又为其某一方面素质达到最佳水平的发展提供保障。任何只重视某一方面素质培养的教育都是错误的和不可取的。这就要求在实施素质教育的过程中,形成全盘考虑个体素质,使其相互融合、相互渗透与促进的观念,这是每个教育工作者应形成的基本理念。

4.素质教育是促进学生个性发展的教育

人与人之间在基本素质大体相同的基础上,由于先天禀赋、环境影响、接受教育的内化过程等方面存在诸多差异和多样的个性,我们把人的个性看作是人性在个体上的反映,是共同性与差别性的统一。因此,教育在重视人的全面发展以外,也应当促进学生的个性发展。这两者是相互依存、互为表里的关系。素质教育是立足于人的个性的教育。它在承认人与人在个性上存在差异的基础上,从差异出发,以人的个性发展为目标,实质上是一种个性发展的教育。

5.素质教育是以培养学生的创新精神和实践能力为重点的教育

创新能力是一个民族进步的灵魂,是国家兴旺发达的不竭动力。培养具有创新精神和能力的新一代人才,是素质教育的时代特征。创新教育是素质教育的核心,是教育对知识经济向人才培养提出挑战的回应。创新能力不仅是一种智力特征,更是一种人格特征,是一种精神状态。创新精神与创新能力相辅相成。重视创新能力的培养,也是现代教育与传统教育的根本区别所在。

二、素质教育的基本特征

(一)素质教育的主体性

素质教育的主体性,即在教育的过程中,尊重学生的主体地位,发挥学生的主体作用,调动学生的主体积极性。众所周知,影响素质教育的因素(条件)是多种多样的,但归结起来,不外乎内因(内部因素)和外因(外部因素)两个方面(系列)。在教育的过程中,学生主体是唯一的内因,而相对于学生来说,其余的一切都是客体,都属于外因之列。按照"外因通过内因而起作用"这一著名的马列主义原理,在素质教育的过程中,只有把学生始终作为主体对待,才能敞开他们的内因大门,使他们积极地接受教育,因而也才能使外部因素(上述的政治要求等)转化为学生主体的内部素质,以及把教师的主导作用充分地发挥出来。素质教育是充分弘扬人的主体性,注重开发人的智慧潜能,注重形成人的精神力量的教育。素质教育正是要唤起学生的主体意识,发展学生的主动精神,形成学生的精神力量,促进学生生动活泼地成长,帮助学生创造自信的人生。这是素质教育活的灵魂,是对素质教育的最关键要求。

根据主体性,素质教育不是把人看作物,而是把人看作人。素质教育重视开发学生的智慧潜能,而不是把学生视为知识的接收器。教师的任务不仅是传授知识,更重要的是激活知识。如果教师自己都不能被自己讲授的内容所打动,这样的传道授业,就算不上是真正的教育。素质教育要培养学生的认知能力、发现能力、学习能力、生活能力、发展能力和创造能力等。

根据主体性,素质教育不仅仅把学生当作认知体,更重要的、更本质的是把学生作为生命体。它要指导学生怎样做人,要为学生指导完整人生。因此,素质教育注重形成学生的独立人格、精神风貌和精神力量,注重发展学生的公民意识、现代意识和思维方式,注重培养学生的非认知因素。

根据主体性,素质教育必然要求发展个性,而这要求遵循教育的个性化原则。

根据主体性,素质教育不是生产模式,而是交往模式。从教育的结果看,教育是人类自身再生产的成果之一;从教育的过程看,素质教育应当属于交往模式。在素质教育中,学生不是被动的产品。而是能动的主体。

需要指出的是,应试教育既不重视人的发展需要,也不能真正适应社会发展的需要,甚至正是因为后者("应试的"学校教育培养出来的人不能适应社会需要)才引发了对应试教育的理性批判。而素质教育,不仅重视人的发展需要,还重视社会的发展需要,将人的发展和社会发展统一起来。

(二)素质教育的全体性

应试教育重视高分学生,忽视大多数学生和学困生。而重视高分学生,更确切地说,就是重视高分。这就从根本上违背了义务教育的宗旨,违背了"教育机会人人均等"的原则。

素质教育反应试教育之道,不是面向部分人,而是面向全体人。它并不反对英才,但反对使所有教育变为英才教育的模式。它不是一种选择性、淘汰性、大一统的教育,而是一种使每一个人都得到发展的教育:每个人都在自身原有的基础上有所发展,都在自身天赋允许的范围内充分发展。这样素质教育也是差异性教育。换句话说,素质教育要求平等,要求尊重每一个学生,但素质教育不赞成教育上的平均主义和"一刀切"。

(三)素质教育的全面性

应试教育在"一切为了分数,一切围绕分数"的指导思想下,必然具有片面性。素质教育则要求全面发展和整体发展,要求德、智、体、美等各方面并重,要求全面发展学生的生理素质、心理素质和文化素质。

有研究者指出,"素质教育中的'全面发展'有两个方面的具体规定性。第一,针对每一个个体来说,它是'一般发展'和'特殊发展'的统一;第二,针对班级、学校乃至整个社会群体而言,它是'共同发展'和'差别发展'的协调",全面发展实际上就是最优发展。

(四)素质教育的基础性

素质教育的基础性这一基本特点有三方面的含义。

1. 学生的素质是做人的基础

学生入校的根本目的就是学习做人,它包括做什么样的人和怎样做人。这是学生学习的基本功,也是对他们最基本的却又是最必要的要求。

2. 每个人的素质是整个民族素质的基础

要提高民族素质,必须从培养每一个人的素质入手,每一个人的素质是民族素质的基础,民族素质是每个人素质的融合与升华。因此,我们必须广泛地开展素质教育,并通过家庭教育、学前教育、学校教育、社会教育、职业教育、成人教育等各种渠道,培养每一个人的素质,从而以此为基础,提高整个民族的素质水平。当然,整个民族的素质水平提高之后,又会反转来促进每一个人的素质水平更上一层楼。

3. 素质教育要为学生打下素质基础从而以不变应万变

当前知识发展和更新的速度很快,一度导致学校的学习内容不断膨胀,但是知识的发展万变不离其宗。许多国家都很重视对学生基础素质的培养。

如同素质教育的主体性一样,素质教育的基础性也是素质教育的各种特性中尤为重要的特性。如果说主体性是对素质教育思想的最关键要求,那么基础性便是对素质教育内容的最关键要求。

(五)素质教育的层次性

从纵向来看,任何一个事物的发展都会显示出一定的层次性,素质教育也不例外。而素质教育的层次性,是由素质本身的层次结构所决定的。根据心理学的研究,现在一般公认,素质是由生理素质、心理素质和社会素质三个层次构成的。

生理素质是素质的最低层次,是先天的自然素质,是人们与生俱来的感知器官、运动器官、神经系统,特别是大脑在结构上和机能上的一系列特点的综合。过去心理学上所说的素质即指此而言。

心理素质是第二个层次,它是在先天自然素质的基础上,通过后天的教育作用、环境影响而逐步形成的。它尽管形形色色,纷繁复杂,但可以一分为二,即认识—智力因素和意向—非智力因素。它是先天与后天的"合金"。

社会素质是最高层次,是后天的东西,人们后天获得的一切东西,如政治观点、思想认识、道德品质、行为习惯、知识技能,乃至于世界观、人生观、价值观等。在素质教育中,我们就应当按照这种层次性来开展工作,既要注意素质层次之间的相对独立性,又要考虑它们之间的内在联系与相互依存性。

有人认为,素质本是心理学上的一个专门术语,本指自然素质而言。然而,马克思主义认为,人的本质、本性有自然性和社会性两个方面,而且社会性是主要的。据此,我们就完全可以说,人的素质即人的本质、本性,它也应当包含自然素质、社会素质以及自然与社会相结合的心理素质三个方面。这不是无原则的扩大化,而是还事物本来面目。我们不应死死地抓住心理学上的原素质概念不放。

(六)素质教育的综合性

素质是由各种素质所构成的一个综合体即有机整体,这也就是素质教育综合性的基本含义。具体地说,作为综合整体的素质,其各个组成因素具有相互促进或相互影响的内在制约关系,即一种素质的发展,会促进其他各种素质乃至整体素质水平的提高,一种素质的不良,也会使其他各种素质以及整体素质水平受到影响而降低。因此,在素质教育中,我们必须重视素质的全面发展,不能只强调某一方面素质的提高。

第二节　高校思想政治工作与素质教育探索

一、思想政治工作与素质教育的关系

正确引导和帮助青少年学生健康成长,使他们能够德、智、体、美、劳全面发展,是一个关系我国教育发展方向的重大问题。教育是一个系统工程,要不断提高教育质量和教育水平,不仅要加强对学生的文化知识教育,而且要切实加强对学生的思想政治教育、品德教育、纪律教育、法制教育。这不仅为我国的社会主义教育事业指明了方向,而且为各级各类学校全面贯彻党的教育方针,努力推进素质教育提出了明确要求。

(一)全面理解素质教育的内涵,坚持教育的社会主义方向

全面贯彻党的教育方针,是正确认识和理解素质教育的核心和关键。毛泽东同志指

出："我们的教育方针,应该使受教育者在德育、智育、体育几方面都得到发展,成为有社会主义觉悟的有文化的劳动者。"①在新时期,邓小平同志重申毛泽东同志提出的这一教育方针,他强调指出："我们的学校是为社会主义建设培养人才的地方。培养人才有没有质量标准呢? 有的。这就是毛泽东同志说的,应该使受教育者在德育、智育、体育几方面都得到发展,成为有社会主义觉悟的有文化的劳动者。"②1999年6月,在第三次全国教育工作会议上,江泽民同志强调："我们必须全面贯彻党的教育方针,坚持教育为社会主义为人民服务,坚持教育与社会实践相结合,以提高国民素质为根本宗旨,以培养学生的创新精神和实践能力为重点,努力造就'有理想、有道德、有文化、有纪律'的,德育、智育、体育、美育等全面发展的社会主义事业建设者和接班人。"2010年7月,胡锦涛同志在21世纪第一次全国教育工作会议上指出："总结交流教育工作经验,分析教育工作面临的新情况新问题,动员全党全社会全面实施《国家中长期教育改革和发展规划纲要(2010—2020年)》,坚持优先发展教育,推动教育事业科学发展,建设人力资源强国,为全面建设小康社会、加快推进社会主义现代化提供更有力的人才保证和人力资源支撑。"2013年10月,习近平总书记主持中共中央政治局第九次集体学习时讲话指出："着力完善人才发展机制。要用好用活人才,建立更为灵活的人才管理机制,打通人才流动、使用、发挥作用中的体制机制障碍,最大限度支持和帮助科技人员创新创业。要深化教育改革,推进素质教育,创新教育方法,提高人才培养质量,努力形成有利于创新人才成长的育人环境。"

　　五代领导人在我国社会主义建设的不同历史阶段分别提出、重申和强调党的教育方针,是有其深刻的现实针对性的,他们都是在对当时我国教育中出现的新问题和新情况做出科学判断的基础上,及时为学校教育及其他教育工作指明了航向并提出要求。当前,科学技术突飞猛进,知识经济初见端倪,国际竞争日趋激烈,人才的综合素质、创新能力愈显重要。正是在这种大背景下,现行教育(尤其是学校教育)的弊端日益显露,因此素质教育作为一种体现时代精神和社会发展需要的教育理论,并作为一种科学的教育思想被提了出来。

　　素质教育的宗旨是培养社会主义现代化事业需要的"四有"新人,目标是造就德育、智育、体育、美育等全面发展的社会主义建设者和接班人。素质教育在注重知识传授的同时,更加注重对学生能力的培养和良好品格的塑造,更加注重学生德育、智育、体育、美育等方面的协调发展和全面提高,更加强调教育的根本任务和目的是造就又红又专、德才兼备的"四有"新人。

　　坚持社会主义的办学方向是素质教育的灵魂,是考核学校实施素质教育是否成功的重要标准。提高全民族的思想道德素质和科学文化素质是社会主义学校的总的要求,离开了这个总的要求,我们的学校教育就会失去方向。加强社会主义精神文明建设,全面提高学生的思想、道德、文化素质,必须在加强智育的同时,不断加强德育、美育、体育、劳

　　① 毛泽东. 毛泽东选集:第7卷[M]. 北京:人民出版社,1999:226.
　　② 邓小平. 邓小平文选:第2卷[M]. 北京:人民出版社,1994:103.

动教育。否则,就不是全面发展,就不能保证学生全面素质的提高。因此,全面推进素质教育,必须明确我国教育的社会主义性质,坚持正确的教育方向,认真贯彻党的教育方针,始终把培养"四有"新人作为教育工作的基本出发点和根本立足点。

(二)正确认识素质教育的要求,坚持把德育工作放在首位

人的素质主要包括思想道德素质、科学文化素质和身体心理素质,这几方面都很重要。但思想道德素质是核心,居于首位。思想政治教育,在各级各类学校都居于主要地位,任何时候都不能放松和削弱。思想政治素质是最重要的素质。不断增强学生和群众的爱国主义、集体主义、社会主义思想,是素质教育的灵魂。中共中央、国务院印发的《关于深化教育改革全面推进素质教育的决定》指出:"实施素质教育,必须把德育、智育、体育、美育等有机地统一到教育活动的各个环节中,学校教育不仅要抓好智育,更要重视德育。"纵观世界各国的教育调整和改革,尽管存在社会制度、意识形态和民族文化的差异,但都普遍重视对青少年的思想道德教育。学校应该永远把坚定正确的政治方向放在第一位。

面对各种国际挑战,我国的教育必须认真贯彻党和国家的教育方针,全面认识素质教育的要求和内容,把德育工作放在首位,实现学生德、智、体、美等方面的协调发展。进一步加强和改进德育工作,是学校教育必须认真研究的课题和任务。由于一些学校(包括高等学校)在德育内容上还不适应时代和社会发展需要,教育方法化、呆板,不适应广大青少年学生的学习要求;形式和渠道过死、单一等,严重困扰着学校德育工作,从而大大降低了教育效果。解决这些问题的根本出路在于:学校党组织应加强对德育工作的领导,以扎实推进习近平新时代中国特色社会主义思想"进教材、进课堂、进学生头脑"的"三进"工作,加大政治理论课和德育课的教育改革力度,积极进行教学内容和方法的研究与探索,进一步拓展学校德育与学生生活和社会实践的联系,从实际出发,针对学生的思想特点,按照德育总目标和教育、教学规律,有计划、有步骤,分阶段、分层次地实施,努力提高德育工作的实效。坚决克服形式主义和教条主义倾向,使学生生动活泼、主动地得到发展。高校应率先在这方面取得突破。

(三)积极探索素质教育的方法,坚持教书与育人的结合

素质教育的提出,主要是针对基础教育中"应试教育"和高等教育中"过窄的专业教育"的弊端。强调全面提高人的素质,提高其社会适应能力,培养和谐发展和具有可持续学习能力、创新能力的人才,是素质教育的重要特征。面对当前国际国内新的形势,我们的教育思想、教育体制和结构、教育内容和方法,同社会主义现代化建设发展的需要不相适应的矛盾,已经正在日益显露出来。教育是知识创新、传播和应用的主要基地,也是培育创新精神和创新人才的摇篮。这非常明确地点出了目前教育上存在的不足和矛盾。

面对新的形势,教育在体制、结构、人才培养模式以及教育教学内容与方法等诸多方

面相对滞后,"为应试而教,为应试而学"的倾向影响了青少年学生的全面健康发展,不能够很好地满足社会主义现代化建设和提高国民素质的迫切需要。深化教育改革,全面推进素质教育,加快培养具有创新精神和创造能力的高素质人才,已成为我们在未来竞争中赢得主动权,抢占制高点的关键。素质教育要求注重给学生以智慧和启迪,注重启发思考,激发学生的学习主动性和创造精神,使学生对现实和未来具有较强的适应性。素质教育反对"死读书、死教书",要求教师不仅要能教书,而且还会育人;不仅能给学生以知识,而且还能给学生以获取知识的方法。素质教育要求学校给学生创造良好的学习氛围、学习条件,使学生的个性、特长得以发展的自由空间,保证学生的自我学习、自我管理、自我塑造、自我实践、自我发展的时间,要求让学生接受科学思维的训练和科学方法的熏陶。不但如此,学校还应用积极进取、勇于探索、不怕挫折、锲而不舍的献身科学与真理的精神引导学生。

通过素质教育,高校应把培养具有较强的社会适应能力、心理承受能力、人际关系协调能力、自我获取知识能力的全面发展人才,作为自己的努力目标。素质教育要求切实注重对学生适应性、和谐性和可持续性的培养。据此,我们必须彻底"转变那种妨碍学生创新精神和创造能力发展的教育观念、教育模式,特别是由教师单向灌输知识,以考试分数作为衡量教育成果的唯一标准,以及过于划一呆板的教育教学制度"。坚持以人的全面发展为本,注重人格、人品、个性、知识、技能、良好身心素质的协调、健康发展,努力改革人才培养模式,积极实行启发式和讨论式教学,激发学生独立思考和创新的意识,以培养学生的思想道德品质、社会实践能力、科学创造能力为重点,切实提高教育教学质量。学校的领导和教育工作者,特别是广大教师都必须清醒地看到自己身上的责任,及时做好教育管理,教育教学职能、内容,以及工作方式、方法的转变,正确处理好教书与育人、传授知识和培养能力、人格塑造与专业培养等诸方面的关系,重视发挥各方面、各学科课程的育人功能,真正保证"教书育人、管理育人、服务育人"的实现。

二、素质教育中的高校思想政治工作

面对新的机遇和挑战,高校思想政治工作如何适应并积极推进素质教育,如何增强思想政治工作的现实性、针对性和实效性,我们认为应从以下几个方面着手。

(一)充分发挥思想政治工作的渗透性和导向性功能

全面推进素质教育,必须要求高校思想政治工作注重渗透性和导向性的有机结合,注重把思想政治工作贯穿于素质教育的全过程,渗透到各个环节。长期以来,一些人对思想政治工作的认识过于片面,认为思想政治工作的主要任务就是德育课程建设和党团组织活动,因此,就形成思想政治工作抓思想政治工作这样一种"孤军奋进"的被动局面,这种状况远远不能满足全面推进素质教育的需要。应当看到,学生的全面发展是一项系统工程,思想政治工作应当体现在提高学生全面素质的全部工作之中,学生思想政治素质的提高是基于学生素质全面提高的基础之上的。因此,应当把思想政治素质教育放在人才培养的全过程中去系统地考虑,既要通过加强思想政治工作提高学生的思想政治素质,还要渗透、融合在业务素质、文化素质和心理素质教育之中。

(二)转变高校教育管理模式和高校思想政治工作的模式

过去,高校教育管理模式不同程度地存在着重智育轻德育、重专业轻人文、重教育轻管理的倾向,不利于人才培养目标的实现。为提高学生的综合素质,高校应按照素质教育的要求调整管理目标,充分发挥课堂教学的育人功能,使高校的思想政治教育形成其他教师和思想政治教师齐抓共管的局面。我国高校思想政治工作的模式一直采用的是集中型,即集中组织、集中教育、集中活动和统一要求。这种模式不能适应全面推进素质教育的要求,不利于学生的个性发展,不利于培养学生的创新精神、创新意识和创新能力。应当认识到,用集中的办法解决共性问题和达到一般要求,用分散的办法解决个性问题和做到因材施教,这两者的有机结合,才有利于人才的全面发展,才能达到全面推进素质教育的目的。因此,高校思想政治工作模式应当由集中型向集中和分散相结合型转变。

(三)高校思想政治工作应当加强对学生创新精神和实践能力的培养

面对高新科技飞速发展的挑战,我们必须把增强民族创新能力提到关系中华民族兴衰存亡的高度来认识。素质教育的核心是培养具有创新精神、创新能力的人才。理所当然,思想政治工作要着力培养学生的创新意识、创新精神,塑造其创造型人格及其与之相关的人格适应环境、承受挫折等能力。

掌握正确的思想方法,还能帮助学生正确对待青春期生理、心理的突变。青春期精力过盛,要把这种过盛的精力引导到学习、劳动和班级集体的活动之中。对此学校可以开展各类学习竞赛、技能比武、兴趣小组、文娱活动等活动。引导青少年学生把充沛精力,释放在积极的方面。通过长期的有序的积极引导,他们就会形成正确的思维。

(四)养成良好的行为规范

良好的行为规范是合乎道德规范的行为,指人们在一定的道德认识、道德情感、道德意志的支配和调节下所表现出的对他人、对社会的具体反应,它是一个人道德水平高低的主要标志。道德行为是在实践中逐步培养起来的。从某种意义上来说,一所学校学生的整体的行为规范程度是衡量这所学校德育工作效果的一把尺子。因此,抓学生的行为规范养成教育是德育工作的有效抓手。从知至行是一个复杂的道德形成的心理过程,要经历以情感和意志为中介的内化和外化两次飞跃。其中只要个体在情感、意志的任何一个环节上出现障碍,飞跃就难以实现。同时,也要把创新方法及创新思维的训练体现在思想政治工作之中。要教育学生认识我国社会主义现代化建设还处在艰难的创业时期,引导学生树立艰苦奋斗的精神,激发学生努力创新的动机,培养适应时代需要的创新精神。高校思想政治工作要注意培养学生的实践能力。培养学生的实践能力要以社会实践为切入点。社会实践是素质教育的大课堂,学生参加精心组织、富有成效的社会实践活动,不仅是思想政治教育的有效途径,更是提高学生实践能力的最佳途径。在开展社会实践中,一是要突出实践的教育主题,引导学生围绕主题来开展活动;二是要提升实践层次,尽可能与课题研究结合起来,形成调研成果;三是要拓宽实践内涵,把参加实践与服务社会结合起来。

(五)高校思想政治工作评价体系和学生测评体系的指标应当向多维转变

全面推进素质教育,对高校及高校内的院系思想政治工作的评价不能局限于"两课"建设、党团组织建设和活动等一些思想政治类的指标,而应当同时评价素质教育各方面工作中的思想政治工作的渗透力和有效性。对学生思想政治素质的测评,不仅要测评学生思想政治课学习情况、参加党团组织活动的情况和社会工作的表现情况,而且还要测评学生全面发展、勇于创新的表现和效果。把这些因素有机结合,才能比较全面准确地反映一个学生的思想政治素质状况。目前,部分高校对学生进行德智体美等综合素质的测评,并进行反馈和督导,对培养学生的综合素质具有导向作用,也是对学生个体素质进行定量考核的有效方法。高校要结合学校自身发展状况,建立和完善学校、职能部门和院系班三级评估体系,评估工作要注意体现个人价值与社会价值的统一、个体与群体的结合、质与量的平衡。

(六)高校思想政治工作要努力提高学生思想道德素质的自我塑造能力

素质教育重在教育学生学会做人、学会生活、学会学习。同样,高校思想政治教育的重点在于教会学生怎样做人,即培养学生正确的思想道德品质的自我塑造能力。这种能力包括两个方面的内容:一是价值观念的判断评价能力与选择能力,它相当于人体的免疫功能;二是价值观念的内化能力,它好比人体的造血功能。有了"免疫"功能,才能正确判断是非,抵制各种形形色色的思想诱惑,并从中选择对自身成长有益的与社会主义主流合拍的价值观念;而有了"造血"功能,才能将正确的价值观念内化为人生的信念,并将其作为人生道路上的航标定位。大学生在成长的过程中,容易受到各种外界因素的干扰,这有社会的原因,但更主要的是其自身的可塑性强、自我塑造能力差的缘故。因此,学生的思想政治教育决不能停留在一般的道德和知识的灌输上,而应当把工作重心转移到思想道德素质的自我塑造和能力的提高上。

(七)高校思想政治工作要在方式、方法和手段上变革创新

为适应全面推进素质教育的要求,高校思想政治工作者要围绕素质教育这个现代教育的大课题,在继承和发扬优良传统的基础上不断更新和改进,要充分利用当代高技术,开拓高校思想政治工作的新空间,使高校思想政治工作的方式、方法和手段更具有时代感。要努力实施从"封闭型"教育方式向"开放型"教育方式的转变;从单纯"说教型"方式向"耐心教育与解决实际问题并重"的方式转变;从传统的教育手段向具有更多科技含量

的现代思想教育手段转变。当前高新信息技术特别是信息网络技术发展很快,在社会生活的各个领域都产生了广泛影响,为思想政治工作提供了现代化手段,拓展了空间和渠道。特别是许多高校开通互联网之后,其信息容量大,传播速度快,覆盖范围广,又具有高度的开放性、交互性、广泛性、便捷性和匿名性,既难以控制和管理,又是多种政治力量都想争夺的新阵地和新领域,而且当代大学生又喜欢网上"漫游"。面对这一新特点,高校思想政治教育工作如果不改进形式和方法,还是停留在原来的"老面孔、老办法"上,不注意增强时代感,必然会在学生中缺乏吸引力。因此,高校思想政治工作者,要学会运用现代信息理论和网络技术,主动出击,尽快占领网上思想政治教育工作的制高点,有针对性地开展网上思想政治教育。

总之,面对全面推进素质教育的形势,高校思想政治工作者只有提高认识、转变观念、改进工作,才能抓住机遇,为全面提高学生的综合素质做出自己应有的贡献。

三、加强和改进高校思想政治工作实施素质教育

面对国际、国内形势的发展和变化,针对思想政治工作、素质教育存在的问题,结合高校的实际,我们认为,在新形势下,加强和改进思想政治工作,以及实施素质教育应当紧紧围绕培养社会主义事业的建设者和接班人这个根本任务,从社会主义核心价值观的高度,把握思想政治工作、素质教育创新的立足点和着力点,以思路创新为前提,以教师队伍建设为关键,以素质教育为核心,以制度建设为保证。就此提出如下思考和建议。

(一)以思路创新为前提,着力实现思想政治工作内容、形式、方法、途径的创新,增强工作针对性、实效性和主动性

思想政治教育工作是一门科学,科学的生命力在于创新。因此在新形势下,高校加强和改进思想政治教育工作、实施素质教育必须大力提倡和鼓励创新,要正确处理好加强和改进、继承与创新的关系。加强与改进,重在改进;继承与创新,重在创新。必须针对上述存在的问题,确立新的思路、新的方法和新的运行模式,应着眼于"五个结合"、从"五个做到"入手,重点注意"三个问题"。

1.五个"结合"

一是结合国内外形势的发展。思想政治工作要与时俱进,紧密结合经济和社会发展的形势,不断充实内容,丰富内涵。当前及今后必须以"理想信念教育"为核心,坚持用马列主义、毛泽东思想、邓小平理论、"三个代表"重要思想、科学发展观和习近平新时代中国特色社会主义思想来武装广大师生,对学生深入进行党的基本路线、基本纲领和马克思主义世界观、人生观、价值观教育,进行爱国主义、集体主义、社会主义和艰苦创业教育。引导广大师生树立建设有中国特色社会主义的共同理想,坚定对社会主义的信念,增强对改革开放和现代化建设的信心,增强对党和政府的信任。二是结合高等教育的改革。要结合高校招生、就业制度的改革,继续通过学生就业指导中心、心理咨询中心等,积极开拓思想政治教育工作的新途径、新阵地,开展增强学生的市场经济观念、创新意识

和就业意识的思想教育,帮助他们调整好自己的心态,以良好的精神风貌和较好的综合素质迎接各种考验和挑战。三是结合学校的中心工作。思想政治教育工作要强化中心意识和服务意识,其内容的设置、方法和手段的运用,都要围绕并结合高校的教学、科研及人才培养等中心工作来安排和考虑,这是思想政治教育工作的切入点和着力点,要努力把师生的力量凝聚到实现高校的工作目标上来,凝聚到实现改革发展稳定的各项任务上来。四是结合师生关心的问题。要善于从利益动因上分析师生的思想变化,针对教职工密切关心的职称、住房、进修提高等问题,针对学生关心的学习、就业、生活(伙食、住宿)等问题进行思想政治教育工作,以提高针对性和实效性。五是结合具体业务工作去做,把思想政治教育工作渗透到高校各项具体工作中,使思想政治教育工作贴近师生、贴近工作实际、贴近思想,变思想政治教育工作与业务工作"两张皮"为"一张皮"。

2. 五个"做到"

一是把思想政治工作做到基层一线,即做到教研室、党支部,做到学生班级、学生社团、学生宿舍中去。教研室、党支部主要对教师进行献身教育、敬业爱岗精神教育及师德教育;做好学生班级、学生宿舍思想政治教育,主要是通过创建文明班级、文明宿舍等方式,激发学生自我教育、自我提高,特别应关注由于实行学分制造成的班级概念弱化,由于后勤社会化造成的学生宿舍社区化问题,探索新的管理教育方法。二是把思想政治工作做到师生心里。师生最反感的思想政治教育是不解决实际问题的空洞说教。思想政治工作要同解决师生实际困难,为师生办实事结合起来,要经常到师生中去,听取他们的意见、呼声,了解、把握他们的心理需要和存在的实际问题,在开展思想教育时,既要讲道理、解决问题,又要办实事,多做得人心、暖人心、稳人心的工作,对于一时难以解决和办到的事,应及时向师生耐心地讲清楚,以取得他们的理解。三是把思想政治工作做到矛盾比较多的地方。思想政治工作的重要职能是化解矛盾、凝聚人心,应当使工作深入由于学校内部管理体制、住房、工资、职称评定、后勤社会化等一系列改革引发的诸多利益矛盾中,释疑解惑,理顺情绪,提高教职工的积极性。应当引导学生缓和自我期望值高与招生就业等改革实际状况之间的矛盾,引导学生化解因就业竞争、经济困难和学习压力所形成的思想矛盾、心理矛盾,引导学生树立正确的人生观和价值观。四是把思想政治工作做到薄弱环节。高校思想政治工作中存在的一些薄弱环节,主要是教职工思想政治工作、师德教育、优秀青年知识分子、学生思想政治工作队伍、学生思想政治工作等。五是把思想政治工作做到问题产生之前。要定期分析形势,研究对策,全面、及时、准确地掌握师生思想发展状况,认识其走向,预见其趋势,增强主动性,提高自觉性,使问题在风起青萍之时得到解决。

3. 重点注意"三个问题"

一要注意吸收新的科研成果,利用现代科技改进和武装思想政治工作的手段和载体,当前尤其要高度重视利用互联网,通过发挥网络宣传的强大优势,趋利避害,加强对信息网络的监控和管理。高校可组织力量在网络上开设"理论教育"网站、"育人指导"网站等,增强思想教育的辐射力、吸引力和感染力。二要注意积极建设健康、高雅的校园文化,提高校园文化的品位。办好校报、广播、有线电视、墙报等,正确把握导向,唱响主旋律;要根据学生的成长规律,体现不同的特点和层次性,组织好文化、学术、体育、科技、娱乐等活动,使校园文化健康高雅、丰富生动,充分发挥校园文化的育人功能。三要注意坚持以人为本,努力探索变"说教式"为"引导式""号召式""激发式""我打你通式"为"参与互动式"的做法,注意吸收和借鉴历史学、心理学、社会学、教育学、美学等相关学科的科研成果,改进工作方法,可采取平等讨论的方法、吸引师生广为参与的方法、师生自己教育自己的方法、批评与自我批评的方法,把思想政治工作做得人情、人理、人耳、人脑、人心。

(二)以教师队伍建设为关键,强化全员育人意识,构建研究型育人队伍

1. 强化教书育人意识,积极构建全方位研究型育人体系

针对教师队伍建设中的薄弱环节,特别是部分教师的"重教书、轻育人"的倾向以及政工干部居高临下、与学生无共同语言的问题,高校应强化教书育人意识,积极构建全方位研究型育人体系。教师作为高校教育教学和人才培养的主体,应该承担起教书育人的职责,努力成为研究型育人队伍的主体。既要研究科学,努力成为优秀科学家,同时又要研究教育的规律、特点,要善于、勤于研究学生的理念、学生的学习心态。"两课"教师要通过教学研究,把理论教育和人生观、价值观教育结合起来,帮助学生树立正确的人生观、价值观;"基础课"教师要通过教学研究,把知识传授与科学观的树立结合起来,帮助学生树立正确的科学观;"专业课"教师要通过教学研究,把专业知识讲授与事业观的树立结合起来,帮助学生树立事业观。高校教师只有深入研究,才会有心得、有体会,才能把自己实施的教育切实内化为学生成长的动力,才能在思想上、道德品质上、学识学风上,为人师表,率先垂范,既教给学生知识、培养他们的能力,又教会学生如何做人。政工干部队伍要把思想政治工作、德育工作作为一门学问、一项事业,去研究、去探讨、去奋斗、去实践,要认真研究理念,研究社会形态对人的影响,研究学生的思想、行为、发展特点、发展规律,了解他们的思想状况和心理需求;应该努力学习现代科技知识,包括政治、经济、哲学、历史、文学、艺术、网络技术等,努力提高自身的政策理论水平和全面素质;力求与学生有共同语言,在进行"教育、管理、咨询、服务"中,平等对待学生,成为学生的朋友。这样才能在学生中有威信、有地位,工作才能有影响力、有感召力,才能与学生心心相印,保证思想政治教育工作的实效性。学校的管理人员、教学辅助人员及其他专业人员应当认真研究如何以教学和培养人才为中心,做好本职工作,成为研究型的管理育人队伍。后勤服务人员等也应当为保证教学和培养人才提供条件保障和全方位的服务,做到服务育人。最终形成一个纵向到底、横向到边、齐抓共管的全员全方位研究型育人体系。

2. 高度重视优秀青年知识分子的组织发展和思想政治工作,充分发挥他们的榜样作用和示范作用

在高校里,学生最崇拜的是知识渊博、人格高尚、高素质的人,特别是优秀青年知识分子,他们与学生没有代差,成长的环境、条件与现代学生大致相同,因此,他们与学生之间会有更多共同语言,他们的成才对学生的成长具有榜样的力量、具有示范的作用。然而,多年来,由于各方面原因,出现优秀青年知识分子中的党员比例还比较低,且逐年下降,思想政治工作乏力的现象,一定程度影响了他们的形象。对于这些问题,高校应加大对优秀青年知识分子的教育培养力度,本着积极稳妥的原则,既坚持标准,又不求全责备,努力把他们吸收到党内来,最大限度地把他们团结在党的周围,使他们成为学生成才的楷模、学习的榜样,成为体现中国先进社会生产力的发展要求和先进文化的前进方向的重要组成部分。

3. 推行"三级联系制"和"导师制"

针对思想政治工作队伍中存在的任务重、人员少、年纪轻、能力平、素质弱等问题。我们建议在高校中可实行"三级联系制"和"导师制",即校领导每人联系 1～2 个院(系),中层干部每人联系几个班级,教师每人联系 15～20 名学生。学生一入学就确定导师,做到四年联系不断线,导师也可由在校博士生、硕士生担任。导师主要对学生进行帮思想、帮学习、帮生活,进行成才引导、心理疏导,做学生的良师益友。这种做法既可以增强各级领导、广大教师的育人意识、责任意识,又为思想政治工作队伍注入了新的活力,增强了战斗力。

(三)以素质教育为核心,突出创新精神和实践能力培养

高校全面推进素质教育的根本目的是培养高素质人才,重在促使学生创新能力、个人潜力的充分发挥,综合素质的全面提高。但由于对素质教育的片面认识,造成了在素质教育中存在着不少问题和误区。着眼于此,我们建议全面推进素质教育,应当从以下四个方面入手。

第一,尽快实行完全学分制。针对全国大部分高校实行学年学分制,存在的培养目标、培养模式相对比较单一、学生选课的自由度相对较小等问题,应尽快实施完全学分制。这样可以加大教学制度的灵活性,增加学生学习的自主权,给他们提供适合自己的全面发展的机会,切实让素质高、能力强、有创新意识的学生脱颖而出。同时,对教师也是一个较好的竞争和激励机制。教师一方面要教学生,另一方面也要接受学生的选择,要求教师必须不断更新知识,改革教学方法和手段,提高教学质量,多开课,开好课,满足学生的需求。当前,实行完全学分制的重点应放在观念转变、完善选课制、优秀学生重点培养制度及强化实践和创新能力的培养上。观念转变就是要转变把人的全面发展视为群体平等发展的观念,转变对学生的"包下来、管下去"的观念,激励学生发展个性、使每个学生的潜能最大限度地发挥,树立学生是学习主体的思想;完善选课制,主要是把选课

机制真正引入教学过程,学生能自主按要求选读课程,选择不同的任课教师;鼓励在校学生直接参与科学研究和科技开发,学校实验室应尽快实行"全校、全天"开放。通过学分制的推行,逐步形成一个由主修专业、辅修专业、双学位、优秀本科学生直接攻读硕、博士等构成的优秀生重点培养体系。

第二,建立新型学生综合素质评价体系。传统的观点评价一个学生的好坏,主要是看其学习成绩、考试分数,而思想品德、创新精神和实践能力的评价指标不明确,造成评优、推荐研究生等过程中,往往只注重学习成绩,而忽视其他方面。在这种导向下,学生的思想道德品质、创新精神、动手能力的培养就受到极大的影响,这些对人才培养是极其不利的。新的学生素质综合评价体系,应从学生德、智、体、美等方面进行评价,不仅看学生的考试分数,还要看素质的全面发展,不仅要看身体健康,还要看心理健康,不仅看学习能力,还要看创新能力和动手能力,等等,应当包括思想道德素质、科学文化素质、科技创新素质、身心素质几个方面,其中思想道德素质是灵魂,科学文化素质是核心,科技创新素质是主干,身心素质是保障。要按照上述几个模块,确定系数,尽可能对每一个模块进行量化评价。我们建议的比例系数可为:思想道德素质:科学文化素质:科技创新素质:身心素质,2∶5∶2∶1。学校的教学、思想政治工作、德育工作、党建工作、学生工作、共青团工作等都要围绕育人这一根本,以素质教育为核心,把各项工作有机地统一起来、结合起来,纳入学校素质教育的总体规划中。

第三,进一步深化"两课"教学改革,引导学生不断提高思想道德素质。"两课"教学的重点是习近平新时代中国特色社会主义思想"三进","三进"的重点是"进学生头脑",而进学生头脑,首先是教师先进头脑,只有教师进了头脑,"两课"教学才会丰富、生动、有效果。一方面,要通过积极组织教师开展社会调查、参观大中型企业,让他们了解国情、民情、社情,帮助他们牢固树立科学的世界观、人生观、价值观,切实提高他们的思想道德素质和业务教学水平。另一方面,要在"两课"教学中贯彻理论联系实际,注重提高实际教学效果的原则,在保证教学时数和工作量的前提下,可将教学总学时数分解为"课堂教学∶读书与写论文∶社会调查与实践=5∶3∶2",并把三者分别按一定比例计入教师工作量,列入学生成绩考核之中,这种做法可有效地克服传统的"两课"说教式、灌输式等方式和考试就背观点的套路,同时把学生读书、写论文、社会调查与实践作为"两课"教学的50%内容来改革,可以使学生有更多的时间去读书、领会、参与社会实践,进而在读书中增长知识和才干,在社会实践中提高思想认识和能力,最终使自身的思想道德素质真正得到强化。

第四,突出创新精神和实践能力培养,全面推进素质教育。学校要确立"注重创新,勇于实践"的人才观,积极创造宽松的环境,营造创新的氛围,激发学生独立思考和创新的意识,培育学生科学的批判精神和探究、发现能力,开发学生的创新潜能。可通过设立创新学分、科技实践学分以及创新奖学金,鼓励学生创新。应加大实验教学的改革力度,突出"方法""技能""创新"训练,突破实验课教学跟着课程走,建立由验证性、设计性、综合性以及创新性实验组成的实验教学体系。可实施"大学生研究创新计划""大学生社会实践计划"，形成强化实践和创新能力培养的新体系。实施大学生研究创新计划，主要是通过引导大学生参加科研方面的训练，锻炼学生的实际才干和协作精神，促进学生创新能力的培养；实施大学生社会实践计划，主要是引导大学生走出校园、走向社会，深入实际，了解情况，增强学生的实践能力，提高他们的全面素质，最终使他们努力成长为"厚基础、宽知识、强能力、高素质、会创新"的现代人才。

(四)以制度建设为保证，推进思想政治工作和素质教育法律化、制度化建设

高等教育承担着实施科教兴国战略，培养社会主义事业建设者和接班人的历史使命，必须在依法治国的方略下，实行依法治教。思想政治工作、素质教育是高校实现人才培养目标的根本途径，属于教育范畴，应当也必须依法治教。从一定意义上说，法律制度对于师生具有压力、动力、助力和约束力，一个好的、有效的法律制度会以强制性和直接性把师生引向有"素质"的行为，它比空喊多少遍"加强和改进思想政治工作、推进素质教育"的口号有效得多。《中华人民共和国高等教育法》是高等教育的基本法。因此，高校加强和改进思想政治工作，全面推进素质教育必须以《中华人民共和国高等教育法》为准绳，充分运用这一手段，把师生的教育、管理规范在法规定的权益、职责和管理制度上，规范在学校各项规章制度，把思想政治工作、素质教育的内容和要求完全融于法规、道德、规章制度以及岗位职责之中，使自律与他律、内在约束与外在约束有机结合起来，使师生切实明确《中华人民共和国高等教育法》《中华人民共和国教师法》规定的权利和义务。对于高校的教师，要依法从教，自觉履行法律规定的义务，忠诚于人民的教育事业，切实提高自身的思想道德素质和综合素质，努力成为先进思想文化的传播者、先进科学技术和优秀精神产品的开拓者、学生健康成长的引路人。对于大学生，要依法求学，按照法律明确规定的义务，遵守纪律、法规，遵守学生行为规范和学校的各项管理制度，尊敬师长，刻苦学习，增强体质，树立科学的世界观、人生观、价值观，具有良好的思想品德、宽厚的基础、较强的能力和较高的素质。这是高校每一位教师、学生所必须积极履行的法律所规定的义务。高校的思想政治工作、素质教育应当与此结合起来，以此来要求、规范教师和学生，做到依法治教，使思想政治工作、德育工作、素质教育工作法律化、制度化。

总的来说，高校改进和加强思想政治工作，实施素质教育，机遇与挑战并存，机遇大于挑战，希望与困难同在，希望大于困难。因此，高校必须进一步增强责任感、使命感和紧迫感，勇于应对挑战而不是畏缩不前，善于抓住机遇而不是丧失机遇，敢于直面困难而不是选择退缩。只要我们牢牢坚持以培养社会主义事业建设者和接班人为根本，积极主动适应形势发展的要求，深入仔细地研究国际国内的新形势、新变化、新情况、新问题、新要求，在探索新形势下面向 21 世纪做好思想政治工作、实施素质教育的规律、特点和办法，我们就一定能够把高校的思想政治工作、素质教育搞得更好，一定能够为科教兴国战略的实施、为社会主义事业的健康顺利发展培养合格的建设者和接班人。

第三节 高校思想政治教育对大学生创新素质的培养

一、当代大学生创新素质培养的重要性

(一)教育发展的需求

创新精神一直以来都是国家发展的核心,尤其是对于科学技术来讲,必须在原有的技术基础上进行革新与创造,才能发明出适合社会进步的技术与结构,建立新的发展格局。从创新本质分析,其作用主体为人才,在发展过程中,人才起到中坚作用,在此种定向需求下,对供应人才的高校提出了更高需求。高校在开展教学活动时,应积极探寻创新教育路径,并将创新素质的培养作为首要教育基准,确保大学生在未来社会体系中具有职业岗位对接的能力,以贯彻落实"科教兴国""人才强国"的重要举措。

(二)民族振兴的需求

民族振兴是一项持续且复杂的工作,其不仅需要以科技为导向的外在支持,更需以思想、文化为载体的内在支持,在全面化的工作态势下建立规范化发展格局,缩短我国与发达国家之间的差距。大学生创新素质的培养是民族振兴的基本需求,通过高校的教育育人、文化塑人的导向,将创新与育人相融合,拓宽既定的教育体系。为大学生树立正确的价值观念、思想观念等,以贴合国家、民族的发展需求,从多方面为国家社会结构、经济结构的发展做出一定贡献。

(三)人才储备的需求

近年来,我国高等教育体系的不断拓展,加速素质化社会结构的形成。在规范化、创新化的教育下,大学生由传统的专业型向应用型、综合型方向转变,此种教育模式不仅彰显出教育改革的价值,更为思想政治教育、创新素质教育提供了有效载体。大学生群体作为未来社会发展的根基,高校的教育本质是为社会岗位输送人才,提升社会各个阶层群体的道德素养,以大学生为传播载体促进文明化社会的发展,同时也提高了我国人才储备量,为社会创新发展夯实了基础。

二、大学生创新素质培养中存在的误区

(一)支持度不足

新时代的发展态势下,为高等教育提出更高的需求。为迎合现代化发展脚步,高校必须将教育资源进行整合,打造教育与创新并存的格局,为大学生树立正确的创新观念。

从创新本质来看,如想让大学生群体将创新作为一种思想常态,单凭高校教育是不足以维系下去的,还需社会、家庭进行同步教导,对大学生的思想进行正确的引导,让他们养成独立的思考习惯。然而,当前创新素质培养所面临的困境是社会教育、家庭教育与学校教育之间产生断层,如社会群体对创新素质培养的重要性存在认知不足,地方政府无法提供相应的资金、政策保障,企业与高校的对接体系不完善等,都将严重阻碍大学生创新素质的培养。

(二)课程教育缺乏针对性与实践性

高校作为大学生获得知识的重要场所,尤其是对于半开放性的高校来讲,不仅应向大学生传授专业知识,更需向大学生提供观念引导,帮助大学生树立正确的人生观、价值观等。高校思想政治教育作为高校最基础的教育工作之一,课程教导主旨是令大学生养成独立的品格,提升大学生的思想储备力量,以更好地应用到后续岗位功能工作中并能起到代表性作用。然而,多数高校在开展思政教育工作时,并未能拓宽思政的教育范畴,部分层面无法形成针对性教导,从而导致与之承载的创新素质无法得到进一步提升。此外,在创新教育培养中,思政工作过于以理论知识为载体,缺乏相对应的实践性教学活动,长此以往,大学生的思想层面与实践层面将产生断层。大部分教师进行思政教育时,多以学术性探讨为主,仍停留在主要以课堂讲授为主的形式化的教导体系下,缺乏与理论相对应的实践环节,其将对大学生的思想形成一种束缚,不利于其创新素质的培养。

(三)大学生自身能力不足

现在的大学生生活在科技化、多元化的年代,依托于智能化设备可对各类信息进行获取,网络体系在带来便利的同时,也传播着一些负面信息,如果大学生自身意志力较弱,极易被不良思想所诱导,加大不可预见性事件发生的概率。同时,部分大学生并未意识到创新素质的重要性,在学习与实践过程中,主观意识体系中并未找到与之对应的培养路径。此外,大学生群体易陷入一个思维困境中,在对未知领域进行探索时,他们常出现的思想状态为胆怯、逃避,当然这种情况也可能是长期传统教育所造成的思想约束,令他们在潜意识中对创新行为进行抵触。

三、高校思想政治教育对大学生创新素质的培养途径

(一)学校层面

高校作为思政教育工作开展的主阵地,只有通过合理的思想导向,才可帮助大学生树立正确的价值观念,令他们逐步摆脱不良行为等。要想快速实现大学生创新素质的培养,思想政治教育应起到先驱作用。从教育角度来看,应该投其所好,不可通过定向的教育框架对大学生进行约束,否则只能起到相反的效果。为此,高校应对原有的思政教育

理念进行更新与优化,积极探寻与总结教育经验,并融合新时代发展特色,建设中国特色社会主义核心价值观、世界观、人生观三位一体的教育格局,并将其立足于创新素质培养体系之上,对大学生进行宏观引导,为后续教育培养工作的开展打下良好基础。

在教育内容方面,思想政治教育是马克思辩证唯物主义的一种延伸,其为大学生揭示着事物运行的本质及遵循的客观规律,大学生通过不断的学习,将清楚地认知到各个层面存在的联动关系,然后通过自身的主观意识体系对事物进行本质勘查,以此来做出客观评判,确保事物的审查性不受主观意识的影响。大学生群体是未来社会发展的基础,只有帮助他们树立正确的思想观念,才可拓展其视野,教师自身对社会的认知也不仅局限在固有的认知范畴内,其也将深度激发大学生内心深处的探索欲望,促进大学生创新思维的养成。

此外,高校应以思政教育为平台,融合历史教育、爱国教育、科学教育等,向大学生传达社会、文化、事件等变迁的过程,同时也让大学生深刻解读当代社会主义道路的发展本质。只有使大学生的思想潜意识形成改变,他们才能将创新意识作为各项行为实施的基准,才能更好地运用到实际学习与生活中,肩负起祖国建设与发展的重任。

(二)学生层面

大学生作为创新素质的教育与实践载体,其内在思想决定着当前自身的发展方向,为确保大学生在当代复杂的社会环境中可保持在意识创新的阶层,学校在进行教育时,可引进事迹、成果、交流等教育模式,让大学生通过不断的学习与认知,塑造基于创新意识的一种思维,在此种思维的拓展下,大学生不仅可在学习中展现出价值,更可在不同问题处理过程中,养成动脑、实践的习惯。此外,大学生应做到严于律己,在自律行为下,让自身的思想意识进行等位迁移,将创新思维应用到生活中,以自身为载体将创新素质进行发扬,带动周边人,建立一种氛围,为后续教育工作的开展提供基础保障。

(三)社会层面

社会作为一个大环境,是人才学习、发展、贡献的平台,当然社会体系中也充斥着较多的不良影响,要想从宏观层面进行引导,则应建构新的社会氛围,将综合性人才、创新性人才作为社会发展的核心,且各个行业应起到辅助作用,以对当代大学生群体起到导向作用。地方政府应建立与大学生创新培养体系相对应的服务保障机制,通过教育延伸体的作用,为大学生群体提供优质的服务,在有些方面应给予资金援助,保证大学生参与的社会行为可维系正常运行。此外,政府应对企业进行一定的政策扶持,确保企业与高校进行深度合作,合作方向应偏重于教育而非是以盈利为目的,进而提升大学生的实践与创新能力。

综上所述,高校作为人才教育与培养的主阵地,为保证社会的发展,高校教育工作应进行全面拓展,在专业知识教导的基础上,以思想政治教育为平台,向大学生传达创新观念,确保大学生养成良好的创新意识,完善他们固有的知识体系。此外,社会及大学生群体应起到一定的辅助作用,保证思想政治教育工作的开展,可有效提升创新素质的培养质量,为行业输送优质的创新人才。

第四节　基于素质教育视角的高校思想政治教育教学方法探索

一、高校思想政治教育中素质教育的现状

(一)对思想政治教育中人文素质教育的认识不够全面

随着素质教育的推进,一些高校越来越重视思想政治教育,不断制定思想政治教育与人文素质教育融合的新策略。然而,实际上,一些教师并没有真正理解思想政治教育与人文素质教育的关系,导致教学中存在一些不足,如一些教师在教学中对这两个内容考虑不全面,错误地认为,两者的融合是在思想政治教育的基础上增加对学生生活的关心和就业指导。这种观念相对片面,没有认识到政治引导和思想道德素养的内涵,使教师把更多的精力放在外部物质上,而不重视学生的精神层面,严重影响了思想政治教育的科学性和全面性。

(二)高校思想政治教育缺乏人文素质的培养

就高校思想政治教育而言,人文素质教育的整合缺乏实质内容。教师没有根据学生的发展需要,将思想政治教育与人文素质教育相结合,建立完善的教育机制。由此,思想政治教育中的人文素质教育流于形式,课堂教学具有很大的随意性和盲目性,使思想政治教育缺乏实效性,没有发挥其在学生学习和成长中的重要价值,没有从精神层面对学生产生积极的影响,甚至一些形式上的内容对学生有一定的负面影响。

二、素质教育背景下高校思想政治教育教学的工作方法

(一)注重培养学生的职业道德

将人文素质教育融入高校思想政治教育中,不仅可以帮助学生提高思想水平,还可以为学生未来进入职场提供保障。例如,职业道德教育作为人文素质教育的重要组成部分,对学生的发展具有重要价值。在这个过程中,教师科学地指导学生根据自己的兴趣和专业设定目标,合理地规划职业发展。同时,可以帮助学生充分认识自己的优势和劣势,准确定位自己,取长补短,为学生未来的发展奠定基础,从而避免学生在激烈的竞争社会环境中感到困惑和无法下手。

(二)营造良好的人文素质教育氛围

学生在大学期间,往往具有独特的心理特征,如强烈的自尊心,希望被他人理解和肯定。针对大学生的这一特点,学校在思想政治教育过程中应关注学生的情感和心理,尊重他们的地位和权益。同时,教师要在课堂教学中起到表率作用,对学生产生积极的影响,让学生感受到教师的尊重,这就要求教师在实践中遵循平等原则,以热情善良的态度与学生交流,让课堂更加和谐民主。例如,教师可以在课后更多地关注学生,通过加强与学生的交流来了解学生的心理需求,尊重学生的想法,从而营造良好的教育环境,使学生愿意接受教师的建议,进而培养学生的学习态度,让学生积极参与课堂学习,提高人文素质。另外,教师和学生可以扮演倾听者的角色,让学生主导课堂,然后让学生发现思想政治课的乐趣。例如,教师可以选择当前社会的热点事件或现象作为案例,组织学生进行讨论,以学生的观点为核心开展辩论赛,给学生表达观点的机会,然后教师可以对学生的辩论过程进行评价。这种教学形式不仅可以使学生养成关心社会的习惯,还可以培养学生的思维能力、表达能力和语言组织能力,进而引导学生形成正确的价值观。此外,教师可以通过实践活动激发学生的学习热情,使学生在活动中提高人文素质。例如,教师可以组织学生参加义务劳动,参加养老院的志愿者活动,组织丰富的校园活动,从而为学生营造良好的教育学习氛围,这也是尊重学生的体现。

(三)挖掘思想政治教育中的人文素质教育资源

只有思想政治教育与人文素质教育相结合,才能促进教学的改革与创新,教师才能在思想政治教育中挖掘适合人文素质教育的资源,优化教学效果。目前,思想政治课教学主要包括一些基础课程,如《马克思主义哲学》《毛泽东思想概论》等。其中蕴藏着丰富的人文教育资源。大学生思维相对活跃,教师可以根据这一特点引导他们积极思考,发表不同观点,这样既能训练和促进彼此间的交流,又能提高其人文素质。同时,教师可以在课堂上留出时间给学生交换笔记,让学生互相学习,共同提高。这就要求教师在教学中挖掘人文素质的内容,使思想政治教育更加生动有趣。

(四)组织多元化人文素质教育活动

为了提高思想政治教育中人文素质教育的有效性,需要创新教学形式,通过多种形式开展活动,增强学生自我提升的动力。此外,教师应根据人文素质教育的内容选择合适的活动类型,如知识竞赛、讲座、交流会。多元化的活动可以提高学生的意识,促进思想政治教学和人文素质教育的顺利开展。而且,通过活动教师可以更深入地了解学生的情况,从而进行有针对性的教学,提高教育的针对性,更好地增强学生的爱国主义、思想道德素质等人文素质。高校可以举办相关讲座,引导学生积极参与阅读活动,让学生在阅读中思考,净化心灵,这也是加强人文素质教育的重要途径。因此,教师应根据学校的实际情况,不断优化教学,利用现有的图书馆资源,让学生科学阅读。同时,高校可以利用广播、微信小程序等手段进行推广,帮助学生选择自己感兴趣的书籍来陶冶情操,进而感受提升自己的快感。此外,为了激发学生的积极性,教师还可以在课堂上为学生提供课后交流和分享的机会,从而提高学生的思想道德水平和综合素质。此外,学校还可以发挥图书馆的价值,让学生在图书馆查阅相关资料和书籍,从而开阔学生的视野,丰富学生的知识。

(五)开展人格素养教育

在高校思想政治教育中开展人文素质教育,是学生走向社会前提高综合素质的重要途径。然而,目前大多数高校注重提高学生的专业技能,没有认识到人文素质教育对学生未来发展的重要性。事实上,人文素质教育可以在很大程度上弥补学生人格和品格的一些缺陷。人文素质差的学生,很难从深层次理解问题,他们的整体思想水平和道德素质低下,甚至对外界的东西不感兴趣,情绪长期低落。要解决这个问题,教师要充分了解每个学生的优缺点,及时发现学生的魅力和潜力,引导学生改正自己的不足,从而促进每个学生健康成长成才。同时,教师应鼓励学生在教育中不断学习,追求完美,在人文教育中净化精神和心理,形成正确的观念。

(六)发挥红色教育的引导性作用

高校思想政治教育要培养学生的主体人格,这里所谓的主体人格指的就是学生根据自身职业发展的需求,并且通过实践活动而表现出来的一系列品质。简单地说,主体人格就是指学生在接受思想政治教育后应有的品格。将红色教育融入高校思想政治教育中能够有效地帮助高校更好地开展思想政治教育,同时也能够提高教师的道德素养,进而影响学生。充分利用教师的言行举止来开展思想政治教育活动,比其他教学方式有着更好的直观性,更容易取得比较好的教学成果,对学生的日常学习也有着很好的指导作用。在通常的情况下,教师的示范作用可以持续地向学生传达一些信息,当这些信息逐渐被学生接受以后,他们就会更加容易地理解教师所教授的内容,从而在内心真正愿意接受教师对他们学习的帮助,并且最终将学到的内容真正转化为对自己的要求。所以,在这样的条件下,就必须加强对教师的素质培养,对他们提出更高的要求,要求教师必须具备足够的专业知识,同时还要有非常坚定的政治立场,否则容易将学生带入歧路。教师要提高自己的政治素养,以全部的精力投身于教育事业,在工作中要有奉献精神,切实做好高校思想政治教育的各项工作。

总之,新时代高校思想政治教育中人文素养教育发挥着至关重要的作用,它可以完善高校的人才培养体系,进而提高学生的社会适应能力,因此,高校首先要重视人文素养教育,将思想政治教育作为人文素养教育的载体,以此来落实素质教育,促进学生全面发展。

第七章　网络环境视角下
高校思想政治教育研究

第一节　高校网络思想政治教育解读

一、网络思想政治教育的概念与特征

(一)网络思想政治教育的概念

近几年来,由于网络对社会各个方面的影响,学术界对于网络思想政治教育内涵上的界定有两种主要的观点:一是基于网络的思想政治教育,二是网络环境下的思想政治教育。

1. 基于网络的思想政治教育

持基于网络的思想政治教育观点的学者是对网络思想政治教育的广义理解,把网络当作一种信息技术和信息交往平台,从网络的技术特征角度对网络思想教育进行界定。提出的问题是在网络化的社会环境下,传统的思想政治教育从理念到内容、手段、机制与组织方式如何发展、如何创新,是一种思想政治教育全面体系的构建问题。作为与传统思想政治教育相对应的一种现代方式,网络思想政治教育是在了解计算机网络和多媒体知识,掌握现代传播技术的基础上,通过制作、传播和控制网络信息,引导网民在全面、客观地接触信息的基础上,选择吸收正确的信息,从而达到思想政治教育的目的。所谓网络思想政治教育,是指一定阶级、政党、社会团体用一定的思想观念、政治观点、道德规范,通过现代传媒计算机网络对其受众施加有目的、有计划、有组织的影响,使他们形成符合一定社会、一定阶级所需要的思想品德的社会实践。

2. 网络环境下的思想政治教育

网络环境下的思想政治教育观点是对网络思想政治教育的狭义理解,是把网络当作思想政治教育的新阵地、新工具、新方法,用以加强和改进思想政治教育,是思想政治教育局部体系的构建问题。网络思想政治教育是指抓住网络本质,针对网络影响,利用网络有目的、有计划、有组织地对网民施加思想观念、政治观点、道德规范和信息素养教育

方面的影响,使它们形成符合一定社会发展所需要的思想政治品德和信息素养的网上双向互动的虚拟实践活动。

以上两种界定,从不同的视角对网络思想政治教育的含义进行了阐述,从网络思想政治教育的具体实践看,以上两种理解涉及的问题相互交织在一起,是对于网络思想政治教育不同层面、不同教育的阐述和理解,但二者在实现网络思想政治教育的功能性问题上是相互影响、缺一不可的。从网络思想政治教育的理论研究看,网络思想政治教育的广义理解是狭义理解的基础和前提,而狭义理解的研究水平和高度引领着广义理解的高度。

简单地说,高校网络思想政治教育,就是运用网络这一平台积极开展理论教育和思想引领工作,是信息化的时代背景下高校开展思想政治教育的新形式、新领域。

(二)网络思想政治教育的特征

1. 思想政治教育方向特征

思想政治工作历来是我们党一切工作的生命线。高校思想政治教育的根本任务是用马克思列宁主义、毛泽东思想、邓小平理论和"三个代表"重要思想、科学发展观及习近平新时代中国特色社会主义思想武装学生的头脑,培养有理想、有道德、有文化、有纪律的中国特色社会主义建设者和接班人。网络思想政治教育作为思想政治教育工作的特殊形式,具有鲜明政治特性,"在任何国家,不论以怎样的称谓来表示思想政治教育这种客观存在的教育活动,都无法抹杀他的政治色彩,他总是围绕着特定的政治目标而展开、为特定的政治利益而服务的"。网络的开放性、信息获取的自由性,使得西方凭借强大的技术优势、语言优势和文化强势,以比较隐蔽的方式对我国人民,尤其是青年学生进行意识形态的渗透。因此,高校网络思想政治教育要积极引导广大学生牢固树立科学的世界观、人生观和价值观,自觉抵制西方思想意识的侵蚀,保证思想政治教育目标的实现,这也是思想政治教育的本质要求。

2. 教育形式的不同特征

网络语言具有图文并茂、容量巨大的特点,其海量的信息涉及政治、经济、文化、科技等各个方面,极大地丰富并拓展了高校思想政治教育资源和师生的视野。在思想政治教育的传统模式中,思想政治教育的主体要花费大量的精力准备资料,学生则形式单一的被动接受教育。网络信息传播的形式不仅仅是文字还包括声音、图片、三维动画甚至是影视;多媒体技术的运用特别是虚拟现实技术采用多种多样的信息呈现方式,充分调动学生的多种感觉器官,使之认识、体验、感知思想变化的过程和情景,做到晓之以理,动之以情,导之以行,大大提高了思想政治教育的效果。

3. 教育主客体的性质特征

与思想政治教育的传统模式相比,网络环境改变了教育者与受教育者的地位,强化了教育主体与客体的平等性,更加尊重受教育者的主体地位,使之更好地进行互动性交流。传统思想政治教育"你教我学、你说我听、你打我通"的方法形式呆板,索然无味,学生极其被动,而通过网络平台使高校思想政治教育方式方法由传统的单向灌输型工作方式向双向交流型工作方式转变。这种双向交流型工作方式又称主客体互动型思想政治教育方式,它很好地适应了大学生心理活动的特点。

4.教育面授特征

传统的思想政治教育经常以"一对一"的形式展开,通过谈心谈话和面对面的交流来解决学生思想上的问题,但这种方式只能解决单个学生的问题,无法对有同样问题的学生产生影响,而通过讲座、班会等形式虽然可以解决一些普遍问题,但无法有针对性地解决学生的问题,并且受众面是非常有限的;而在网络环境下,思想政治教育者可以通过QQ、微信、微博等与学生进行真诚而广泛的交流,帮助他们解决遇到的问题;还可以在微博上参与讨论,有针对性地解决不同学生的思想问题,突破了时间和空间的限制,大大扩展了教育的范围。

二、高校网络思想政治教育的新理念

党的十八届五中全会提出的创新、协调、绿色、开放、共享的新发展理念,是对马克思主义发展观的极大丰富,也是统领高校网络思想政治教育的行动指南。"创新、协调、绿色、开放、共享"的发展理念既为高校网络思想政治教育提出了新目标、新要求,也引领了高校网络思想政治教育发展的实践路径,正是网络思想政治教育的新理念:着力创新思维观念,提高思想政治教育教学实践水平;注重发挥协同效应,协调高校思想政治教育活动要素;着眼全面持续发展,绿色助推高校思想政治教育品质提升;树立开放发展理念,实现高校思想政治教育系统的沟通共融;秉承共享互进方略,实现高校思想政治教育的本质回归。

(一)创新理念融入网络思想政治教育

首先,要求网络思想政治教育的理论不断创新,如使网络思想政治教育成为大学生综合素质教育的重要组成部分的理论问题。

其次,要求网络思想政治教育的内容坚持创新,如积极利用中华优秀传统文化中的深刻智慧丰富大学生思想道德的完整性内容。

最后,要求网络思想政治教育的途径坚持创新,如开拓新的以手机为主要媒介的思想政治教育途径和新建思想政治教育类 App,或利用微信公众号推送对大学生影响深刻的、思想前沿的文章、访谈和视频等。

(二)协调理念融入网络思想政治教育

首先,要求网络思想政治教育者与大学生之间的协调,网络思想政治教育工作者与教育者之间的协调,大学生与互联网之间的协调等。

其次,要求网络思想政治教育的技术性与人文性、知识性与价值性、主导性与互动性、自由性与控制性、传统性与创新性都要协调,这样才能共同发挥作用。

(三)绿色理念融入网络思想政治教育

首先,要求从网络思想政治教育角度看待绿色理念,着眼长远和根本,优化互联网环境,确保将互联网上对国家发展、政治清明、人民安居乐业等的负面信息清理干净,并对网络思想政治教育环境中出现的对大学生的价值观、人生观、世界观产生消极影响的一切文字、图片、视频等内容毫不留情地进行责任追究。

其次,要求做好绿色理念在网络思想政治教育中的普遍认同和贯彻,如完善网络思想政治教育的管理和运行机制,切实优化网络思想政治教育环境,提高网络思想政治教育的时效性、规范化水平,加强法制约束网络空间的传播内容和行为,等等。

(四)开放理念融入网络思想政治教育

首先,要求高校网络思想政治教育必须以开放的胸襟面向世界,学习人类创造的一切文明成果,深刻总结人类社会的发展规律、网络思想政治教育规律、社会主义建设规律,使中国特色社会主义事业沿着正确的方向发展。

其次,要求以开放的理念对待不同时期网络思想政治教育方法、内容的实践探索,主动学习对大学生行之有效的教学方法。

最后,要以开放的理念借鉴国外网络思想政治教育的新理论、新内容、新模式,在观点交流碰撞中相互学习,得到启发,使我国网络思想政治教育在促进大学生综合素质养成的过程中发挥越来越大的作用。

(五)共享理念融入网络思想政治教育

首先,为了大学生群体,思想政治教育工作者必须坚持发展网络思想政治教育,做到不断共享网络资源,与大学生共同进步。

其次,在网络世界里,思想政治教育工作者要不断丰富自己,提高自身网络媒介素养,转变教育观念,更好地使用网络语言,与大学生有效沟通、平等对话。最重要的是,在网络环境中,网络思想政治教育者应利用教育实践加强理论研究,伴随大学生同行。

三、高校网络思想政治教育的意义

(一)高校网络思想政治教育的重要性

近年来,随着现代信息技术的迅猛发展,网络对传统的教育模式提出了新的挑战,也为人才培养提供了新的载体、平台和巨大的信息资源。如今,网络化生活已成为当代大学生的常态,也给大学生的思想行为带来了全方位、深层次的影响。可以说,当前高校宣传思想工作中的许多新情况、新任务,在很大程度上是因"网"而生、因"网"而兴、因"网"而增,因此,高校网络思想政治教育工作具有重大战略意义。

我们认识到,大学生历来都是意识形态斗争的重要争夺对象,谁抓住了他们,谁就把握了未来的主导权。近年来,敌对势力借助资本渗透、煽动传播、数据挖掘等手段,千方百计利用网络平台吸引大学生,并以或明或暗的方式试图引导他们去政治认同甚至反政治认同,妄图在思想观念上误导大学生、价值取向上左右大学生、理想信念上动摇大学生。为此,完美必须以直面挑战、主动而为的态度创新网络思想政治教育工作,尤其要着力建设好符合学生需求、兼具教育性和安全性的网络阵地。立德树人是教育的根本任务,引导大学生认同和践行社会主义核心价值观是其中的重中之重。

"在落细、落小、落实上下功夫",着力在"无时不有、无处不在"的网络世界中建立"时时可得、处处可及"的情境空间,引导大学生通过互动体验和共建共享将社会主义核心价值观融入于血脉、彰显于言行。

对此,网络思想政治教育大有可为,因为其能够发挥即时性、移动性、互动性等网络特点,可以紧密契合当代大学生"无人不网、无处不网、无时不网"的生活状态,同时,可以充分发挥其线上线下班级同构、学习生活资源同步、教师学生交流同行等独特优势,把社会主义核心价值观落细为线上线下活动,落小为数以百计的应用功能、数以千计的讨论议题和数以万计的网络作品,最终落实为满满的网络正能量和昂扬的青春中国梦。

(二)高校网络思想政治教育的必要性

网络思想政治教育虽然在我国已有多年的发展,但其各方面的建设和发展速度并未和网络的发展以及人们对网络的认识和使用率的提升同步,所以高校必须深刻认识到创新网络思想政治教育的必要性和紧迫性,这样才能在网络思想政治教育实践中提高工作水平,做好新形势下大学生的思想政治教育工作。大学生的思想政治素质直接关系到建设有中国特色的社会主义事业的兴衰成败,他们的共产主义理想、社会主义信念是否坚定,思想道德素质是否高尚,在一定程度上决定着社会主义和谐社会建设的前途和命运。加强高校网络思想政治教育工作,提高高校网络思想政治教育水平,提升大学生思想道德素质,对提高党的执政能力、建设小康社会和和谐社会、培养社会主义合格建设者和接班人至关重要。

价值对大学生成长成才和全面发展都有着重要的意义。大学生是网络应用的一个巨大群体,他们在网络应用中的主体性高度提升,信息渠道更加广阔,社会文化思潮、价值观念越来越多样和差异化,所以网络思想政治教育工作面临的情况越来越复杂。面对社会不断进步和政治文化经济不断发展带来的机遇和挑战,只有实现网络思想政治教育的不断创新和发展,才能使思想政治教育的内涵和效果得到相应的发展。大学生全面发展所需要的各种知识、能力是随着时代发展而不断变化的,高校网络思想政治教育的创新以大学生的成长和成才为最高目的,是保证和促进大学生全面发展的有效途径。

高校网络思想政治教育的创新发展适应了校园文化的需求,可以通过网络参与的方式拓展思想政治教育的空间,同时为校园文化提供一个新的物质技术环境,便于在网上构建健康的校园文化。高校网络思想政治教育创新就是要在高校网络中营造一种浓郁的校园网络文化氛围,满足大学生成长成才的知识文化和精神需要,提高大学生的道德素养,构建网络时代大学生的精神家园。

第二节 高校思想政治教育中的网络建设

高校如何利用高技术信息网络资源形成网上教育基地,深入开展网络思想政治工作,引导大学生树立正确的世界观、人生观、价值观,不但具有重大的理论和现实意义,而且已成为一个亟待解决的重大课题。

一、校园网建设在高校思想政治教育中的作用及意义

在信息时代下,校园网逐渐成为高校思想政治教育的重要阵地。高校在充分发挥校园网对高校思想政治教育的作用时,也存在着一些问题。为此,必须在校园网的管理、内容、形式、文化等方面加强高校思想政治教育。

新时期,网络在人的生产生活中发挥着越来越重要的作用。现今的大学生思想活跃,极富创新性,利用校园网加强高校思想政治教育成为必要。目前,我国各大高校已经十分重视运用校园网加强大学生的思想政治教育。

(一)校园网络建设在高校思想政治教育中的成效显著

校园网络是高校重要的舆论宣传阵地,在高校思想政治教育中发挥着重要作用。近年来,各普通高校非常注重校园网络的建设,利用校园网络营造优良的校园思想政治教育氛围,通过互动交流平台充分了解大学生的思想认知、政治觉悟、心理状况、价值观念等,并采取有效措施解决高校思想政治教育中出现的问题,成效显著。高校通过校园网络及时发布信息、报道新闻,宣传党的路线、方针、政策以及高校的办学宗旨、发展方针、育人理念、学校精神等,用科学的理论武装大学生,积极传播马克思主义的基本观点和方法,帮助大学生树立科学的世界观、人生观、价值观。目前,许多高校校园网站都建有重大理论研究专栏,把现阶段党的政策与学校的中心工作和重大部署相结合,定期开展理论宣传、研讨、征文等活动,通过多种手段和形式激发广大师生的理论学习热情,积极营造浓郁的思想政治教育氛围,有效地发挥校园网积极的舆论导向优势。大学生在校园网的大力宣传和科学引导下,在校园网络文化的熏陶下,能够结合自身的现实情况和未来发展动向,逐步树立科学的价值观念、获得正确的人生取向和培养高尚的品德素养。

(二)校园网络建设在大学生道德和法律认识中发挥防火墙功能

大学生正处在探索人生价值、如何实现自我和如何做人的重要阶段,通过网络他们可以宣泄自己对现实生活的不满,自由地抒发自己对人生的理解和理想,毫无拘束地浏览他们感兴趣的信息和参与聊天。一些大学生更是因现实生活中的无助、无奈而在网络

点击中寻求心灵的释放与依靠。只要网络与网络空间是现实存在的,就无法避免大学生在以多元化为核心特征的网络世界里寻求实现他们多元化的愿望与需求,也就无法避免网络对大学生思想、情感、品质、心理的影响。对此,我们要继续加强对青年大学生的网络道德教育,筑起一道思想上的"防火墙"。同时,当今社会还提出了网上道德建设和法律建设这一崭新的课题。大学生作为网络社会的拓荒者,有条件、也有资格参与网络道德建设。高校思想政治教育工作者要与大学生共同探讨网上道德建设的问题,让大学生懂得虚拟社会和现实社会一样,都要有一套道德规范网络才能正常运转,不能因为网络的隐蔽性而随心所欲、忘记了起码的行为准则。高校思想政治教育工作还应当介入网络法规的建设,规范上网行为,尤其是大学生"网民",一方面,必须接受有关道德伦理、法律教育和培训,注意上网的法律意识和责任,做"网络社会"遵纪守法的公民。另一方面,大学生也应当成为网络道德、网络思想政治教育建设的积极参与者。新时期,高校网络思想政治教育建设则要实现由单一的道德法律传递向道德法律建设和道德法律传递并举的工作任务的转型;实现由单一的大学生向兼顾思想政治教育者和大学生工作对象的转型;实现由传统手段向利用信息网络技术手段和传统手段共用的工作手段的转型;实现由单一的现实世界向虚拟世界与现实世界并举的工作环境的转型。

(三)校园网络建设可以净化高校网络信息来源

在传统的思想政治教育中,思想政治工作者以广阔的社会环境为背景,以社会主义教育方针为指导,有计划、有组织地把社会的自发影响转化为受教育规律支配的自觉影响,并通过各种具体的形式来实现对大学生思想政治教育。在这种方式下,大学生主要通过电视、广播、报纸以及各项校园活动来接触和了解信息,而思想政治工作者则可以运用管理手段来对这些渠道中的信息进行"过滤",努力去掉那些不正确的观点和各种不良信息,同时直接参与信息的制作,担当信息源的角色。因此,思想政治工作者对学生接收的外界信息,从信息源至信息流动过程都有较好的可控性,使得信息工作较"纯净"。

计算机网络的普及打破了这一局面,在计算机网络形成的信息环境中,对信息源的限制以及对信息的过滤变得非常困难,各种各样的信息都能够在校园中传播,从而形成复杂的信息环境,使得大学生周围的信息空间难以控制,信息质量大幅度下降,思想政治教育空间也遭到污染。其污染主要有两个方面的原因:其一,黄色信息污染。由于文化传统、社会价值观和社会制度不同,色情信息在西方有些国家被视为合法,网络的国际化使这些消极、颓废的黄色信息在网络中传播,对网络社会造成污染。互联网上大多数信息是与学术、商业和政府资料等有关的健康信息,然而一些意志薄弱的大学生却很少关心这些健康信息,而专门在互联网上寻找不良信息。大学生在接触大量色情信息后,极易出现心理障碍从而导致行为失控。其二,西方国家意识形态渗透和价值观的传播易引发大学生人生观价值观的冲突与失范。西方发达国家的网络高科技占有垄断地位,使得一些不良的、错误的甚至是反动的带有政治挑衅的信息充斥网络。加上大学生盲目崇拜、效仿和追逐,这些势必在潜移默化中侵蚀我们的主旋律文化,对我国大学生的马克思主义世界观、人生观、理想信念、道德伦理、民族认同感等造成侵蚀,使我国民族文化的发展和繁荣受到威胁,也使我们的思想政治工作效果受到极大削弱。西方这种借助互联网进行意识形态的强势传播和扩张行为,使我们的思想政治教育面临着多元文化长期并存和多种意识形态相互激荡所带来的严峻挑战。

就目前而言,传统的高校思想政治教育工作显然不足以应付已形成的网上不健康的、反动的信息和西方文化、意识形态等方面的挑战。互联网的使用使信息达到的范围、传播的速度与效果都有显著的增长和提高。世界各国争相运用现代化信息加强和改进对外传播手段。我们必须适应这一趋势,加强信息传播手段的更新和改造,积极掌握和运用现代传播手段,加强高校网络思想政治教育建设。只有在网上建立社会主义思想阵地,才能在网上信息传播中发出最强有力的声音,从而对于那些负面文化进行有效抵制。

(四)校园网络建设促进新型高校思想政治教育者的培养

网络广泛而深入的影响使得教育主体的非主体化现象十分突出,也使得教育者和受教育者的交流更加直接和开诚布公。在传统的思想政治教育中,传播者与受众的关系是教育与被教育的关系,不论是政策宣传还是面对面的思想工作,受众总是处于被动接受的地位。网络为新时期的思想政治教育提供了新的、行之有效的途径。在网络思想政治教育中,教育者不再高高在上,实行灌输的思想权威,而是制造、传播、监控网络信息,具有信息传播和思想政治教育的双重身份,呈现出主体地位非主体化的色彩。他们和教育对象的地位是平等的,不具有以往意义上教育者与受教育者的层次性。因此,一方面,受教育者可以按照自己喜好点击或放弃点击某一信息源;另一方面,受教育者也可以成为教育者,发表自己的观点和意见。这种传播特征使得受教育者对网络有一种先天的信赖和亲近。教育主体不再只是说服,而是逐步影响和引导受教育者,因而更具人情味,更具亲和力,也更具有取得教育效果的魅力。

高校网络思想政治教育工作作为新生事物,不是在互联网中自发产生的,而是理性实践的结果。因此,必须有意识地建设才能使其发展壮大并发挥自身的作用,做到以科学的理论武装人,以正确的舆论引导人,以高尚的精神塑造人,以优秀的作品鼓舞人。高校网络思想政治教育建设是高校思想政治教育者与工程技术人员的共同事业,高校思想政治教育工作者应当成为高校网络思想政治教育的工程师。高校应该通过高校网络思想政治教育的建设主动培养高校网络思想政治教育者,使之在提高素质的过程中去适应新的工作环境、新的工作方法、新的工作内容,这样才可以使我们的高校网络思想政治教育变被动为主动,变滞后为超前。

(五)高校网络建设符合校园文化建设实践活动的需要

高校校园文化作为校园生活的重要组成部分,作为在网络时期学校思想政治教育的一种有效载体,越来越受到人们,特别是思想政治工作者的关注。高校校园文化建设与高校网络思想政治教育建设是一种相辅相成、互相促进的关系。高校网络思想政治教育建设是校园文化建设的重要组成部分,其基本的内容包括:共创校园网络精神文明,培养健全人格,丰富文化生活,其最核心的内容就是校园网络精神文明的创立,而校园网络精神文明又是校园人的共同理想和价值观的建树。显然,高校网络思想政治教育建设只有唱响了社会主义、爱国主义和集体主义的主旋律,才能鼓励校园人树立远大理想,强化成才意识,增进奋发动力,抵制不良思潮,建设良好校风。

二、高校网络思想政治教育工作者素质现状分析

(一)高校网络思想政治教育工作者素质的不足之处

1. 政治立场不够坚定

网络的发展在为高校思想政治工作增添了新的渠道和现代化手段的同时也带来新的问题。一方面,互联网上的信息庞杂多样,精华与糟粕并存,传播区域广,变化性大且不易控制,针对传统大众传媒(报纸、杂志、广播、电影、电视等)的新闻检查制度在网络条件下已形同虚设,大大增加了人们鉴别政治思想是非、鉴别真与假的复杂性。另一方面,一些发达国家借助互联网的种种优势,刻意推销自己的价值标准、意识形态和社会文化,使我国网上意识形态防御能力面临严峻挑战。面对互联网领域激烈的意识形态斗争和文化价值观冲突的严峻形势,不少高校网络思想政治教育工作者的政治立场不够坚定。

2. 教育观念没有改变

近年来,广大思想政治教育工作者在将网络和多媒体技术与课堂教学课外实践活动结合等方面进行了一些积极的尝试,但是思想政治教师专门化、思想政治教材规范化、教育时间集中化、教育对象被动化的单向灌输式的教育方式没有得到根本改变。就教育内容而言,目前高校的政治理论课教材高度抽象化,内容千篇一律。归根结底,是高校网络思想政治教育工作者的教育观念没有彻底改变。

3. 缺乏全局观念

目前,高校各部门都建有自己的网站,他们更注重的是本单位、本学院工作职能在网站中的体现,往往只顾建设自己的二级网站,而对全校性的工作,如教育教学、精神文明建设、思想政治工作等难以全面、准确地落实,使得校内网络资源存在"各自为网""小而全"的现象。

4. 计算机网络技术知识较为贫乏

网络的发展对思想政治工作者运用计算机的能力和网络技能提出了很高的要求,大部分思想政治工作者的网络技术知识较缺乏。在网络时代,思想政治工作者的信息优势逐步丧失。网络的发展使大学生从传统途径接受的知识量大为减少。网络作为第四代大众传媒在社会中的地位和作用逐渐上升,大学生可以通过网络方便地查到各种公开或内部、真的或假的信息,而思想政治工作者有时候却面临信息劣势的境地,部分思想政治工作者由于没有受到系统的计算机和网络应用教育,面对飞速发展的计算机和网络科技

往往不知所措,上网查询信息不流利。这些都使得传统的思想政治工作者对大学生的信息控制和行为指导能力下降。

5. 知识结构比较单一

思想政治工作和政治学、哲学、伦理学、心理学乃至文学艺术等许多学科都有密切联系。所以,一名优秀的思想政治工作者应该是全才,而且要不断追求新知。然而,由于复杂的原因,许多高校思想政治工作者知识结构比较单一,又对网络文化、文学艺术新思潮、新现象知之甚少,这使得他们失去了一条重要的与大学生沟通交流的渠道。

6. 教育方法过于传统

网络的发展对思想政治工作者开展工作的方式提出了更高的要求。在传统的思想政治工作中,较多使用摆事实、讲道理的教育方法有一定的优越性。然而,在网络条件下,思想政治教育方式却面临着新情况:其一,面对面的教育方式受到时间、地点、场合的限制。课堂宣讲、个别谈心等并非任何时间、任何地点都可以进行。其二,思想政治工作者精心准备的教育内容,一次只能对特定人数的大学生发挥作用。在许多情况下,它持续发挥效果的时间相对较短。大学生在现场受到周围气氛的感染,但一旦脱离该特定的环境氛围,教育的感染作用便迅速下降。如果要持续保持教育效果,必然要进行多次重复进行教育,但这样的组织成本偏高。

7. 工作不太投入

网络思想政治工作者表现为缺乏工作责任感,缺乏实事求是的精神,做表面文章,对待信息网络流于形式;缺乏工作的作为感,不想探索和创造,而是以等、靠、要的消极态度对待信息网络;缺乏工作使命感,不注重学习,不深入调查和研究新情况、新对策,使工作落后于时代发展的步伐,更谈不上在思想政治工作建设上有所建树。

(二)高校网络思想政治教育工作者素质现状成因分析

1. 客观原因

管理机制不完善,一方面,相当一部分高校网络思想政治教育的运行机制还没有建立或健全,没有建立齐抓共管的领导体制和开展大学生网络思想政治教育的工作制度,培训交流欠缺。另一方面,相当一部分高校没有建立完善的网络思想政治工作者考核机制。

(1)硬件保障欠缺。许多高校由于种种原因还没有建立自己的校园网络,建立思想政治教育内部局域网更无从谈起。许多高校虽然已经建立了校园网络,但没有建立思想政治教育系统,不能利用校园网络系统开展全方位育人,也不能将思想政治工作融入网络的各种形式当中,在全面服务于大学生的学习、工作、生活、情感等需求的同时,不能把正确的世界观、人生观和价值观渗透其中。

(2)缺乏良好的社会舆论环境。由于网络思想政治教育工作开展时间不长以及相应的宣传工作力度欠缺,因此网络思想政治教育工作开展的重要性和必要性等在社会上影响面还非常有限,还没有形成全社会关心、重视、理解、支持网络思想政治教育的良好社会舆论氛围。

2. 主观原因

僵化、陈旧的思想政治工作观念淡化了网络条件下思想工作的重要性和存在的必要性与必然性,对网络条件下思想政治工作的内容、方法乃至整个理论体系的研究不够,对网络思想政治工作的开展缺乏紧迫性,自我中心意识的惯性导致了新形势下思想政治工作者的不适应性。特别是在网络环境下仍然以思想政治教育工作者在传统教育活动中的主体性地位和主导性作用自居,强化自我中心意识,忽视了对网络特点的研究。深受传统"应试教育"的影响,个人的创造性没有得到张扬,创新意识较为淡薄,创造性思维欠缺,创造能力比较差,对形势变化和未来社会的应变能力不足。

(三)提升高校网络思想政治教育工作者素质的对策

1. 努力创造良好的外部条件

(1)加强领导,建立健全高校网络思想政治教育的运行机制

首先,切实加强领导,建立齐抓共管的领导体制。要从党的事业成败的高度来认识高校网络思想政治教育建设的重要性、必要性和紧迫性。从许多高校的实践来看,要在学校党委的统一领导下,成立思想政治教育网络工作领导小组,将思想政治教育纳入校园网络建设的总体规划,将网络文化纳入校园文化建设的总体格局进行规划和部署。建立相应的管理体制,明确宣传、学、技术等部门的具体职责,做到职责明确、责任到岗、齐抓共管,形成合力。

其次,建立和完善大学生网络思想政治教育的工作制度。可以从以下几个方面逐步建立和完善大学生网络思想政治教育的工作制度。一是要建立网络信息监控制度,通过审查、监控来规范大学生的网络行为,对网上反动、不健康的内容要进行依法清理,对出现在校园论坛上的一些热点问题及时提出正确的观点,进行正面引导,同时要把一些比较突出的问题收集上报校领导和有关部门,以形成网络舆论疏导机制。二是要建立对个人免费主页及其链接的审查制度,实施实名注册登记,实行版主负责制。三是要抓紧时间制定大学生网上文明行为规范,充分发挥大学生社团的作用,引导大学生开展网络自律活动。

再次,引进考核机制,健全管理模式,变封闭式管理为开放式管理,促进网络思想政治教育工作者素质的自我完善。在职务聘任中,要充分考虑思想政治工作实践性强的特点,注意考核网络思政政治工作者的思想政治素质、理论政策水平及从事思想政治工作的实绩和能力。同时,放手使用,激发创造,充分开发网络思想政治教育工作者的隐性资源。

最后,加强信息交流和培训教育。建立和健全高校网络思想政治教育工作者的培训制度,将网络思想政治工作者的培训、进修纳入师资培训计划;提高高校网络思想政治教

育作者的学历层次,每年可选送部分思想政治工作者攻读硕士学位;定期或不定期选送网络思想政治工作者到国内相关重点大学进行一段时间的网络思想政治教育脱产学习;鼓励具有大学本科学历的思想政治工作者在职攻读硕士学位或进修有关课程,组织新上岗的思想政治工作者参加网络思想政治工作岗前培训,学校也可定期或不定期地组织网络思想政治工作队伍开展社会考察、专项调查以及其他相关的学术研讨活动,等等。

(2)切实增加投入,加强网络建设,优化网络思想政治工作环境

加强网络建设,优化网络思想政治工作环境是开展网络思想政治工作的先决条件和基础工作。高校思想政治工作有关部门可以建立内部局域网。一方面,在内部网上建设大学生信息管理系统,可以实现工作部门之间快捷的信息交流与资源共享。另一方面,利用网络通信传递信息迅速、高效的特点,许多程序性的工作只需在网络上通过发电子邮件等方式便可以解决,如奖学金评审、就业信息发布等。此外,大学生宿舍也可以建立局域网,党团支部、党课学习小组可以在网上开展活动,通过网络交流思想和理论学习体会,既能提高时效性,又能扩大影响面。

高校还可以利用局域网对大学生的思想状况进行调查研究,加强思想政治工作的及时性和针对性。思想政治工作部门可以在校园网上建立专门的思想政治教育网站,设立专门的电子信箱,充分利用网络的交互性,上传有关资料,进行网上答疑、政策咨询、问卷调查和思想交流,对大学生在工作、生活中遇到的现实问题进行疏导,帮助他们排忧解难、释疑解惑,鼓励他们坚定信心,战胜困难。还可以建立大学生关注的热点、焦点问题讨论专栏,各抒己见,允许有不同意见者开展讨论和辩论。通过互相切磋、交流,收到明辨是非、提高觉悟的效果。此外,建立“两课”教学网站,并在其上建立网上作业递交、在线作业批改系统、多媒体课件教学系统等,也能较好地增加大学生的学习兴趣,增进师生间的交流,更好地实现教学目的。思想政治工作可以融入网络的各种形式,在全面服务于大学生的学习、工作、生活、情感等需求的同时,把正确的世界观、人生观、价值观渗透其中。学校各部门应在校园网上开辟自己的网站,把全员育人的思想体现在网络建设中,如后勤部门可以通过网站为广大师生的学习、生活及各项活动提供便利;就业指导中心可以通过网站为大学生提供各项指导和咨询服务;图书馆可以结合学校开展的读书活动,建立读书网,为大学生在网上进行读书心得交流提供场所。尤其是心理咨询中心,可以开通网上心理咨询热线、心理服务网站,利用网上虽然不能面对面,却能心贴心的机会,通过沟通感情达到相互信任,使对象毫无顾忌地倾诉平时难以启齿的心理问题,引导他们走出心理困境,克服心理障碍,获得健康心理。

2.高校网络思想政治教育工作者应努力加强个人修养

(1)转变观念,增强开展网上思想政治教育的战略意识

解放思想,转变观念,增强开展网上思想政治教育的战略意识,是加强网络思想政治教育工作者素质修养的前提和基本内容。高校网络思想政治教育工作者目前急需注意以下两个方面。

一方面,强化三个意识。其一,强化阵地意识,增强思想政治工作的渗透力。高校网

络思想政治教育工作者必须增强守土有责的阵地意识。其二,强化真理意识,增强思想政治工作的说服力。高校网络思想政治教育工作者必须立场坚定、旗帜鲜明、理直气壮地宣传真理,靠真理的逻辑力量和客观内容来打动人、教育人,如此思想政治工作才有说服力。其三,强化民主意识,增强思想政治工作的亲和力。高校网络思想政治教育工作者应改变以教育者自居、居高临下的角色观念,树立民主化观念,尊重学生的主体意识,注意采用启发式、参与互动式、讨论式、对话式等工作方式以平等、诚恳的姿态与大学生展开讨论,耐心启发并积极引导大学生,从而增强思想政治工作的亲和力。

另一方面,确立三个观念。一是确立现代网络观念。高校网络思想政治教育工作者应充分认识到网络给思想政治工作带来的机遇和挑战,确立在虚拟社会中间接地开展工作的网络思想政治教育观念,高度重视网络思想政治教育,树立网络技术为思想政治工作服务的观念,敢于参与网络实践,加强对网络和大学生的研究,有针对性地开展网上宣传,有效利用网络载体开展思想政治工作。二是确立网上服务观念。网络的虚拟性和匿名性使传统的纯管理观念失去了生存的空间,高校网络思想政治教育工作者必须树立服务观念,转变工作态度和方法,坚持网上网下互动,网上了解大学生在想什么、需要什么,网下深入大学生的学习、生活中,和他们打成一片,急他们之所急、想他们之所想、帮他们之所需,努力为他们办实事,实事求是地开展工作,他们也容易接受,给予配合,使高校网络思想政治教育工作能够顺利开展。三是确立网络式学习观念。高校网络思想政治教育工作者要转变传统的依赖书籍、依赖课堂的学习观念,既要把网络看成工作的阵地,也要把网络看成知识的海洋,要学会利用网络信息搜索工具,勇于并善于从网络上不断学习新的知识,保持自身知识结构的完整性和知识构成的时代性,这是搞好新时代网络思想政治工作的基础。

(2)深化认识,提高思想道德素质水平

一要刻苦钻研,强化理论学习,提高马克思主义理论水平和政策水平。网络思想政治工作者要发扬理论联系实际和实事求是的学风,树立正确的世界观和人生观,善于运用其立场、观点、方法分析、研究网络思想政治工作的规律原则和方法等,不断提高理论水平和政策水平。二要树立社会主义的政治立场和政治观点。网络思想收治工作者要坚定社会主义的政治信念,对我国建设中国特色的社会主义、对党和政府保持信心,在任何复杂的形势下,都要旗帜鲜明地从思想上、政治上、行动上与党中央保持高度一致。三要培养高度的政治责任感和强烈的事业心。网络思想政治教育工作者要正确认识形势和自我价值,认识到开展网络思想政治工作的必要性与紧迫性,热爱思想政治工作,培养自己高度的政治责任感和强烈的事业心,以饱满的热情投身于网络思想政治工作,增强网络思想政治工作的影响力。四要积极培养道德素质,提高法律水平。从理性的高度指导和评价自己或对象的道德行为,积极地推动良好道德行为的完成和持续发展,坚决同各种网络违法和不道德行为做斗争。

(3)勇于实践,具备良好的网络信息素质

社会实践是网络思想政治工作者网络信息素质养成和提高的重要途径。高校网络思想政治教育的最大实战就是开发网络、使用网络、利用网络,在网络实践中培养自己优秀的信息意识、信息能力和良好的信息道德。网络思想政治教育工作者要在实践中认真研究网络传播的规律,努力找准思想政治工作与网络的结合点,掌握网络对大学生学习和思想的影响、网络影响下大学生的特征及学习动机、思想进步的动力源泉、思想转化的特点和规律等,按照网络传播规律并遵循思想政治教育规律开展思想政治工作,使网络成为永远敞开的德育课堂。

（4）拓展知识面,不断完善自身综合素质

强化知识素养,完善知识结构,以丰富坚实的科学文化和较强的政策理论水平使人信服。网络思想政治教育工作者必须适应形势和事业的需要,培养自己科学的态度和追求科学真理的强烈求知欲望,刻苦学习,精通和掌握多方面知识,不断完善自身的知识结构,成为专业学科的内行。知识博、专业熟、政策水平高是一个思想政治教育工作者智慧的表现。针对高校网络思想政治教育工作者的实际,尤其要注重加强以下几方面知识的素养:一要学习马列主义、毛泽东思想、邓小平理论、"三个代表"重要思想、科学发展观,以及习近平新时代中国特色社会主义思想。二要学习国家相关政策和网络法律法规方面的知识。三要学习高校思想政治教育教学方面的知识,掌握高校思想政治教育教学的基本规律、基本原则、基本方法。四要结合本校专业特点深入学习专业知识,学习经济学和经济管理知识,要在本校的专业领域有发言权,并懂得按经济规律办事。五要学习心理学、社会学、伦理学、教育学、管理学、行为科学等知识,用以激发网络思想政治教育对象的斗志,协调他们的关系。网络思想政治教育工作者才能素养中的决策能力是所有能力的综合体现,必须以提高决策能力为出发点加强综合能力培养。

决策能力培养的主要内容,一是分析问题的能力,要求网络思想政治工作者能透过现象抓住本质,把握主要矛盾,善于辨别主流和支流,分清轻重缓急,权衡利弊得失,提出中肯的意见。二是逻辑判断能力,要求网络思想政治工作者能判断事物的因果关系,看问题具有预见性。三是决断能力,要求网络思想政治工作者具有当机立断处理问题的应急应变能力,在认准目标以后,敢于大胆闯、大胆试,勇于承担责任,不怕失败和挫折,在竞争中立于不败之地。高校网络思想政治教育工作者具备了这样的才能,教育对象就会对其产生敬佩心理,从而产生一种心理磁力,进而为高校实现教育目的创造必备的条件。

（5）与时俱进,培育创新精神

首先,在思想意识上要敢于面对网络思想政治工作的严峻形势,敢于迎接挑战、敢于突破传统、敢于超越别人和自身。其次,高校网络思想政治工作者要多动脑筋、勤于思考,把自己学习得来的东西在网络思想政治教育的实践中加以认真分析、加工和消化,内化为自身的思想和才能。最后,要实事求是、尊重科学。要做到这一点,高校网络思想政治工作者就必须做到网上网下互动,在努力搞好网上工作的同时,还要深入大学生生活,尊重大学生,提倡调查研究之风,充分掌握第一手材料,这样才能开阔视野、启发思路。

三、高校思想政治教育网站建设现存问题及对策

高校思想政治教育网站是使网络成为弘扬主旋律、开展思想政治教育的重要手段。

经过几年的努力,我们已拥有一些思想上过硬、技术上成熟、深受大学生喜爱的网站。但从总体上看,网站的影响力和吸引力还比较有限,属于低水平运作,这与网站发展不平衡、内容不优质、形式不活泼、技术不先进、宣传不主动等因素有关。

(一)高校思想政治教育网站建设存在的问题

1. 发展不平衡

在网站数量上,理工类高校优于其他高校。在网站质量上,综合性大学的网站建设起步较早而且比较规范,已建成的网站基本拥有独立的域名,有专门制作维护机构,网站栏目较多,资源比较丰富,更新比较及时。专科院校的网站建设相对薄弱,网站数量少,有网站的也存在内容单薄、没有独立域名、没有专门的制作维护部门、页面不美观、维护更新不及时等问题。

2. 内容不优质

有些网站信息含量小,实用性不强,甚至干脆就是"内容建设中"一类的提示,成为"空站""死站";有些网站虽然规划设置了多个板块和栏目,但多数是教科书和政策文件的"电子搬家",内容的"平摆浮搁"现象严重;有些网站内容繁杂,缺乏必要的精练、分类、组织,以致重点不突出,主次不分明;特别是有的网站监管不严,对有害信息处理不及时,在高校和社会上产生不良影响。内容上还有一个问题,就是"数网一面",没有自己的特色,网站之间缺乏合作,各自为政,内容雷同,缺少特色。

3. 形式不活泼

有些网站过分强调政治性,忽视艺术性,网页风格、栏目、设计呆板单调,缺乏强烈的视觉冲击力、感染力;有些网站为渲染气氛,追求效应,滥用色彩,堆积图片,华而不实;有些网页栏目过多,结构杂乱,不利于检索与利用;有的同一网站内前后网页风格迥异,界面相差很大,缺少关联和指引。

4. 技术不先进

有些网站的技术含量较低,技术平台或软件选择不够先进,对上网者来说,要么打开网页需要等待很长时间,要么下载文件速度缓慢,既影响了上网者的情绪,又增加了上网费用。尤其是交互性功能开发不充分,还有相当数量的网站没有设立网上交互栏目,已经建立的交互栏目也还存在不少缺陷,如有些网站有留言板,但只能提交问题,不能查找回答的结果,更不能查找他人的提问与结果;有些网站有网上调查,但非常粗略,只有几个简单问题;有些网站有读者信箱,但看不到回复结果。长此以往,这种交互栏目就会形同虚设,利用率不高。

5. 宣传不主动

网络思想政治教育不能只是建立一个网站,填入内容,然后坐等用户来点击,还应该加大宣传和推广力度。只有这样,网站才有持久的生命力,才能发挥网站在宣传教育、信息服务、互动交流中的功能效应。但是,目前很多高校在宣传推广方面的意识比较淡薄,师生们很多都不知道自己学校网站的名称、网址。

(二)加强高校思想政治教育网站建设的对策

如何提高网站的点击率、吸引力,提高网络思想政治教育工作的实效性,是当前各高校面临的紧迫课题。对于网站建设而言,服务器、数据库的配置很重要,但更重要的是一个综合的、看不见、摸不着的配置——观念。网站能不能建成,要看资金、看设备、看技术,但能不能达到思想政治教育的预期目的,则要看认识、看管理、看素质。高校各级党组织要切实加强对网络思想政治教育工作的领导,解决好领导体制、监管机制、人员编制、经费投入等实际问题。同时,要十分重视对网站内容建设的直接指导和经常性检查,加强网站建设水平评估工作。要让网站真正发挥思想政治教育的作用,走出一条有中国高校特色的、构筑和谐网络环境的网站建设之路,还必须付出更多的努力。

1. 广泛吸引大学生浏览网站

高校思想政治教育专题网站承担着网络思想政治教育的重任。面对大学生上网目的性不明、网上内容良莠不齐、网络的隐蔽性和虚拟性突出等问题,高校思想政治教育网站要真正发挥其作用,努力搭建一个绿色的网络平台,尽可能多地吸引大学生访问,扩大自身教育面。

精心设计网站,科学设置栏目。准确定位是正确安排网站内容,赋予其相应功能,发挥应有成效的基本前提。高校思想政治教育网站不同于其他门户网站和综合性网站,其重点是思想政治教育。网站是利用现代先进的信息网络手段拓展思想政治教育的空间和渠道,要努力使网站成为集舆论宣传、思想交流、提供服务、提升素质于一体,寓教于网,具有较强互动功能的大学生网上精神家园,成为展示大学生时代风貌的窗口、服务大学生成才成长的平台、提升大学生综合素质的园区、引领大学生舆论方向的坐标。为了使网站真正成为师生网上的精神家园,网站工作人员应着眼于高校实际,开设一系列富有针对性和吸引力的频道和栏目,突出思想政治教育的"红"色。可创办的栏目主要可分为新闻动态类频道、教育特色类频道、校园文化类频道、特色服务类频道。新闻动态类频道,包括校园速递、信息快递、热点聚焦等,体现网站的教育性和导向性;教育特色类频道,包括两课之家、理论园地、热点新闻、课件下载等,体现思想政治教育主题网站的特色;校园文化类频道,包括校园调色板、陶冶亭、网上沙龙、我的相册等,以大学生为主要对象,体现校园文化建设的特点和内容;特色服务类频道,包括勤工助学、考级考证、就业咨询、留学海外等,针对大学生关注的热点,为大学生的能力培养和素质提高提供网上引导和服务。

充分利用网络功能,增强网站的有效性。网站的有效性是网站建设的生命线,网站建设者需要注意处理好网站内容的思想性、严肃性与大学生要求的多样性、活泼性的矛盾,用生动活泼的内容和形式去充实、渲染、陪衬和烘托网站内容,把严谨的思想政治理论变成深入浅出和生动活泼的网络表现形式,吸引更多大学生的眼球。在运行过程中,

"亮点网"通过每天更新内容和信息,使网站"动"起来;通过设立搜索引擎、网络聊天室、电子论坛等来激发大学生的积极性,调动他们的参与热情,让网站"活"起来;通过定期召开研讨会、讲座、在线咨询等架起虚拟空间和真实空间之间的沟通桥梁,使网站"实"起来。力求达到寓教育于浏览、交流、娱乐之中。

2. 加强知识性,提高网站本身的吸引力

高校是创新知识、传播知识的重要基地,思想政治教育网站也必须靠丰富的知识来吸引大学生。配合思想政治理论课教学主渠道搞好思想政治教育,可以组织相关人员共同开发、制作一批集讲授、辅导、答疑、案例、测试于一体,具有生动性、说服力的教学软件上网;要注意提高时效性,以重要事件、重大节日、重大热点问题等为契机,挖掘其中的思想政治教育内涵,精心策划一些融思想性、知识性、趣味性于一体的网上活动和网下校园文化活动,把网上的虚拟和网下的真实有机地结合起来,形成网上网下育人合力,从而达到寓教于乐、寓教于知的目的。充分整合校内外资源,构建充实的网上思想政治教育数据库,把思想政治教育由"平面"引向"立体",由"单向"引向"多向",使网站具有可读性、欣赏性、思辨性和系统性的知识内容,创设教学情境,激发大学生学习的兴趣。

优质的网站教育内容对教育对象产生影响,是首先从对网站形式的注意开始的。网站形式包括网页形式、栏目形式、内容形式等。一般来说,视觉效果比较好的往往是文字比较简洁,图像与色调比较简单、明快的页面,而不是过于华丽的页面。网站形式设计应遵循"用户至上"的原则,符合主题鲜明结构清晰、页面明快、色调清新、语言精练、图文并茂等要求,综合考虑网络传输速度、服务器性能和用户访问模式等因素。高校思想政治教育网站虽然从宏观的要求上、目标上具有一致性,但是在具体的展现形式上应该立足于高校的地域、培养目标、人文氛围等实际,充分利用中国教育网和全国高校思想政治教育示范网站"中国大学生在线"的有利条件,加强合作,共享资源,认真分析提炼,建设特色鲜明的网站。

3. 提高对大学生的服务质量

思想政治工作不能满足于空洞的说教,而应从实际出发,与解决实际问题结合起来。网站建设要为大学生提供全方位、立体式服务,形成教育大学生、引导大学生、服务大学生的立交桥,以做好服务为切入点,提高凝聚力。建立网上信访制度,在网站上设立大学生生活信箱,收集大学生对教学、宿舍、教室、食堂、图书馆等涉及大学生学习、生活、成长等方面的意见和建议,及时准确地把握大学生的思想动态,扩大反馈范围,以提高服务质量和服务育人的功能;在网站上发布勤工助学的信息,建立毕业生就业指导栏目,及时介绍有关就业需求信息,为大学生的应聘、择业提供更多的方便和机会;开展网上心理咨询,及时快捷地解决大学生的心理问题和障碍,引导他们走出心理困境。

4. 利用好网站的交互性,提高亲和力

网络传播相对于传统媒体的特性之一就是交互性,思想政治工作也是一种交互,两者异曲同工。交互性功能的实现有以下途径:一是编制交互式页面如搜索引擎、留言簿、电子论坛、聊天室等,以供用户发表自己的意见和看法。二是运用先进技术开发交互式网页,提供友好界面,促进与用户的互动交流。网站的交互性功能使得思想政治教育从说教、灌输的方式转变为对话、引导的方式,在这种双向互动过程中,大学生的平等角色和主体地位得到体现,这极大地吸引了大学生。

思想政治教育工作者要积极利用好网站的交互功能,加强电子论坛舆论引导和思想辅导功能。可在电子论坛上围绕理想信念、道德修养等内容,推出大学生关心的话题,如助学贷款中的诚信问题、面对就业形势的所感所思、理想与现实的距离等,就诚信、价值、理想等大学生思想政治教育中的重要问题,鼓励他们进行思想交流,使网站成为倾听其心声的快速通道;同时要培养一批学生党员和骨干担任论坛的版主,当好网络"清洁工",及时删除网上不健康的信息,防止有害信息进入网站,侵蚀大学生的思想;学校领导可以定期上网与大学生进行沟通和交流,拓展民主渠道,建立起学校领导与大学生、教师与大学生之间彼此融洽的人际关系,增强思想政治教育的亲和力。

把握方向、及时应对。论坛中舆论的形成非常迅速,一个热点事件的存在再加上一种情绪化的意见,就可能成为点燃一片舆论的导火索。为此,论坛管理者不应只是被动地对一些主题进行回应,还应有计划地主动出击,引导积极主题,把握论坛的走向,占据宣传阵地。另外,还应有一定的预见性,对于可能出现的和已经露出苗头的问题,提前发帖子,在网上展开讨论,防微杜渐,防患于未然,从正面引导大学生的言论,不要等问题大了才去补救;对于出现的事先没有任何征兆的问题,要及时应对,迅速分析帖子所涉及的事件的性质及前因后果,确实存在问题的,能解决的要及时解决并予以答复,不要让"小事闹大"。

态度温和、方式多样。在管理论坛时,管理者要摆正自己的位置,不能居高临下,即便是对于过激的言论,也不能妄加批判甚至乱扣帽子,要以一种宽松的态度和柔和的手段来进行交流,注意语言的幽默化、情感化、生活化,既要理直气壮地进行教育,又要心平气和地加以引导,真正让大学生心服口服。管理者要充分发挥自身桥梁纽带的作用,利用自己在语言上、观点上与大学生易于交流的特点,充分发挥自身在网络思想政治教育工作中的作用。

5. 注意网站的宣传与维护

网站要想提高知名度,实现可持续发展,就要借助各种渠道加大宣传推广的力度。在大学生访问网站的时候,提供实现将大学生的浏览器的主页改为思想政治教育网站首页的功能;向互联网上的导航台提交站点的网址和关键词,以便于搜索引擎识别检索,使站点易于被大学生查询到。此外,经常以网站的名义举办各种特色活动,扩大网站的社会影响。

要经常检查、测试,加强维护和管理,配置先进的网络服务器和网络运行软件,建立起技术含量高的技术平台,确保访问顺利畅通和网络系统的安全;要做到建设与使用同步,边建设,边使用,边完善,实现网站建设的良性循环;要根据师生的信息反馈和动态需求,及时更新网页内容和制作新的网页,提高点击率和利用率,使网站始终保持旺盛的生命力。

教育者是影响网络思想政治教育实效性的主导因素。要提高网站的知名度和点击率,就必须首先从加强队伍建设入手。从队伍素质来看,要加大培训力度,不断提高教育者的综合素质,使教育者成为既有较高思想政治教育理论与工作艺术,又熟悉信息网络技术的复合型人才;从队伍结构来看,要建立优越的用人机制,整合资源,建设一支包括思想政治教育理论研究者、思想政治理论课教师、网络技术人员、政工干部、学生党员骨干等在内的专兼职结合的稳定队伍,取长补短,发挥综合优势。

6. 正面积极引导,正视负面消息

目前,大部分高校对于有负面影响的帖子采取的是"关"和"删"等堵的方式。这种做法制止了不良帖子的迅速传播,的确对于保持学校的稳定有一定的作用,但容易使大学生产生逆反心理。因此,我们应变"堵"为"疏",采取"疏""堵"结合的方式,对不同的帖子进行不同的管理。对于一些带有反动、迷信和色情的言论要坚决删除;对于一些有个别过激语言的帖子要进行适当的修改,在保持帖子本意不变的情况下将过激词语去掉即可,并对其提出的问题予以解答或展开讨论,进行合理的、正面的引导;对于反映学校情况和问题的帖子决不能删除,若问题是子虚乌有的,应给予澄清,若是确实存在的问题,要敢于面对,并及时解决;对于一些好的帖子要及时加入精华区,或者在论坛中给予一定的级别、加分奖励,引导大学生积极展开讨论。

第三节　网络文化语境下高校思想政治教育话语权提升的路径

一、思想政治教育话语权

关于某学科教育的话语权,在学术界并没有定论。思想政治教育作为社会话语体系的重要组成部分,在教育活动中有着特定的方法与原则,结合具体的社会背景确定教育方法,能够实现思想政治的教育功能,实现思想政治教育的言语行为就是思想政治教育话语权。思想政治教育在主流意识形态认同以及知识积累等方面均发挥着重要的作用,同时,大学生在步入社会后的关系交往也需要以思想政治教育的相关理论作为指导和基础。思想政治教育展现出明确的交互性与目的性,能够进行价值导向的输出。思想政治学科的话语是否合理,以及思想政治话语权是否能够进行有效的信息传播,均关系着高校思想政治教育工作水平是否能够提升。

二、网络文化语境下高校思想政治教育话语权的新特征

(一)话语权主体与客体

在传统高校思想政治教育的过程中,高校与教师均是育人主体,把握着大学生思想

政治教育的内容、时间与形式,牢牢掌控着思想政治教育话语权。然而在网络文化语境下,多样化的新媒体平台为大学生提供了广泛的知识获取途径,思想政治课堂不再是大学生获取知识的唯一途径,网络成了学生思想政治教育的有效渠道。基于网络文化语境的虚拟性,每个大学生均可以成为信息的发布者和接收者,思想政治教育主体由教师转换为教师与学生,大学生接收信息的途径进一步拓宽,且可以在网络平台中自主交流和学习,在一定程度上冲击着思想政治教师的话语权。大学生始终是思想政治教育的客体,在传统高校思想政治教育模式下,基于知识的不对等,大学生始终处于被动接受知识的状态。在网络文化语境下,师生形成平等地位,知识储备量的差距逐渐缩小,甚至大学生在某一领域的知识更加丰富,这对高校思想政治教师的知识权威性造成了挑战,也在一定程度上降低了大学生在思想政治课堂中学习的主动性。

(二)话语权内容与形式

大学生思想政治教育内容的决定权在于思想政治教育工作者,他们通常是将国家政策、党的方针路线、道德规范和思想价值观传递给大学生,这些教育内容都经过了严格审查与筛选。网络文化语境下,大学生可以自主获取思想政治教育内容,学习不必受他人约束,并可以自由发表自己的观点和见解。但是,由于网络的飞速发展,多元文化交融碰撞,不同国家、地区以及民族文化在网络中交汇,网络中良莠不齐的信息影响了当代大学生正确思想价值观的形成,甚至会使其质疑思想政治课堂的教学内容,挑战思想政治教师知识传播的权威性。高校传统思想政治教育模式下,话语权行使主要体现在思想政治理论课、集中考试等阶段性的教育形式上。在网络文化语境下,碎片化阅读广泛发展,大学生可以利用午休、课余、坐车、睡前等时间进行自主学习,碎片化阅读对大学生的思想政治教育具有积极响作用。

(三)话语权载体

由于国家高度注重大学生思想政治教育,因此思想政治教育载体十分丰富,包括主题班会、理论课、校园文化、社会实践等,长期发挥着引领大学生意识形态的作用。然而在网络技术突飞猛进发展的今天,大学生思想政治教育载体进一步拓展,引入了微博、微信、QQ 等新兴媒体平台,它们为大学生获取思想政治教育知识提供了更宽阔的途径。网络文化语境下,大学生可以自主学习思想政治内容,不必受时间和地点的限制,可以通过网络平台反复学习,知识接受度大大提高。话语权载体呈现出的新特征,对高校开展大学生思想政治教育给予了诸多启示,因此要加强新媒体的融入,加强话语权的把握,可以对大学生持续进行思想政治教育。

三、网络文化语境下高校思想政治教育话语权提升的路径

(一)话语资源整合,体现话语自信

一方面,加强中华优秀传统文化资源的挖掘与整合,丰富大学生思想政治教育话语

的内容。中华优秀传统文化在五千多年的发展进程中累积了丰厚的文化内涵,它们是中华民族的根基和灵魂,将其渗透到高校思想政治教育内容中是十分必要的。网络文化语境下,高校思想政治教育工作者需正确认知多元文化的冲击和影响,加强优秀传统文化的精髓汲取与思想政治教育实际的结合,增强传统文化的时代价值,使其焕发新的生命力,凸显民族文化与精神,提升大学生思想政治教育话语权表达的号召力、影响力,形成人人学习、人人传承传统文化的良好局面,从而增强当代大学生的文化自信与文化认同。

另一方面,选取网络文化语境中的新颖话语,更新思想政治教育的话语形态。网络中传播较为广泛且具有影响力的网络语言,凭借自身的新颖性、生动性和独特性,受到当代大学生的喜爱和认可。思想政治教育应高度契合大学生的生活实际,思想政治教育工作者要实时关注网络文化语境的发展和变化以及其学生群体的话语动向,对网络词汇应用及时更新,将新颖元素融入高校思想政治教育话语权的表达。这些新元素有利于将思想政治教育内容中的官方语言以网络语言进行解读,增强大学生思想政治教育话语表达的亲和力,摆脱以往空洞的说教语言。

(二)强化话语认同,契合话语受众

1. 了解大学生需求,尊重大学生话语表达

网络文化的广泛普及使信息传播速度加快且更为便捷,突破了以往知识获取时间和地点的局限性,使高校思想政治教育客体地位的主体性得到提高,学习诉求呈现多元化发展趋势。在此背景下,在开展大学生思想政治教育过程中,教师要注重了解和尊重大学生的话语表达,以平等的思想促进话语互动,及时了解和把握大学生思想与心理动态的变化。网络文化语境下,思想政治教师要加强环境和氛围营造,给予大学生更多人文关怀,在教育中注入情感,缩短与大学生之间的距离,提高大学生对教师的信任感。此外,要实时结合大学生的话语需求变化,将思想政治理论知识灌输式改革为互动式教学,将满足大学生心理诉求作为网络文化语境下思想政治教育话语权提升的出发点与归宿,保证话语权的感染力。

2. 加强教师培训,增强话语表达质量

教师作为大学生思想政治教育的组织者和实施者,其综合素质水平直接影响到思想政治教育话语权提升的成效,因此,必须加强教师培训力度,使其具备良好的政治素质、精湛的专业技能以及高超的教学水平。网络文化语境下,思想政治教育工作者要加强网络技术学习,灵活运用多样化网络平台与大学生进行沟通交流。当前信息更新速度极快,思想政治教育工作者要正确使用网络工具,进行思想政治教育信息的提取与筛选,不断增强话语表达的质量。与此同时,高校方面要注重教师网络技能的提升与培训,使其能够灵活运用多样化网络资源展开教学,并不断更新思想政治教育内容与转变教学方式方法,创建与大学生之间的有效沟通和交流,提升话语表达的时代感。另外,及时进行网络信息的清除与处理,避免不良文化和思想的影响,规范当代大学生的思想与行为。

3. 建设反馈机制,跨越话语之间的鸿沟

大学生思想政治教育话语权反馈机制至关重要,应从话语权实践的前、中、后形成多维度反馈,以自我反馈为基础,以互动反馈为核心,在此过程中,要注重内外部反馈相结合,提高反馈的准确性与有效性。针对高校思想政治教育话语权有效性指标,将反馈信息作为思想政治教育工作者教学改革创新的依据。只有综合考量话语传播效果,才能促进话语权传播,发挥思想政治教育的价值。网络文化语境下,高校思想政治教育工作者应加强完善化、系统化、全面化、科学化的评估机制的构建,对评估结果进行深入分析,结合问题改进和调整,切实提升网络文化语境下自身的话语权。

(三)把握话语导向,构建网络阵地

首先,网络文化语境下,在高校思想政治教育话语权提升的过程中,要培养微媒介红色意见领袖。这有助于形成大学生思想政治教育引导合力,特别是高质量和高素质的微媒介红色意见领袖,能够为思想政治教育话语权的提升提供人才保障力量。通过微媒介红色意见领袖的言行举止,发挥蝴蝶效应,进而对网络舆论方向进行正确把控。网络多元文化信息混杂,要求微媒介红色意见领袖及时主动发表见解,抵抗不良文化的侵袭和腐蚀,形成带头作用,以正面话语表达控制和引导舆论发展。因此,在高校思想政治教育过程中,势必要加强对微媒介红色意见领袖的培养,提高其思想水平,使其在网络文化语境下发挥感召力与影响力。

其次,合理把控话语议题设置时机,融入话语交锋。思想政治教育工作者可以预先了解大学生的兴趣点,以此为中心拓展话题,以社会热点话语的探讨强化思想政治教育效果。在设置前需加强资源整合,了解大学生关注的热点话题,有针对性地设置议题,引导他们全面参与其中。大学生在参与话语交锋的过程中,能够逐步摒弃错误观念和思想,形成清晰正确的认知,坚持跟随主流意识形态和价值观的发展,避免网络不良话语的影响,从而提高自身的信息甄别能力,使自身思想得到健康发展。

最后,着力建设主流媒体,形成话语权交流平台。在提升高校思想政治教育话语权的过程中,要加强话语内容更新,亦不能忽视宣传与思想政治育人内容的传播。在对大学生开展思想政治教育的过程中,要加强新兴媒体手段的运用,实现话语权表达的与时俱进,如微博、微信、QQ均是当代大学生运用广泛的网络媒介。基于此建设网络交流平台,可加强主流意识形态和价值观的传播,培养大学生对网络不良信息的免疫力与抵抗力,及时引导舆论和教育形态,打造优质网络文化语境。

(四)坚守话语底线,营造绿色网络

第一,要将马克思主义理论和思想作为核心指导,坚持思想政治教育的正确导向。马克思主义是中国意识形态形成的重要理论基石,它不仅是人类社会发展规律的揭示者,而且在中国特色社会主义发展进程中发挥了重要的指导作用。马克思主义话语蕴含着十分深刻和丰富的理论内容,必须要加强马克思主义传播,实现高校思想政治教育话

语权的提升。在网络文化语境下,要始终发挥马克思主义话语的主导作用,以先进文化和正确价值观引导和规范网络文化发展,坚定不移地与错误思想做斗争,为大学生意识形态的教育和发展构建安全防线,使其在思想政治教育话语权的影响下,坚定政治立场与方向。

第二,构建网络舆情监督机制,保证话语权表达的安全性与有效性。利用大数据技术进行敏感词汇的屏蔽,消除不良负面信息,要求网络平台实名认证,对大学生网络行为进行规范。为避免不良舆情传播,还应构建网络话语安全预警机制,预测潜在风险问题,并因势利导,以正确姿态应对舆情危机问题。

第三,加强网络空间的法治化建设,形成绿色网络空间。网络文化语境中的不良信息和消极意识形态导致许多大学生迷失方向,因此要不断完善法律法规,引导大学生文明上网、依法上网。

第四节 高校网络思想政治教育改革的探索

一、高校网络思想政治教育改革的必要性

(一)迎合网络教育的发展趋势

近年来,在网络信息技术快速发展的过程中,高校的教育工作已经开始进入移动互联时代,大学生利用智能手机就可以在网上查看信息、收集资料、学习知识,利用多元化的方式获取信息。在此过程中,如果高校依然采用单一思想政治教育方式,就很难和网络教育的趋势相互适应,也无法调动大学生参与思想政治学习的积极性。因此,高校应合理建设网络思想政治教育平台,促使网络思想政治教育的转型发展,可以在平台中全面整合各种优势资源,为大学生营造良好的思想政治学习环境氛围,创建与时代发展相互契合的完整育人阵地。

(二)满足大学生的思想政治学习需求

在高校思想政治教育的工作中采用网络教育方式,虽然能够满足大学生的网络学习需求,但是如果采用单一网络教育模式,则很难与大学生自我个性、排斥传统的特点相互适应,所以在未来发展的过程中,必须进行网络思想政治教育的改革创新,创建专业化的思想政治育人模式和机制,在网络化、创新性教育的过程中,增强思想政治教育工作的实施效果。在未来发展的过程中进行网络思想政治育人的改革完善,可以在多元化的思想政治教育环境中,调动大学生参与学习的积极性,增强其学习思想政治知识的主动性,以创新手段更好地培养和提高大学生的思想素养和综合素质。

(三)促使高校思想政治教育质量的提升

我国在教育领域中对思想政治教育工作比较重视,将高校思想政治育人工作放在较为明显的位置,和实现民族伟大复兴的中国梦相互联系,着重强调培育中国特色社会主义建设的接班人。在此情况下,开展网络思想政治教育工作,能够利用多元化的网络平台更好地培养大学生的思想素质,开展马克思主义和社会主义核心价值观的教育工作等,利用精细化与精准化的网络教育平台,提升高校的思想政治教育工作质量,更好地进行思想和价值观的传播,促使高校思想政治育人工作的高质量开展。

二、高校网络思想政治教育中存在的问题

近年来,高校在网络思想政治教育的具体工作领域中还存在问题,主要是因为相关平台的建设和思想政治教育工作之间存在矛盾,不能更好地起到思想政治育人的作用。具体问题如下。

(一)平台建设目的与教育目的不符

在建设相关平台的过程中,没有按照思想政治教育的目的合理打造平台结构,平台不能与当前的思想政治育人工作理念和育人目的相互适应,甚至网络教育平台中没有合理设置思想政治理论知识和实践项目,难以通过网络系统培育大学生的优秀素养、专业品质与思想道德素质,长此以往,会导致思想政治育人平台的应用效果降低,不利于思想政治教育工作的信息化开展。与此同时,在相关的平台建设中,尚未在其中重点强调坚持党的领导、正确的社会主义方向,则将不能确保在思想政治教育工作中发挥党的领导作用,难以达到更好的人才培养目的。

(二)网络思想政治平台的开发未遵循思想政治教育的规律

高校在网络思想政治教育的过程中所开发的平台和思想政治教育的规律不符,在具体的平台建设和开发的工作中,没有全面考虑到教育工作规律、思想政治工作规律、大学生成长规律等,导致在网络教育平台应用、落实的过程中,经常出现思想政治教育不足、思想政治教育匮乏的现象,不利于更好地培养大学生的思想价值观、道德品质和综合素质。

(三)缺乏一定的创新性

当前部分高校在网络思想政治教育的各项工作中还缺乏一定的创新性,不能按照大学生的思想素质发展规律、高校思想政治教育工作特点等合理进行网络育人的创新改革,在缺乏创新性的情况下,难以为大学生营造灵活性、趣味性的网络思想政治学习环境,这样不仅会导致网络思想政治教育效果降低,还会对各方面教育工作的有效性产生影响。

(四)思想政治教育的方法陈旧

虽然高校在思想政治教育方面已经提出了网络化的教育要求,创建了有关的平台,但是思想政治教师在实际教学中,没有全面掌握网络教育的方法和技巧,所使用的教育手段落后,不能适应新时期的网络思想政治教学工作,会对各方面教育工作的持续性、稳定性进步产生不利的影响。

三、高校网络思想政治教育改革的策略

(一)明确高校网络思想政治教育改革的目的性

高校在建设网络思想政治教育平台的过程中,应按照思想政治教育的目的开展工作,尽可能建设符合大学生心理特点和思想特点的平台,使得大学生能够在其中自主性学习思想政治知识。高校在建设有关网络思想政治教育平台,可按照大学生的个性化特点设置不同的思想政治教育模式和系统,主要涉及视频内容、图片内容、讲座内容等,为大学生提供自主选择学习的空间,和他们的个性化学习需求相互适应。与此同时,在建设网络思想政治育人平台的过程中,还应该结合大学生的学习和发展需求,合理地在平台中融入社会主义的思想政治育人内容,引导大学生在网络平台中学习更多的社会主义理论知识、实践知识等,不断增强大学生的思想素养、道德品质,使其形成健全的人格。

(二)网络思想政治教育应遵循思想政治教育的规律

高校在未来的网络思想政治教育工作中,以遵循规律为基本原则,转变固定性的思维模式,按照不同工作的规律合理进行网络教育工作的创新优化。

首先,应按照育人的规律开展工作,充分意识到网络思想政治工作属于教书育人的项目,具有特殊性,很容易受到教育因素、社会因素的影响而出现问题,所以在网络思想政治教育期间应该重点结合教书育人的具体规律,循序渐进地开展工作,因材施教,培养大学生的思想素质,促使其身心健康发展,促进社会的全面进步。

其次,应重点遵循具体的思想政治工作规律,无论是网络线上教育还是课堂线下教育,思想政治工作都有一定的规律,是对大学生行为的基础性引导,使其形成正确的三观,解决其所遇到的思想问题、观念问题和行为问题。如果在网络教育的过程中不能遵循思想政治规律、不合理使用特殊性的方式,则很难发挥思想政治育人的良好作用,甚至会出现教育不合理的问题。因此,在网络思想政治教育的未来发展过程中,应和思想政治工作的实际情况相贴近,创建改革创新的工作模式,建立师生、领导与教师的沟通制度,利用平等性、民主性、互动性的沟通交流实现思想的引导,充分将教师的师德楷模作用、学术带头作用、思想引领作用等发挥出来。同时,在网络思想政治教育的过程中,还应该将现实问题凸显出来,利用系统化的方式解决问题,结合大学生的思想特点与行为特点,将思想政治理论知识和实践操作项目相互整合,确保在思想政治工作中全面培养

大学生的思想素质和道德品质。

最后，网络思想政治教育还应该遵循大学生的成长规律，按照大学生的思想特点、学习规律、行为规律、上网规律等，合理进行网络思想政治育人的时代转向，确保在网络思想政治教育平台中设置与大学生成长规律相互适应的教学模式。例如，大学生比较关注网络中的热点话题，高校就可以在网络思想政治教育平台中设置有关热点话题的信息和内容，相互探讨，进而对其开展思想教育、价值引领、舆论导向等工作，这样不仅能够激发大学生参与学习的兴趣，还可以提升各方面的教育工作质量和效果。

(三)加强网络思想政治教育改革创新的力度

高校在未来的网络思想政治教育转向过程中，应强化改革创新的力度，形成良好的改革创新精神，这样才能在快速变革的时代环境中赢得更多的发展机遇，应对各种挑战，敢于进行改革创新，增强网络思想政治教育效果。

首先，创建完善的管理工作模式，不再只关注平台的建设，而是向着产品研发的方向转变，使得二者相互协调，提升网络思想政治教育平台的建设效果、研发质量。高校可以在平台建设期间创建建设与研发的工作模式，为大学生研究出能够互动交流的平台，教师也可以在其中开展思想政治主题教育、参与思想政治学术研究工作，这样不仅可以完善思想政治教育网络平台的功能，还可以为师生提供高质量的服务。在研究开发网络思想政治教学产品期间，还应该和新媒体平台相互合作，在微信、微博、抖音等平台中设置思想政治教育模块，以短视频、动画等形式为大学生提供更多思想政治学习资源，以创新性的手段促使网络思想政治教育工作的改革发展和高质量实施。

其次，在改革的过程中应该制定优势互补类型的网络思想政治教育平台研发合作模式，高校可以和科技公司相互合作，开发有关网络思想政治教学的平台和产品，以此促使思想政治育人工作的有效化、高质量开展。

最后，可以采用融媒体的形式，开发有关思想政治育人的产品和平台系统，全面覆盖大学生群体，促使大学生思想素质的发展、道德素养的提高。

(四)网络思想政治教育的教学方法创新

高校思想政治教师在应用网络思想政治教育平台的过程中，应探索出多元化的教学方法，在合理应用先进教学方法的同时，增强有关思想政治教育工作的科学性、有效性、系统性。

首先，高校辅导员应该重视网络思想政治育人工作，在日常班级管理、德育工作中，利用网络平台发布各种信息、通知，和大学生在网络中沟通交流，指导大学生关注国家热点事件和焦点事件，利用爱国主义教育、道德教育等形式，增强他们的民族自豪感、爱国主义精神，使其形成良好的道德品质。

其次，思想政治教师在教学期间应该自觉应用网络平台为大学生提供思想政治方面的理论知识、实践内容，为大学生模拟真实的情境，主要是职业素质培育情境、爱国主义教育情境、奉献精神培养情境等,使得他们在真实的情境中受到潜移默化的影响,增强思想素质和道德素养。同时还需鼓励大学生利用课余时间在网络平台中学习思想政治知识、接触社会主义核心价值观的内涵,自觉践行社会主义核心价值观,端正态度、坚定理想信念,成为社会需要的思想道德品质良好的优秀人才。

最后,思想政治教师在应用网络思想政治教育平台的过程中,还需创建线上教育、线下引导的混合式教学模式,在线上为大学生提供理论知识学习内容、思想知识学习内容,在线下开展相关的实践操作教育活动,使得他们在实践的过程中感悟到人生的真谛、体会到现在幸福生活的来之不易,强化他们为社会主义事业做贡献的意识,培养他们的综合素质、思想素养,引导他们树立正确的世界观、人生观、价值观,促进他们的健康成长。

第八章　信息化视角下
高校思想政治教育研究

第一节　高校思想政治教育信息化趋势

一、高校思想政治教育信息化趋势的成因

(一)社会信息化的必然产物

现代社会科学技术获得了迅猛的发展,其重要标志之一是现代信息科学技术特别是互联网技术的发展。中国互联网络信息中心(China Internet Network Information Center,CNNIC)于 2022 年 8 月 31 日在京发布第 50 次《中国互联网络发展状况统计报告》。报告显示,截至 2022 年 6 月,我国网民规模为 10.51 亿,较 2021 年 12 月新增网民1919 万,互联网普及率达 74.4%。手机网民规模为 10.47 亿,使用手机上网的比例达99.6%。现代科学技术特别是互联网技术的发展,使信息的传播方式发生了革命性的变革,交互式、大容量、实时、多媒体的信息传播方式代替了过去传统的信息传播方式。它必然会深刻影响到高校思想政治教育的信息传播方式,引导高校思想政治教育信息的传播方式向现代化转变,导致高校思想政治教育的信息化。

(二)大学生信息素质不断提高的客观需要

大学生是现代信息社会中学习、掌握、运用现代信息科学技术的主体。随着现代社会信息科学技术的发展,大学生自觉掌握和运用现代科学技术的意识越来越强,人数越来越多。对青少年学生尤其是大学生网民来说,互联网扮演的角色越来越重要,网络日益成为他们的信息渠道、沟通工具、娱乐工具和生活助手。大学生上网人数、时间的增加和网络应用功能的拓展,表明了大学生的网络应用能力和信息素质在不断提高。随着大学生信息意识、能力和素质的提高,他们越来越需要和期盼把现代信息科学技术手段运用到思想政治教育中,实现高校思想政治教育方式的根本变革。因此高校思想政治教育应自觉适应和满足大学生的客观需要,着力推进高校思想政治教育的信息化。

(三)提高思想政治教育有效性的迫切要求

思想政治教育的有效性不仅与思想政治教育的内容有关,而且与思想政治教育的形式、方式、手段有关,还与思想政治教育的信息化程度有关。过去,思想政治教育信息传递的方式比较注重历时传递,忽视共时传递;注重单向传递,忽视交互传递;注重垂直传递,忽视横向传递;注重直接传递,忽视间接传递;注重单媒体传递,忽视多媒体传递,这些都严重滞后于现代社会信息化发展的要求,影响了思想政治教育信息传播的效果。为了增强思想政治教育的有效性,迫切需要打破传统的思想政治教育信息传播方式的局限性,把传统方法和现代方法结合起来,在继续发挥传统方法应有作用的同时,不断创新和广泛运用各种现代化的信息传播方法,开展高校思想政治教育,克服思想信息传递过程中的时间差、空间差、信息差,克服传统方法和现代方法之间的信息落差,增强高校思想政治教育的吸引力、说服力和影响力,进一步提高高校思想政治教育的有效性。

二、高校思想政治教育信息化趋势的显现与适应

高校思想政治教育信息化趋势主要体现为现代信息科学技术理论、方法、手段在高校思想政治教育中的运用和发展,是一个高校思想政治教育运用现代信息技术手段迅速获取、分析、处理、传递、反馈思想政治教育信息的过程。科学理解和主动适应高校思想政治教育的信息化趋势,必须把握好以下几点。

(一)高校思想政治教育信息观念的确立

从现代信息科学理论和信息科学技术的角度来看,开展高校思想政治教育的过程实际上就是运用一定的思想信息影响大学生思想和行为的过程,因此,高校思想政治教育的过程也就是思想信息的输入与输出的过程。要想确立高校思想政治信息观念,必须从以下几点入手:思想政治教育者必须增强思想政治教育信息意识,确立思想政治教育信息化的工作理念和思路;提高高校思想政治教育者信息处理的能力,促使其自觉运用现代信息技术手段获取、分析、处理各种思想信息;思想政治教育者还要把正确的思想信息传输给大学生,引导大学生在复杂多样的信息环境中接收、判断、选择、内化正确的思想信息,识别和抵御各种错误的思想信息的干扰。思想政治教育者处理高校思想政治教育的相关思想信息时,不仅要注意提高思想信息输入与输出的能力,而且要根据思想政治教育信息输出的效果,即思想政治教育输出的结果是否达到预定的目标,是否产生预期的效果,来加强思想政治教育的反馈、调节。通过把实际效果和预期目标之间的反差再输入思想政治教育信息系统,从而对思想政治教育信息再输出产生的影响加以调控,直至达到思想政治教育的预期目标和效果。

(二)高校思想政治教育信息内容的扩充

高校思想政治教育要注意改变过去信息容量过小、内容过于单一、视野过于狭窄的

状况,注重在开放的环境中进行思想政治教育,扩大思想信息传播的范围和类别,增大思想政治教育的信息容量。大学生求知欲强、知识丰富、视野开阔、思想活跃,能通过各种渠道方便快捷地获取思想信息。因此,在对大学生进行思想政治教育时,一定要注意克服思想政治教育信息陈旧、空洞的弊端,不断扩充信息容量,既要注重国内信息的传递与解读,又要加强国际信息的介绍与分析;既要了解经济、政治信息,又要了解科技、文化、教育信息;既要了解学习成才的信息,又要了解就业成功的信息;既要了解历史信息,更要了解现实和未来的信息;既要了解积极的信息,又要了解消极的信息,以便于大学生在全面了解和把握各种思想信息的基础上独立思考,做出正确的判断和选择。只有不断地扩充思想政治教育的信息容量,才能不断提高大学生在复杂多变的、开放的信息环境中正确应对和处理各种思想信息的能力,不断提高大学生的信息素质。

(三)高校思想政治教育信息传播手段的更新

过去,在高校思想政治教育中,通过会议、报告、课堂教学,利用口头语言传播思想政治教育信息的方式比较普遍。现在,在高校思想政治教育中,这种方式依然不可缺少,但要看到其在传播思想政治教育信息方面的局限性,还需要根据社会信息化的发展趋势和客观要求,充分运用数字化、网络化、多媒体等多种现代信息手段进行思想政治教育,包括创建红色网站,将具有思想政治教育价值的理论成果、实践成就、先进典型、经典小说、影视作品等作为红色网站教育的重要内容;研制具有丰富思想政治教育信息的软件;制作具有思想政治教育价值的网络游戏;利用电视和互联网制作播出紧密联系实际的电视政论片,加强教育的思想性和艺术性,提高思想政治教育的吸引力。要把思想政治教育的信息手段和方法同传统的思想政治教育方法结合起来,运用现代信息手段和方法改造传统的思想政治教育方法,实现传统思想政治教育方法的现代发展与创新,赋予传统思想政治教育方法新的活力与效能。

(四)高校思想政治教育信息方法的运用

要大力发展网络思想政治教育,在网络中把教育引导和严格监管结合起来,积极传播有益信息,及时删除有害信息,营造良好的网络信息环境,防止黄赌毒信息对大学生的腐蚀与侵害;把正面灌输和比较选择结合起来,通过组建网络评论员队伍,针对网上传播的各种信息,及时进行分析和评论,加强大学生的选择教育,引导大学生在开放的网络环境中比较、辨别多种信息,选择、内化正确信息;增强大学生自主选择信息的意识和能力,使他们能够自觉抵制不良信息的诱惑和污染,防止信息爆炸形成的信息异化和自我迷失;把大众传媒传递信息和人际传递信息结合起来,转变信息传播方式,坚持实行信息两步传递,既要注重通过大众传媒迅速广泛地传播信息,又要注重通过人际传播渠道深入解读、理解和内化正确的信息,不断提高正确思想信息传播、选择、教育的效果。

第二节　高校思想政治教育与信息技术的融合探讨

信息技术的快速发展已经彻底改变了人们的生活和工作方式,教育信息化、教育 2.0 时代的到来全面加快了高校教育与信息技术的融合。思想政治教育作为高校教育中的重要内容,如何通过思想政治教育培养具有崇高思想品质、道德品质、思想觉悟的高等人才,一直是高校非常重视的问题。思想政治教育与信息技术的深度融合已经成为当前教学改革的重点。当前大学生对信息技术的接触比较多,所以在高校的思想政治课堂上,大学生对信息技术、信息化资源、信息化平台等并不感到陌生。大学生如何选择信息技术、如何应用信息技术,则需要教师给予指导。对于思想政治教育与信息技术的融合,不同的教师有不同的考虑。有些思想政治教育教师尝试运用信息技术时,片面强调教育形式,很少关注教育内容,还有些教师只关注每一个流程,未关注教育结果……这一类教师对信息技术的理解还不够深入,没有抓住信息技术的本质特点。探讨思想政治教育与信息技术深度融合的问题旨在分析现状,让高校教师理解什么是深度融合,在深度融合的视角下,科学应用各种信息技术,避免走老路、走套路的教育现象。

一、高校思想政治教育与信息技术深度融合的意义

在信息技术的持续推动下,高校思想政治教育的各个环节开始与信息技术深度融合。在这个过程中,大学生可以享有更优质的思想政治教育资源,体验更新颖的思想政治教育形式,树立思想政治教育方向的学习兴趣。

(一)优化思想政治教育资源

高校思想政治教育教师可以访问各个网络平台,了解思想政治教育领域的最新动态,选择一些合适的内容,纳入教育资源库。这些新的教育资源,贴近当代大学生的生活,更容易引起他们的关注和深度思考。此外,在网络平台上,经常会出现热点新闻,如"一带一路"、"双减"教育改革、北京冬奥会。围绕这些热点新闻,高校思想政治教育教师可以设计教学活动,一边剖析热点新闻,一边传递系统化的思想政治理论。在此过程中,热点新闻相当于一种极其有价值的网络资源,可以将其融入高校思想政治教育资源库,使其成为其中的一个特色部分。

(二)创新思想政治教育形式

高校思想政治教育包含理论体系与实践体系两大板块,教师可以灵活应用信息技术,优化理论体系环节、实践体验环节,创新思想政治教育的实施形式。具体来说,一方面,优化理论体系环节。在思想政治课堂上,只要打开多媒体工具,教师便可以搜索不同类型的"思政案例",以案例分析的形式,调动大学生的积极性,指导大学生认识较为抽象

的思想政治理论,走出灌输式思想政治教育,进入案例讨论式思想政治教育,让大学生的视角越来越开放。另一方面,优化实践体验环节。在各大网络平台上,高校思想政治教育教师可以同步宣传实践活动,以独具匠心的海报、短视频直观展示活动主题,详细介绍报名流程,还可以开展线下的思想政治实践活动。这样的实践活动既有信息技术元素,又有生动的线下场景,可以带给大学生更丰富的体验。

(三)提升大学生对思想政治教育的兴趣

基于先进的信息技术,高校思想政治教育教师可以提升自己的资源编辑能力,从教育资源切入,吸引学生的注意力。例如,以计算机系统为平台,操作 Word 工具,高校教师可以快速编辑文字类思想政治教育资源,并以分类、标记、备份的方式制作一个个"思想政治学习文件夹",方便学生独立学习。或者借助 PPT 工具,对文字、图片类信息进行优化处理,将其整合成一个完整的思想政治教育课件,高校教师可以一边播放课件,一边从容地教学。面对精准、丰富、生动的思想政治教育资源,学生可以更积极、认真地展开学习。另外,结合信息技术,高校思想政治教育教师可以设计丰富多样的学习活动,从学习活动切入,激发学生的学习兴趣。例如,在北京冬奥会期间,张艺谋导演策划的节目《闪亮的雪花》,有美感、有创意、有温暖,很快成为各大网络平台的宣传重点,不少网友表示既惊喜,又难忘。高校思想政治教育教师可以结合这个节目,策划线上学习活动:①通过网络平台,欣赏《闪亮的雪花》。②建立"思政学习活动群",交流观后感。③总结观后感,以"团结友爱"为主题,开展线上征文大赛。该学习活动全程在线上进行,可以简化活动流程,体现线上学习活动的特色,吸引大学生踊跃参与。

二、高校思想政治教育与信息技术深度融合遇到的问题

高校思想政治教育与信息技术的融合是一个逐步探索的过程,有些教师可能会走入误区,如"片面强调信息化教学,不注重线下教学""信息技术的融入方式单一,学生学习兴趣下降""忽视最终的教育结果,教学质量没有提升"。具体分析如下。

(一)片面强调信息化教学

在引入信息技术的过程中,有些高校思想政治教育教师缺乏主观分析,片面强调信息化教学。这主要表现在两方面:一方面,不进行线下巩固。为了突出信息技术,一些高校思想政治教育教师只实施线上教学,每一堂课、每一次活动都依赖于线上工具,没有根据思想政治教育内容的特点进行必要的线下巩固。虽然线上教学吸引力很强,但学生未必能快速地吸收、记忆。线上教学与线下教学各有优势,如果过度推崇线上教学,可能会降低学生的学习成效。另一方面,不布置线下作业。在信息化教学中,有些高校思想政治教育教师只看到学生的热情,没有看到他们的困惑,认为大部分学生已经掌握思想政治教育内容,不必布置相应的线下作业。线下作业包含"答题""调研""实训"等,恰当的线下作业可以辅助学生学习,高校思想政治教育教师应科学安排线下作业。

(二)信息技术的融入方式单一

现阶段,高校思想政治教育教师队伍已经开始接触信息技术,但掌握情况各有不同,有些教师一直停留在初级阶段,不知道如何有效地融入信息技术。例如,一些高校教师在备课期间,只设计思想政治教育方向的多媒体课件,认为多媒体教学是最优的信息化教学。除了多媒体教学,这些教师并不了解其他形式的信息化教学。其实,信息化教学是一个很广阔的范畴,大学生期待不同形式的信息化教学,而不会满足于接受千篇一律的多媒体教学。另外,在思想政治课堂上,有些教师积极性很高,行动力很强,希望引入多种信息技术,构建先进的信息化课堂。但在思想政治课堂之外,这些教师很快松懈下来,认为教学工作已经止步,没有继续融入信息技术。高校教师的这种态度限制了思想政治教育的时间、场地、环境和信息技术的融入方式。

(三)忽视最终的教育结果

在信息化教学中,有些教师被先进的技术、平台所吸引,逐渐进入"形式大于内容"的教学状态,没有合理规划思想政治教育工作。例如,有些教师利用信息技术,播放一个又一个有趣的短视频,使思想政治课堂充满欢笑,但这些短视频针对性并不强,对思想政治教育的作用不明显。即使学生很欢乐,也只是短暂、浅层次的欢乐,难以有知识上的收获和思想上的进步。此外,有些教师过于注重信息化教学的氛围,认为氛围是重点,只要学生融入氛围便能有收获。例如,为了营造氛围,教师一边分析思想政治教育内容,一边播放背景画面,这些背景画面涉及新闻、案例、数据等,有些学生可能会应接不暇,将注意力全部放在背景画面上,而忽视了教师的讲授。

三、高校思想政治教育与信息技术深度融合的有效途径

为了达成深度融合,高校思想政治教育教师要认真了解信息技术的特征、应用技巧,注意"协调线上教学与线下教学""以多样化方式融入信息技术""密切关注最终的教育结果"。高校思想政治教育教师要以实际情况为依据,有计划地融入信息技术。具体分析如下。

(一)协调线上教学与线下教学

面对信息技术,高校思想政治教育教师要有自己的主观分析,要提升协调能力,学会协调线上教学与线下教学,具体从以下两方面去做:一方面,重视线下巩固。高校思想政治教育教师可以根据教育内容的特点,选择合适的教学形式,不过度依赖线上工具。例如,关于2021年版《思想道德与法治》教材第四章"明确价值要求,践行价值准则"中"社会主义核心价值观"的分析,多媒体课件可以呈现理论、剖析内涵,但这些分析可能距离学生的现实生活比较遥远。教师可以进行"线下分享""线下答疑",先走出理论,再回归理论,使学生逐步认识社会主义核心价值观。另一方面,重视线下作业。结束线上教学

之后,高校思想政治教育教师可以根据学生的掌握情况,布置差异化的线下作业,如对于理解较慢、内心存在诸多问题的学生,教师可以布置"习题类作业""网课类作业",帮助他们逐一解决问题。对于理解较快、希望获得进一步提升的学生,教师可以布置"调研类作业""实训类作业",激发他们的潜力。

(二)以多样化方式融入信息技术

高校思想政治教育教师接触信息技术之后,要关注自己的实际应用能力,不能浅尝辄止,长期采用某一种形式的信息化教学,要掌握多种有效的融入方式。例如,对于擅长使用多媒体工具的教师,可以继续学习微课,形成"多媒体＋微课"的授课模式。在多媒体课件中,思想政治教育信息主要融于文字、图片;在微课中,思想政治教育信息主要融于一个个短视频。多种形式的思想政治教育资源,可以创设生动、有趣的教育情境,满足学生对信息化教学的期待。另外,在思想政治课堂之外,高校教师也要积极创新信息技术的融入方式。例如,在国庆阅兵期间,高校教师可以进行"兵团精神主题探究直播",将兵团精神与阅兵仪式的每一个流程、每一个细节联系起来,剖析兵团精神的内涵。在这一过程中教师与学生的对话很轻松、很自由,学生可以阐述观点,表达个人感受,双方因便捷的信息技术而互动。

(三)密切关注最终的教育结果

从信息化教学的结果出发,高校教师要关注思想政治教育内容,走出"形式大于内容"的教学状态,科学规划教育工作。例如,通过教学研讨的方式,汇总思想政治教育内容,从中选出优质内容,纳入信息化教学方案,加强教育内容与信息化教学的关联性,使教育内容契合信息化教学,让学生在收获欢乐的同时,收获多种知识,获得持续的成长,获得思想上的进步。此外,高校思想政治教育教师不能因小失大,片面强调信息化教学的氛围,要从教育结果出发,深入思考如何提升教学、如何指导学生。例如,教师在进行深度分析时,要减少外界因素的干预,提醒学生集中注意力,认真理解教师的分析,认真记录不懂的问题,这样学生才能跟上思想政治教育的进度,牢牢掌握相关知识。

第三节　信息化视角下高校思想政治教育模式创新

一、高校思想政治线上与线下相结合的教育模式

近年来"互联网＋教育"给高校思想政治教育带来了很大冲击,更造成了教育影响力的争夺,线上与线下的有机结合,彻底解决了高校思想政治教育单向灌输的弊端。实施线上与线下相结合的教育模式,不仅激发了大学生对思想政治教育学习的兴趣,还调动了大学生思想政治学习的自主性。

(一)思想政治线上教育与线下教育的基本概念

在网络时代,以互联网为界限,将整个世界分为现实世界和虚拟世界。在现实世界中开展的思想政治教育被称为传统思想政治教育或线下思想政治教育,简称"线下思政";在虚拟空间中进行的思想政治教育,被称为线上思想政治教育,简称"线上思政"。线下思想政治教育是指以学校课堂教学为主,以座谈、讲座、会议或讨论为辅的现实、显性的思想政治教育活动。线上思想政治教育是借助集视频、音频、图表、动画、图片、文字为一体的新型网络教育媒介而开展的虚拟、隐性的思想政治教育活动。

(二)思想政治线上线下教育的 SWOT 分析

SWOT 分析指的是分析某一客观对象所具有的优势(strength)、不足(weakness)、机遇(opportunities)和挑战(threats)。

1. 线上思想政治教育的 S、O 分析

网络具有信息沟通的便捷性、网络结构的去中心性、信息资源的共享性、网络实践的虚拟性、主体地位的平等性等特征,为思想政治教育提供了便捷平台、广阔空间、海量信息。它突破了时间和空间的界限,为大学生提供了机会,使大学生在不同思想的碰撞中凭借自己的理智在广阔的信息中形成自己的思想态度和行为方式。

(1)利于针对性教育。线上教育的作用范围有较大优势,可在大学生的学习、生活的不同层次来影响他们,发挥线上教育的全方位育人功能;使教师从多种渠道捕捉学生多个层面的动态消息,由以前单纯"从上而下"的灌输变为有针对性的教育引导。

(2)利于消除心理壁垒。线上教育多属隐性教育,可有效避免简单说教,克服心理壁垒。教育载体的多样性使受教育者在无意识中接受某种思想观念,形成某种行为模式,对思想政治教育产生无意识性,避免心理拒斥,有利于思想政治教育工作任务的完成和目标的实现。

(3)利于信息交互。从一定意义上说,线上教育就是充分利用"网络"这一媒介,达成受教双方信息共享和互动,信息即时化、方式在线化。线上教育可避免信息获得的相对滞后性,避免传输过程中造成的信息失真,线上教育的内容与社会主流意识形态是同步的。师生及社会成员在网上获得信息,施加个体自身对信息的认识和评价,实现外化和内化的统一。

2. 线上思想政治教育的 W、T 分析

思想政治线上教育存在着教育效果不明显,参与面窄小,教育活动受时间、空间、经费等限制的局限性。另外,以网络为载体的教育过程中充斥着各种思想价值,影响和挑战着教育主客体对于信息或事件的选择和判断。当代大学生多为"00 后",他们个性张扬、特立独行,带有叛逆心,是在"网络天空"下成长起来的一代,"数字原住民"的特征鲜明,思维活跃、眼界开阔、心态开放,接触新鲜事物的机会多、意愿强。因此,教育者的教

育工作增加了难度系数:教育内容和教育方式需要创新,需要适应网络技术的发展,也需要满足受教育者的需求。

3.思想政治线下教育的 S、O 分析

思想政治线下教育是以课堂教学为主的显性教育,如表扬、批评、谈心、训诫、演讲、开导、辩论等说理性教育。通过向大学生灌输马克思列宁主义、中国特色社会主义理论体系的基本原理、基本观点和马克思主义科学世界观及方法论,使其树立正确的世界观、人生观、价值观,坚定马克思主义信仰,坚定社会主义信念,增长实现"两个一百年"任务的信心、增长实现中华民族伟大复兴的中国梦的信念。在 2016 年全国高校思想政治工作会议上,习近平总书记指出,"要用好课堂教学这个主渠道,思想政治理论课要坚持在改进中加强,提升思想政治教育亲和力和针对性,满足学生成长发展需求和期待,其他各门课都要守好一段渠、种好责任田,使各类课程与思想政治理论课同向同行,形成协同效应。""要更加注重以文化人、以文育人,广泛开展文明校园创建,开展形式多样、健康向上、格调高雅的校园文化活动,广泛开展各类社会实践。"①线下思想政治教育有着线上教育不可替代的作用和优势。

4.线下思想政治教育的 W、T 分析

第一,线下思想政治教育的作用范围有较大的局限性。由于线下教育必须依托于特定的、专门的思想政治教育活动,这一单一的活动作用的时间和空间都是有限的,与受教育者接触的角度都是较为简单的。

第二,线下教育直接将思想观念、道德观点和行为规范授予受教育者,其目的的确定性、直白性,教育方式的单一性,往往会引起受教育者的自然反抗和抵触情绪。这直接导致教育效果不理想,距离想要达成的社会理想效应有很大差距。

在互联网技术的影响下,线下教育明显地暴露出其固有的缺陷和不足:教育资源非第一手资料,不具有时效性。教育媒体获取资源和信息的渠道窄、数量少,教育者与受教育者互联互通的机会小、涉及少,传统教育方式和教育内容固化生硬。

通过对思想政治教育线上教育和线下教育的优势、不足、机遇和挑战的分析,可为思想政治教育线上线下相结合提供针对性辅助、发挥重要作用。从而使思想政治教育工作者更加全面系统地掌握思想政治教育。

(三)高校思想政治线上线下教育有机结合的必要性分析

1.高校思想政治教育线上线下结合的客观条件

新媒体技术是新时代下的产物,为大学生所接受,同时也为我们开展思想政治教育工作提供了难得的机遇。新媒体技术以其传播便捷、海量信息等优势拓展了思想政治教育的内容和空间,丰富了思想政治教育的手段和方式,并且使思想政治教育的针对性和

---

① 习近平. 在全国高校思想政治工作会议上发表的重要讲话[N]. 人民日报,2016-12-07(01).

实效性得到了增强。新媒体的灵活性丰富了思想政治教育的手段,学生不必在固定时间、固定地点学习,转被动为主动,通过计算机网络能在任何时间、地点参与到思想政治工作中,且学习内容图文并茂,提高了思想政治教育的效率。网络信息的可选择性、平等性、无权威性改变了教育者与受教育者之间的关系。网络消除了学生的心理戒备和隔阂,使得他们敢于吐真言,缩小了师生之间的距离、增强了信任感。线上思想政治教育形式灵活多样、内容丰富多彩、影响大、渗透能力强,推动了思想政治教育工作任务的完成。

2. 高校思想政治教育线上线下结合的主观因素

从受教育者角度来看,当代大学生经历并见证了新媒体技术的发展与创新,他们思维活跃、主体意识强,依赖于微信、微博及 QQ 等新媒体社交工具,与外界交流广泛,对新媒体的发展有着更高的需求,也对新媒体的发展提出了更完善的意见和建议。

从教育者角度来看,思想政治教师在实际工作中存在着教育时间、教育空间有限的问题,与受教育者接触的角度较为单一,师生之间存在心理壁垒。线上思想政治教育活动可以避免简单说教,克服心理壁垒,从不同角度、不同层次影响学生,有利于教师完成思想政治工作的任务,实现教育目标。

从思想政治自身发展来看,传统的思想政治教育工作多以课堂教学为主,辅助以座谈、讨论及会议等形式,多有不便。另外,当前国家间意识形态斗争愈加激烈,对于意识形态的灌输不容忽视。需要从多种途径渠道、利用多种方式开展此项工作。因此,显性的线下思想政治教育和隐性的线上思想政治教育的有机结合、齐头并进是必然的。

(四)高校思想政治线上与线下教育结合的有效路径

1. 加强队伍建设

高校思想政治教师是高校发展的关键所在。优秀的思想政治教师善于把握时代脉搏、捕捉主流意识形态。思想政治教育涉及精神领域,关乎人的"三观",是做人的工作。在网络基质下,教师要意识到学生的主体性,在施教过程中摒弃"一人主导"的教学模式;应掌握学生经常使用的网络应用,如微信、QQ。在引导学生自主学习过程中,对学生进行潜移默化的教育;应走下"讲台",走到学生中去,与学生交流,施以人文关怀,降低互联网中不良内容对他们的影响。

思想政治教师要从容理性,坚定政治立场,增强政治意识,增强政治责任感和工作紧迫感,保持高度的政治洞察力,把握社会主义的主流思想。不断增强自身政治理论建设,有效引导学生提高辨别能力,抵御不良思想意识侵蚀。

2. 加强平台建设

创新平台建设是促进线上教育与线下教育有机结合的关键环节。建设完善的线上思想政治教育平台。

(1)必须加强校园网的建设,当今时代,网络是信息传递的必要载体,思想政治建设也不可脱离。校园网的建设应主题鲜明、信息及时、内容客观、设计简洁专业、面向全校学生。学校可以通过开展丰富多彩的德育教育活动来吸引学生。

（2）鼓励思想政治教育工作者开通微博、微信公众号、论坛等新闻媒体，传播自己的思想政治观点、工作经验，为学生和其他教师提供可借鉴的经验；也可利用微信、QQ等聊天工具建立班级群、年级群，进一步关心学生，拉近与学生之间的距离，充分了解学生的思想动态，逐渐增强思想政治教育的针对性和吸引力，促进学生的成长成才。

二、高校思想政治"微教育"模式

（一）"微教育"概述

网络科技不仅改变了人的行为，还改变了教育的实践方式。在教育领域，网络信息技术正在深刻改变着教育的手段、方式、理念和内容，传统教育已经不能适应社会发展的要求，无法满足"微时代"大学生的需求。"微时代"，教育正面临着巨变和革新，因此，顺应社会的潮流和时代的发展，"微时代"相应地出现了"微教育"这一概念。

关于"微教育"的内涵，学术界没有明确界定。笔者将从多个层面理解"微教育"。"微教育"是教育的一种特殊形态。广义的教育泛指一切有目的地影响人的身心发展的社会实践活动，教育目标主要是增进人们的知识技能，提升人们的思想品德。狭义的教育是指专门组织的教育，即学校教育。它是根据一定社会的现实和未来的需要遵循年轻一代身心发展的规律，有目的、有计划、有组织、系统地引导受教育者获得知识技能的一种活动，教育目标主要是把受教育者培养成满足社会需要和促进社会发展的人。从教育活动的基本要素来看，教育是指人有意识地通过若干方法、媒介等形式向他人传递信息，期望以此影响他人的精神世界或心理状态，帮助或阻碍人们获得某些观念、素质、能力的社会活动。

从上述教育的定义可以看出，"微教育"是教育的一种特殊形式。它是借助数字化信息技术、电脑和手机等通信设备，通过微信、微博、微小说、微电影、微视频等媒介，以各种"微"网络载体展开的针对人们世界观、人生观、价值观的树立和理想、信念、道德的正确引导的碎片化、渗透式的教育。

从教育模式来看，"微教育"模式主要通过网络平台，利用手机和电脑等通信工具进行教育资源的传播、获取和共享。这种模式基于开放的网络平台，使学生学习知识的时间、空间限制得到缓解，能够给予学生极大的自由空间和选择权利，让学生有选择地培养和锻炼思维品质。这种模式有助于提升学生学习的积极性、主动性，改善、提升教学的效果和质量。

从微观、宏观角度来看，"微教育"是一种典型的微观教育形态。相较于宏观层面的教育实践，"微教育"是从小的方面着眼，致力于为广大学习者提供最具个性、最精准、最及时的资讯和社交服务。"微教育"之类的微观教育形态虽然信息含量较少，但内容精致、传播效率高，针对性和效果也更为明显，深受大众欢迎。

大体而言，"微教育"的特点十分鲜明：第一，以微课程的形式呈现微型的学习内容。

第二,微课程教学方式灵活多样,适用于在线学习、面对面教学和混合学习等多种学习情境。第三,移动学习。"微教育"以信息技术为载体,在移动终端上展示微课程内容。第四,微课程短小精悍,多以生动的视频形式呈现,并发布在学习平台上,供学习者观看和下载。

综上来看,"微教育"伴随微时代及个体需求特点的变化而生,通过网络通信工具和移动终端,使学习者根据自主选择的需求,进行知识传播或信息共享。

(二)高校思想政治"微教育"解析

1.高校思想政治"微教育"的含义

顾名思义,高校思想政治"微教育"是高校思想政治教育借助微媒体的实践形式,是思想政治教育在微时代的独特表现。高校思想政治"微教育"因教育的载体和环境的改变而产生,并且在网络技术的推动下迅速成为一种思想政治教育新形态。高校思想政治"微教育"正是从教育的核心理念、宗旨和主要目标出发,通过"微教育"这一"微时代"的新形式,对大学生思想道德等各方面进行培养。它是高校思想政治教育与"微教育"的结合体。社会各界都在信息化潮流中开拓创新,"互联网+"成为热点话题。从根本上说,高校思想政治"微教育"是"互联网+"的直接产物。

高校思想政治"微教育"能够创新高校思想政治教育的方式方法,提高高校思想政治教育的效率效果,"微"中显精致、远见、高效等。简而言之,高校思想政治"微教育"是高校思想政治教育的创新形式,通过微教育,开展思想政治学习和道德素养提升,有助于大学生理解、接受,同时,有助于提高高校思想政治教育的认同度和亲和力。

高校思想政治教育是由高校思想政治工作者按照一定的社会政治要求、思想道德规范,利用各种环境、机制、载体,对大学生施加有目的、有计划和有组织的影响,从而开展政治教育、思想教育、道德教育和心理教育等社会实践活动。以人的思想和精神世界作为工作对象的思想政治教育,由于高效地进行信息生产和传播的新媒体(包括互联网和手机在内)的迅猛发展,进入了一个无限选择的时代,生存在这个时代中的"任何人"在"任何地点"和"任何时候"可以获得"任何想要的资讯信息"。

2.高校思想政治"微教育"的要素

高校思想政治"微教育"的开展,需要具备一些基本要素,如主体和客体、目标和内容、手段和载体。传授教育的一方是主体,受教育一方是客体。只有这些要素和条件基本具备,才能完成复杂的"微教育"过程。教育主体通过设定目标,将丰富的内容、完善的载体和手段在主客体间将知识相互转换,达到教育优化的效果。

(1)主体和客体

①高校思想政治"微教育"的主体

从施教与受教的传统角度来看,高校思想政治"微教育"的主体与以往常规思想政治教育不同。在常规思想政治教育中,教师是主体,他们通过知识传授和课堂教学,进行一对多的、"灌输式"的说教，主体较为单一。在信息化背景下，"微教育"的主体不是单一形式的教师授课，而是利用多种网络信息技术（如微信、微博、QQ），通过网络移动终端进行思想政治知识的传授。

在"微教育"过程中，主体是多元且灵活的。"微教育"的主体可以是教师录好的课程视频，也可以是关于某一方面的系统化知识，还可以是在微信公众号等类似网络平台上的系列知识更新。从新媒体平台的性质来看，"微教育"的主体既可以是教师，也可以是其他群体，还可以是受众群体。也就是说，思想政治"微教育"的主体不仅仅由教师担当，其他社会群体都可以利用网络平台发布或讨论关于思想政治相关的知识与看法，他们都属于主体。参与的受众在不知不觉中也充当了主体的角色，尤其是参与网络平台讨论时，包括大学生群体在内的受众发表自己的看法，也是一种知识的宣传与传播过程，他们在无形中也充当了思想政治"微教育"的主体。

②高校思想政治"微教育"的客体

从表面上看，高校思想政治"微教育"的客体是指接受思想政治"微教育"的大学生群体。大学生群体通过各种网络工具获取知识，了解、学习相关思想政治的观点、知识等。实际上，客体并不局限于大学生群体，客体亦可以营造学习环境。运用环境间接影响知识接收者，即客体。

在实际教育过程中，高校思想政治"微教育"的主体、客体界限并不是十分清晰。大学生本身既是传播者又是接收者，既可以是主体又可以是客体，这两者间的关系是可以相互转换的。在"微教育"中，学习工具、学习环境、教学内容等都可以在主、客体之间进行相互转化，这个转化过程主要体现为学习中的互动、塑造和影响。正是主、客体间总是相互转化，二者间的界限并不清晰，使"微教育"更具活力和生命力，更有发展前景，能够激发更多大学生的参与热情。

（2）目标和内容

"为什么而教""教什么内容"是教育的基本要素。学习过程的展开，不仅要有传授者和接受者，还要有学习目标和学习内容。如果没有学习目标和学习内容，教育只能是一纸空谈。对于高校思想政治"微教育"来说，学习目标和学习内容尤为重要。高校思想政治"微教育"不仅具有传统思想政治教育的目标和内容，而且具有自身特殊的追求和因素。

高校思想政治"微教育"以优化教学模式、提升受众能力、改善学习效果为主要目标。在教育过程中，依托微媒体平台、运用微媒体手段，提高"微教育"效果，力求做到时间短、效率高、效果好，努力提升教师教学的创新性和学生参与的积极性。当然，具体到每个教育环节、模块或方式，高校思想政治"微教育"的目标又会有所不同，需考虑具体课程设计、开发等方面的因素。

高校思想政治"微教育"以思想政治、道德修养为主要内容。在教育过程中，依据具体教育目标，制定、设计、开发、管理甚至优化教学内容，以达到全面提升高校思想政治素养的目的，使大学生通过提高自身思想政治素养来促进自身全面发展。在"微教育"中，教学内容十分广泛、灵活,可以是相关理论知识和观点,可以是一段视频或语音,也可以是某一问题的讨论小组,"微教育"以各种形式展开学习的内容,内容的丰富性与展开学习的形式有关。由此看来,高校思想政治"微教育"的内容是丰富多样的,具有很大的拓展空间,亟待人们不断开拓和创新。

(3)手段和载体

传统的思想政治教育主要通过教师的课堂讲授、主题报告会、感染性和引领性教育手段对学生进行思想意识灌输。在这一过程中,教师作为思想政治教育工作者占据主导地位,学生主体性很少受到关注。当今时代,互联网发展迅速,各种微媒体崛起,高校思想政治"微教育"的手段越来越多样化,如传统模式＋视频模式、完全视频模式、短小课堂模式、视频＋实践模式等各种方式可以随意进行排列组合搭配。高校思想政治"微教育"手段的多元性不仅体现为手段样式多,还体现为各种教育手段之间相互转化和融合,教育手段本身也可以进一步优化与完善。

高校传统的思想政治教育载体十分单一,主要是教师通过黑板、书本、纸笔等这些看得见、摸得着的载体传递知识信息,是学生获得政治思想和观点立场的主要途径。这些传递信息的载体都是必不可少的硬件设施。如果某一环节出现问题,那么教育过程就难以持续下去。但是,在信息化的今天,网络十分发达便捷,高校思想政治教育的载体更加现代化、多元化和人性化,如移动网络终端、微信、微博等各种网络论坛都已经成为教育活动的基本载体。高校思想政治"微教育"的载体主要体现在网络化上,这一类型载体的特点是信息传播及时,信息量大,信息具有碎片化、交互性和共享性,而且媒介主体大众化,每个人都能够轻松注册账号并发表言论。因此,微媒体时代的思想政治教育载体更加灵活,承载的信息也更加多元、便捷和畅通,能够提升大学生的学习效果,从而改善思想政治教育质量。

(三)高校思想政治实施"微教育"模式的必要性

1. 借助"微教育"的时代元素增强教育吸引力

随着微博、微信等媒介的广泛运用,跳跃性、碎片化、快餐式成为信息传播的主要特点。大学生思想活跃,眼界比较开阔,对新观念和新事物接受较快,具有鲜明的时代特征。一些高校思想政治教育创造性不强,教育内容依然固守传统思想政治内涵,不能适应当代大学生对求知、审美、处事的需求,调动不了大学生学习的积极性,不能引发大学生的关注,触及不到大学生的灵魂,气氛沉闷,效果不佳。而"微教育"是一个有组织、有计划、有规律、有内容、有内涵和有目标的生动课堂,简约、形象、生动的"微"话语符合日新月异的信息社会,多元、共生、交融的"微"元素迎合了大学生求新求异的性格特征,平等、互动、创新的"微"体系符合现代教育理念,特别是图文并茂、影音结合的多媒体表现形式更是有效解决了传统思想政治教育枯燥乏味的弊端,更易于被大学生接受而深受欢迎,使思想政治教育达到"润物细无声"的效果。

2.借助"微教育"的快捷广泛增强教育时效性

高校传统思想政治教育往往只能通过开展思想政治理论课教学,定期开展专题讲座、党团课等形式,相比社会思潮变迁、时代形势变化、大学生思想波动,存在明显的滞后性,并且受时间、场所限制,教育覆盖面不广,不能及时回应大学生关注的热点、焦点问题,难以有效化解大学生思想、心理困惑,严重制约了思想政治教育功能的发挥。而"微教育"依托网络传播,具有资源共享、传播快捷、即发即收等特点,打破了思想政治教育的时空限制。教育者可以随时随地发布所见所闻、所思所想,并在第一时间产生快速影响,实现即时共享,使主流的声音深入各个角落。相比传统思想政治教育"逐层式"的传递方式,"微教育"可实现一对一或一对多"垂直式"的传递,拓展了思想政治教育的工作空间,提升了思想政治教育效率。

3.借助"微教育"的灵活互动形式增强教育感染力

高校传统思想政治教育方式方法比较单一,过分依赖于课堂授课,恪守"上课、讨论、总结"三部曲,教案中空话、套话、大话较多,开展教育时上下一般粗,从理论到理论,缺乏思想交流、感情认同;同时,大课教育往往只解决共性问题,对于个体问题却缺乏针对性,教师与学生之间缺少思想互动,教师常常处于被动接受地位,即使有了想法也不愿表达真实意见。而"微教育"主、客体平等和开放的特点,削弱了教师在传统思想政治教育中的话语垄断现象,不但教师能够传递思想政治教育的新思想、新见解和新内容,学生也能随时发布新观点、新意见和新建议,参与其中的个体都具有主体地位,不用受身份、地位等的束缚,相互间形成平等的讨论氛围,也可以将在现实中难以表达的情感、生活等问题倾诉出来,从而在心理上获得满足。

(四)高校思想政治"微教育"模式的构建策略

1.高校应建立包括校官方微博和其他各种微信公众平台在内的校园微平台

信息化时代的到来使得网络生活成为大学生日常生活中不可或缺的组成部分。为了让思想政治教育更好地融入大学生的日常生活,各高校应促进富有时代特色和校园特色的思想政治教育信息与"微载体"的结合,满足当代大学生的现实需求。同时,要大力宣传和有效使用这些载体,使之成为高校思想政治教育与大学生日常生活间的一座桥梁,更好地为教育服务。高校还应安排专门人员对微平台进行维护管理,定期发布大学生关心的与思想政治教育相关的社会热点、社会道德、学校发展等最新动态信息,加强大学生对当下热点的了解,扩大学校的影响力。有学者认为,高校应在微平台分享大学生日常关注的、迫切需要解决的关于现实人际交往、在校期间生活学习规划、未来如何就业等问题的解决方案,为大学生答疑解惑。校园微平台的信息发布一定要从贴近大学生,同时加入具体的案例,在具体问题中进行具体分析,并用视频、图片等更能吸引大学生的形式取代长篇大论的文字和理论,充分发挥校园微平台的教育作用。高校建立校园微平台是为了使高校思想政治教育顺应"微时代"的发展,满足新时代大学生对新型教育的需求，拉近教师与学生之间的距离。

2.高校思想政治教师要熟练运用各类新兴的"微载体"

高校思想政治教师要把自己的工作真正融入学生生活，必须挣脱传统观念的束缚，发挥自己的创造力，熟练运用各类新兴的"微载体"，与学生的生活接轨。教师要改变自己高高在上的传统理念，与学生成为无话不说的好朋友，引导他们从事积极向上的活动。另外，高校思想政治教师要学会借助新兴"微载体"进行正面信息的传播，挣脱传统教育的时空束缚，使积极正面的教育信息搭乘"微载体"在网络中展翅高飞，为高校思想政治教育营造一个充满正能量的教育环境。

一方面，教师要在进行思想政治教育时，不拘泥于传统高校思想政治教育方式，而应顺应时代需要，把"微载体"作为信息传播的主要途径，在保证信息正确的情况下，将抽象的理论转变为通俗的语言，方便学生对信息的理解。教师只有具备对"微载体"熟练使用的能力、敏锐的信息捕捉能力和对未来高校思想政治教育发展路径的精确判断力，才能洞悉解决信息时代与高校思想政治教育结合以及思想政治教育融入学生生活时遇到的问题，从而使自身更好地融入学生生活，成为他们的"微伙伴"。

另一方面，教师还是引导学生对网络上良莠不齐信息进行理性辩证、科学分析的主要力量。当前，信息传播速度极快，不良信息呈几何级数增长，单凭个别高校思想政治教育者是远远不够的，这就需要将高校思想政治教育者拧成一股绳，互相分享经验、共同开拓进取，成为一支力量庞大的队伍，共同处理"微时代"中出现的复杂问题。思想政治教育者要发挥自己的作用，在调动学生自我思考的同时，也要帮助他们养成自我教育、自我监管的能力，引导学生接受积极正面的信息，并教会学生如何判断各种复杂信息的真伪，培养他们正确的思想信念，使其自觉抵制不良信息的诱惑。

3.高校大学生要提高素质和修养，养成自律精神

大学生的素质和修养往往对高校思想政治教育有着不可忽视的作用。因此，要搞好高校思想政治教育工作，就必须帮助大学生提高自身的素质和修养。例如，帮助大学生在网络生活中准确表达自己的观点，实事求是，文明规范用语，切勿被纷杂的信息蒙蔽，也不要发表过激言论。除了文明用语，还要引导大学生加强自身对各类信息的筛选辨别的能力。大学生应拥有自己独立思考和冷静分析各类信息的能力，要学会过滤不良信息，提高自身对不良言论、低俗文化的免疫能力，不要被不法分子牵着鼻子走。总之，大学生要养成网络自律精神，恪守网络道德，在积极进行"微教育"的同时学会理性思考，带着批判精神去接受各类信息。

除了上述三个方面之外，高校思想政治教育内容的丰富与改善也是当下高校思想政治教育与"微时代"更好结合的一个不可或缺的因素。

教育内容的多样化是让高校思想政治教育产生应有教育效果的首要因素。理论源于实践，更应通过实践运用到生活中，通过理论与生活的结合，发现传统高校思想政治教育内容的不足和缺陷，不断提高教育内容的质量，使高校思想政治教育对大学生产生有

效的指导作用。教育内容如何向多样化发展,只有在生活中才能找到答案。教育内容不能一成不变,必须紧跟潮流,这样才能满足当代思想政治教育的需求。只有加快思想政治教育同大学生实际生活的融合,教育内容才能更有活力。首先,思想政治教育素材应尽量选取大学生亲身经历的案例,亲身经历的案例更能引起大学生的共鸣,引发他们的道德思考。其次,选取影响力大的案例。对于习惯从网络获取信息的大学生而言,影响力大的案例更能第一时间被他们关注,将这些案例融入思想政治教育,更能引起他们的兴趣。最后,选取实际生活中困扰大学生的一些案例,让思想政治教育不断向大学生的生活靠近。教育者只有深谙如何运用思想政治教育去解决大学生日常生活中遇到的问题,才能实现思想政治教育和大学生的零距离接触。

第四节　信息化视角下高校思想政治教育的改革与发展

信息化的快速加快了信息的传播速度,加快了各国经济合作及文化交融,也给大学生带来了思维价值多元化的负面影响。大学生作为整个社会国家的主要新生发展力量,拥有较强的新生事物接收能力,但是在世界观、人生观、价值观等各方面还未完全成型,极易受西方多元价值观的影响,对其开展思想政治教育能够让他们对党的政策方针更加了解,使他们的理想信念更加坚定,进而实现自身的全面发展。当前高校思想政治教育中仍然存在教育内容过于陈旧、传统课堂教育手段过于传统、教育合力不足、评价手段单一、教育效果不佳等问题。因此,高校进行思想政治教育改革已经刻不容缓。

一、信息化视角下高校思想政治教育存在的问题

(一)大学生网络行为失范

网络信息平台作为继电视、报纸以及广播之后,逐渐发展并广泛应用的第四大媒体,其巨大的信息量给大学生带来更加开阔的文化视野,但也对大学生带来了诸多负面影响。

首先,网络平台的多元信息和价值取向,对大学生的思维观念造成了冲击。网络信息具有隐蔽性、隐匿性、开放性、复杂性,具有更快捷的信息传播速度和更强的互动性与虚拟性,信息发布者可以公开或匿名发布相关信息,开放式信息传播实现了信息的不间断转发,致使信息来源不清,引发信息混乱,考证难度较大,这为大量垃圾信息接近大学生提供了机会,使其生活充斥着诸多娱乐、低俗趣事等信息。由于大学生年龄及阅历有限,对于信息分辨及处理能力水平比较薄弱,极易在网络世界中受其他思维影响,迷失自我,无法树立正确的世界观、人生观、价值观。

其次,削弱了大学生的独立思考能力。随着互联网检索功能的逐渐增强,进一步扩大了信息覆盖面,导致大学生遇到问题时习惯采用互联网检索解决问题,养成依赖于网

络的习惯,削弱了他们独立思考和判断的能力。

最后,网络责任感的缺失。网络世界具有匿名评论的功能,微博、微信、抖音、快手等都作为传播信息的媒介载体,赋予了每一个人都能够参与信息传播交流的自主权,这不但降低了信息传播的门槛,更为重要的是大学生作为信息的传播、接收者,可以不受局限地发表自己的看法、观点。部分大学生由于自身缺乏一定责任感,经常匿名发表一些不负责任的言论,不仅对教育环境造成污染,更对学生群体的身心健康造成了严重伤害。

(二)传统思想政治教育模式不能适应时代发展

传统思想政治教学内容比较枯燥乏味,也比较滞后,脱离大学生的生活实际,无法充分吸引大学生的注意力。而信息传播具有显著交互性特点,为大学生提供了多样化的信息交流方式,突破了时空限制,为其提供了丰富的学习资源,拓宽了大学生的知识获取渠道,大学生可自主选择学习环境和资源。多数大学生通过各种网络信息平台获取自己感兴趣的资源,打破了以往被动接受教师灌输知识的局面,很大程度上动摇了思想政治教育工作者的主体地位和话语权,对传统思想政治教育模式造成了很大的冲击。从教学语言表达的形式来看,传统思想政治教学话语表达整体比较单一,教学形式也比较单调古板,课堂氛围比较压抑,对师生沟通交流产生极大阻碍,大学生不能充分表达自身诉求,难以与教师形成情感及思想共鸣,造成学习个性活力不足。从知识传播层面来看,传统思想政治教学模式为由上至下的单向传播,存在师生地位不对等,信息交互速度缓慢等问题,交互性差,不能满足大学生个性需求。

(三)思想政治教育缺乏工作合力

高校思想政治教育合力机制是指高校思想政治教育系统内外各要素形成互相作用的工作体系、方式、制度及管理机制。思想政治教育不单是一门课程的教学,更是一项系统工程,需要社会、学校及家庭等各方面共同协作。就目前而言,思想政治教育还是主要由马克思主义学院等学院、教务处、宣传部以及学生处等部门负责,其他部门、学院参与不多,且各学院、部门之间并未设立交流沟通平台,学校各部门仍然单独量化指标,未考虑到思想政治教育工作整体量化衡量这一问题,缺乏教育合力。因此,思想政治教育工作合力问题是当前需要改进的迫切问题之一。

二、信息化视角下高校思想政治教育改革发展的途径

(一)更新高校思想政治教育理念

习近平总书记在全国高校思想政治工作会议上指出:"做好高校思想政治工作,要因事而化、因时而进、因势而新。"[①]高校思想政治教育工作者需要顺应教育发展趋势,更新

---

① 习近平. 在全国高校思想政治工作会议上发表的重要讲话[N]. 人民日报,2016-12-07(01).

自身教育观念,创新发展高校思想政治教育。

1. 树立以人为本、全面发展的教育理念

思想政治教育是塑造学生思想的教育工作,传统的以教师为中心的教学理念,灌输式的教学方式,并不能深入学生的心灵。高校思想政治教育工作者需要更加主动积极地顺应教育发展趋势,转变观念。

第一,把握新时代教育的发展方向,深入贯彻二十大精神,按照面向新时代教育改革发展的新要求,从注重"物"的建设向满足"人"的多样化需求和服务转变,扎实推进思想政治教育创新发展。

第二,树立以学生为中心的教育理念,以人为本,把重视人、理解人、尊重人、爱护人,提升和发展人贯穿于教育教学中。

第三,树立全面发展的教育理念,关注学生的现实需要和未来发展。

第四,树立开放发展理念,将已经具备一定传播力的思想政治教育理论知识不断转移至高校思想政治教育原有教学框架中,使之与学生的思想政治教育学习情况及需求相符合。

2. 建立零存整取理念

信息化时代,大学生有了更多的机会进行碎片化学习。高校思想政治教育工作者需要建立零存整取理念,即能够将思想政治教育理论知识以"零存"方式贯穿于大学生的日常生活学习中,如思想政治教育工作者可以借助各类信息平台,如微信公众号、微博、QQ群等平台,为大学生定期更新国家时事、政策文件、时政报道等思想政治教育相关信息,让大学生在接收推送信息的阅读过程中,不断受到主流意识的影响。通过拆分思想政治教育理论知识点,制作成视频资料让大学生自主观看,之后完成线上作答,通过这种"零存"式学习,最终实现高校思想政治教育课程的"整取"。

3. 倡导个性化教学理念

大学生是具有差异的独立个体,高校思想政治教育工作者应当尊重不同层次的大学生群体,因材施教,设计教学环境,提供不同层次的信息资源,以满足大学生对思想政治教育知识的个性化学习需求。高校思想政治教育工作者可以运用各种信息化软件、平台等对大学生进行思想政治教育的专项训练,完成作业自动批改和生成报表,更准确地了解大学生的薄弱知识点,对大学生实现个性化分析,实施真正的因材施教。

4. 树立共享发展理念

智慧只有共享才能产生更大价值。人工智能、人本主义、建构主义等新兴热门名词还有一些最新的思想政治教育内容让一些师生茫然,高校思想政治教育工作者可以借助信息化教学平台形成教师共同体,不断整合思想政治教育教学内容和观点,不断共享,共同进步,形成共享式思想政治教研新模式,促进自身专业成长。

(二)营造高校思想政治教育新环境

信息化视角下,信息资源具备无限性,大学生可以通过信息平台获得相关资源,高校思想政治教育工作者也可以借助信息化手段获得教学资源,并通过增强互动了解大学生的思想行为动态。网络环境带来各种便利的同时,也带来了各种负面影响,所以需要建设一个权威的思想政治教育平台,健全相关法律法规,不断净化网络环境。

1. 建设思想政治教育平台

目前,高校还没有一个比较完善的、权威的思想政治教育平台。针对这个问题,我们应当以高校思想政治教育实际为出发点,全面了解高校思想政治教育学习的真实需求,并积极迎合当代大学生群体的学习趣味,构建集知识、政治、趣味等多元素于一体的思想政治教育主题式信息平台。鼓励大学生运用信息平台,发布自主观点以及不同的观念看法,促进大学生之间平等沟通、交流。在此平台中,还可以开辟评论、点赞、转发等功能,通过互动促进大学生进行深度学习。

2. 健全法律法规,净化网络教育环境

高校思想政治教育内容需要传播正能量。传统思想政治教学中存在的主要问题是教学狭隘性,有关社会主义思想观念传播主要依靠主流方式进行教学,在新媒体逐渐兴起的时代背景下,思想政治教育工作者可以充分利用网络媒介,将网络信息平台设为根据地,选择传播积极向上的健康内容,这样大学生可以在网络信息平台上实现思维碰撞,并对原本的政治教育尴尬局面以及局限的教学资源成功突破,但是也要注意防范不良信息的影响。经过网络平台将违背道德规范的相关信息进行传播,极易发生由轻至重,量变最终引发质变,造成不良后果。因此,开展高校政治教育工作需要在新媒体的基础之上提升中华优秀文化及社会主义价值的传播力,重视训练道德能力,帮助大学生树立正确的道德标准,真正让大学生在传播信息中明辨和坚持真理,传播正能量,过滤不良信息,提高大学生的政治意识和责任意识。另外,我国现有信息平台法律规范机制仍不健全,我们应建设适用于新时代发展的思想政治教育法治法规体系,不断完善高校思想政治教育校园信息平台的监管机制,健全师生的信息平台使用法律意识。

(三)构建思想政治教育课程新体系,拓宽教育内容

1. 构建新型思想政治教育课程体系

要满足新时代的教育发展需求和思想政治教育发展趋势,变革高校思想政治教育理论课程,立足战略高度构建思想政治教育课程体系,始终把立德树人作为根本任务,不断深入挖掘思想政治教育内涵,创建各类思想政治课程教学资源,构建具有中国特色的思想政治教育课程体系,真正让思想政治教育释放活力。

2. 丰富高校思想政治教育内容

在互联网中信息传播更加实时、便捷,大学生可以通过互联网获取思想政治教育的

相关政策文件、观点文化和新闻报道等各方面的信息资源,短时间内便可以掌握自己所需的第一手资料,满足了大学生的信息获取需求,拓宽了高校思想政治教育内容。因此,高校思想政治教育应充分利用网络资源,丰富教学内容,更好地引入鲜活生动、极具代表性的案例,创设更好的学习情境,使教学内容更生动有趣、更有吸引力。

3. 高校思想政治教育内容数字化

与传统枯燥单调的时政内容不同,动画、音频、图文、网页、PPT、微课堂等各种数字资源正越来越受到大学生的欢迎,思想政治教育内容要满足大学生的需求,不断推进各项内容的数字化,并创建配套资源,以引发大学生的学习兴趣;要注重资源内容的虚拟强度、交互深度、丰富程度,以便实现动态和实时的自适应推送或推荐。

(四)创新高校思想政治教育新模式

以往高校思想政治教育往往以课堂式灌输教学、听报告讲座等方式为主。目前,高校等教育机构开始逐渐运用各种新型平台和技术(网络学习空间、在线平台、微博、微信、移动 APP 等),创造更具有实践操作性、丰富性、真实性的学习体验,提供差异化在线开放课程,包括大型、小型或区域化在线开放课程,以及分布式协作类课程,开展多元化的线上线下结合教学,与大学生群体形成互动型关系,教学相长,使得思想政治教育更加具有吸引力和感染力。

1. 从慕课(MOOC)到慕秀(MOOS)

在线教育很大程度上满足了大学生的便利化学习,也显著提升了大学生的学习效率。在线教育社区也为各学员提供了便捷的学习交流平台,远程教育模式的推广应用为个人知识经验传授、交易提供了更多便利。目前我国多数高校对 MOOC 课程进行了积极探索,如"学堂在线""中国大学 MOOC""好大学在线"等多种在线学习平台。诸多高校也在思想政治教育教学中实施了 MOOC 教学,如武汉大学于 2016 年推出思想政治教育在线开放课程 MOOC,在思想政治教育教学中引入 MOOC,对高校思想政治教育学习产生了积极作用。但实际教学中,MOOC 教学仍然存在一些不理想的现象,因此,需要创新MOOC 模式,MOOS 模式便是一种不错的方式,这种模式更加强调大学生的参与性和主动性,能够让大学生自主制作思想政治教育知识观念有关的音频、图片、文字等,以个性化方式展示自己所掌握的思想政治教育课程学习成果。

2. 从 O2O 到 P2P

随着教育信息化的发展,各类信息平台的广泛运用,线上线下的全闭环 O2O(Online To Offline,线离线)模式也已经成为如今高校思想政治教育的发展必然趋势。思想政治教育工作者可以通过线上对学生进行统一答复、一对一指导,线下可以运用微信、QQ 等平台公布需要讨论的思想政治教育专题,并安排学生以小组为单位协作分工完成课程,如线下课程讨论仍然无法达到教学目标则需要再次线上反馈,师生借助信息化平台共同互动讨论、深入学习。

P2P(peer-to-peer,点对点)模式更加突显大学生的主体性,更强调大学生主体参与的积极性,大学生可以借助微博、微信、QQ、公众号、抖音、快手等各类平台,实现对思想政治教育知识的接收、转发或收藏,从而进一步实现思想政治教育双向互动。这种模式能够真正让大学生成为思想政治课程教学的主动建构主体,也能够有力促进大学生道德、情感、心智各方面的特色发展。

3.开展实践活动

高校需要与社会资源形成联动,共同组织高校思想政治教育实践活动,要引导大学生对国家政策类文件及热门话题展开社会调查,让大学生在实践活动中对已掌握的思想政治教育理论知识进一步进行巩固。

有些实践活动不方便在现实场景中进行实践或者时间、花费、场地等受一定限制,可以采用虚拟仿真的形式进行。虚拟实践教学即在现代化信息技术下,运用虚拟化仿真实现思想政治教育教学,如"毛泽东思想和中国特色社会主义理论体系概述"这一课程,教师可以运用虚拟信息技术实现光、声、电一体化,运用音频、图片、文字等方式,为学生讲解纪念馆中的史实,让学生更真实地了解中国革命历史,产生身临其境的震撼感受,进而产生良好的思想政治教育效果。

(五)拓展思想政治教育效果评估新举措

传统的高校思想政治教育效果评估,往往集中于对大学生进行考试这一方式。教育信息化为教育考评方式提供了更多选择,可采用多样化考核评估,多层次完善教学效果评价。例如,采用多元化网评,师生都可以匿名评价对方,包括教师评价学生的思想政治教育学习情况,或学生对教师的授课进行网上评价,等等。可以对学生进行个性化诊断,经过跟踪分析学生的具体参与情况、主要的学习习惯以及行为轨迹,对学生的"价值需求侧"进行深挖,进一步形成个性化学习诊断,并及时进行干预教育。可以采用大数据技术定期对思想政治教师进行考核评价,进一步激发督促其转变自身教育理念,并提升教学能力。可以利用微博等平台让学生自由发表自己的观点和看法,并且最大化保护学生的隐私,提升其参与评价的热情。重构高校思想政治教育反馈评价渠道,思想政治教师对于反馈结果也要正确辩证看待,不仅要对学生的评价反馈结果高度重视,还要及时回应学生最迫切关注的问题,吸取学生好的建议,实现真正教学相长。

(六)提升教师素养

思想政治教育的关键在于教师。新时代的思想政治教育对教师素养水平提出了更大挑战。教师需要深入研究基于新技术、新思维、新资源以及新媒体的思想政治教育创新实践,重视理论技术教学互融的集成研究;需要转变教学思维,由教改作为主要依托重构教学形式,并从互联网平台及生活实践中寻找可以融入教学的真实素材,为学生提供思想政治话题;将教学重心转移到培养学生自主学习能力上,努力培养学生自主运用信息化进行学习的能力;需要在教学过程中学会反思,思考怎样才能够在学生个性化、混合式的学习中,真正扮演多重角色——不仅是知识主要传授者,更是资源共享者;不仅是教学目标设计者,更是进行教学探究合作者。转变教学定位,由传统教学的"教"转变为"导",不断促进自身专业发展;在课堂教学中主动渗透创新思维意识,结合主题设计、角色扮演、参与式教学等增加学生体验。需要对信息平台优势特点充分掌握,开发优质网络资源,精选一大批精品课程,供学生学习;利用 AR(Augmented Reality)/VR(Virtual Reality)创设虚实结合的教育场景等,加深学生的体验;积极构建线上线下结合的思想政治教育新方法,课前运用各网络信息平台让学生做好课前预习准备,在课堂中充分发挥学生的主体作用,重视学生的沟通交流,深化问题认知,课下要及时跟踪指导并详细及时地回答学生课堂中的问题,让学生养成温故而知新的良好习惯,做到有的放矢地正确引导,建立师生间的良好沟通机制。

(七)形成思想政治教育新合力

信息化为高校思想政治教育的各方面融合连接提供了机遇,突破了各部门各自为政的弊端,更有利于形成思想政治教育合力。

首先,推动思想政治教育信息化资源的开发与共享。教育与学习资源是思想政治教育的内容。建立政治思想教育平台,能够有效地整合各个部门、各个学校、各个社会教育机构优质的教育资源。

其次,大数据等信息技术已成为高等教育治理能力提升和模式创新的根本动力,并为学校搭建了一个全新的协同路径,构建了一个跨边界、跨层级的纯粹的"信任"验证机制。大数据的采用、处理和分析为有关教育机构各部门和学校行政管理各部门提供了关键的决策依据。思想政治教育作为整体系统工程,高校领导应当充分利用大数据进行分析,整合各学院、教务处、宣传部、学生处等多部门的力量,形成教育合力。

最后,形成家庭—学校—社会教育合力。应当充分发挥社会、家庭的教育合力,尤其要积极发挥社会教育的力量,如博物馆、爱国主义教育基地等社会教育机构能够让学生在参观、学习、体验中不断内化知识。此外,家长是学生的第一任老师,家长的言传身教、一举一动都影响着学生,家长要为学生营造良好的学习环境,提供更多的图书、资源、设备、学习技术及学习手段,激励学生学习。

第九章　新媒体视角下
高校思想政治教育研究

第一节　新媒体阐述

一、新媒体的定义

"新媒体(new media)"是一个相对的概念,是在报刊、广播、电视等传统媒体之后发展起来的新的媒体形态,包括网络媒体、手机媒体、触摸媒体、移动电视、桌面视窗、数字电视等。新媒体亦是一个宽泛的概念,利用数字技术、网络技术,通过互联网、宽带局域网、无线通信网、卫星等渠道以及电脑、手机、数字电视等终端,向用户提供信息和娱乐服务的传播形态。严格地说,新媒体应该称为数字化新媒体,因为它是相对于报刊、报纸、广播、电视四大传统意义上的媒体而言的,又被形象地称为"第五媒体"。对于新媒体的界定,学者们可谓众说纷纭,至今没有定论,如新传媒产业联盟秘书长王斌:"新媒体是以数字信息技术为基础,以互动传播为特点、具有创新形态的媒体。"美国《连线》杂志对新媒体的定义:"所有人对所有人的传播"。联合国教科文组织对新媒体下的定义是,"以数字技术为基础,以网络为载体进行信息传播的媒介。"[①]

新媒体除以上概念外,还有一种,即新媒体是能对大众同时提供个性化的内容的媒体,是传播者和接受者融会成对等的交流者,而无数的交流者相互间可以同时进行个性化交流的媒体,表现为交互性与即时性、海量性与共享性、多媒体与超文本、个性化与社群化等。

二、新媒体传播的特点

从岩画和巫会的模拟传播,到诗歌和戏剧的口语传播,到造纸术和印刷术发明之后的文字传播,再到无线电发明之后的电子传播,我们可以发现,传播的媒介形态日趋丰富,传播行为也日趋自由。随着科学技术的发展,新媒体除了具有传统媒体的传播特点外,还有自身的优势。

---

① 转引自:胡绍红. 大学生思想政治教育研究[M]. 北京:研究出版社,2020:224.

(一)传播行为更加个性化

原型的概念是由荣格提出的,被誉为人类心灵的集大成之理论。人类的存在可以划分为一些模式,如父亲和母亲,成功者和失败者,情人、丈夫和妻子,年老者和年轻者等人格角色和模式。这些原型先天就存在于人们的头脑里。虽然每个人有着不同于他人的想法和观点,不容易抓住共性,但其实都有着相同的原型。这也就解释了每个进行创造性活动的人都会发现自己总是不可避免地受到某个类型影响的现象。"个性化"被认为是一个终身发展的过程,由此引导个体达到基本完整的人格整合。按照原型来思考新媒体传播个体的个性化行为具有实际价值。新媒体通过借助科技化的力量实现了更加自我化和个性化的传播。新媒体环境下,博客、播客、移动终端等新媒体实现的手段使得每一个个体都可能成为信息的发布者,并且每一个个体都可以随意地借助其来表达自己的观点,传播自己相关或关注的观点,这使得传播内容以及传播的形式等完全实现个体化和自我化。当然,这种个性化的传播行为也带来了一定的负面影响,无限制的自我化个体内容使得个人隐私得以泛滥,传播内容更加良莠不齐。这给新媒体下的信息管理带来了不可小觑的挑战,当然对受众的信息筛选能力也提出了前所未有的要求。

(二)传播速度实时化

相比于传统的媒体,新媒体在现代技术的辅助下可以实现信息传播的实时化。与传统媒体复杂的剪辑和烦琐的后期制作与排版相比,新媒体技术的简单化和便捷性使得信息可以在全世界范围内实时传播。借助新媒体技术,可以实现通过网络、移动终端等方式实时化收看以及实时化评论。这使得人们获取信息的手段更加多元化,信息更实效,信息的时空距离被缩小到最小化。借助新媒体技术,在网络生活中,即使慢腾腾的人写好一个微博估计也只需要三分钟,而转发的时间也就是点击一下"转发"的时间。转发、评论等各种信息的传播速度已经完全不同于乡村大喇叭的扩散速度,它瞬间就会扩散到互联网的各个角落。

(三)传播方式多元化

传统媒体的传播方式依旧是点对点、点对面的传播,这种传播是单向的、线性的、不可选择的。它集中表现为在特定时间内信息发布者向受众传播信息,受众扮演的是被动的接受者,信息发布的整个过程没有信息反馈。整个静态的传播过程使得信息不具有流动性,当然这种单向的传播方式,使信息管理者更容易处理信息。相比之下,新媒体的传播方式更加多元化,这种多元化展现的是一种多点对多点的方式,并且整个过程是双向的、互动的。这就使得任何受众都可以成为信息的发布者。例如,许多论坛贴吧发展十分迅速,原因就是文字的互动和交流,使得每一个个体成为自己信息的主人,这就增加了信息发布者的归属感,同时,这种文字的互动性也提高了受众交流的积极性,使得信息变得更有价值。信息传播的多元化使得信息发布者互动性和积极性高涨。

(四)接收方式移动化

移动接收,即信息受众可在任何时间(anytime)、任何地点(anywhere)处理与其相关的任何事情(anything)。这种全新的移动化信息接收模式,可以让信息受众摆脱时间和空间的束缚。信息可以随时随地、通畅地进行交流互动,工作将更加轻松有效,整体运作更加协调。利用移动端的移动信息化软件,建立移动端与电脑互联互通的应用系统,摆脱时间和场所局限,随时进行随身化的交流和沟通,有效提高信息接收和管理效率。

传统媒体信息的接受比较固定,在时间和地点上不具备选择性。新媒体时代,随着移动终端和互联网的发展,受众可以在不同地点、不同时间对信息进行接收,从而真正实现信息接收的移动化。当然,随着移动终端和网络的双重覆盖,这种移动化更加凸显,移动化的特点必将成为新媒体的重要特征。

(五)传播内容交融化

与传统媒体相比,新媒体在传播内容方面更加丰富,将文字、图像、声音、影像等多媒体化成为一种趋势。随着无线网络的普及和移动设备的发展,移动终端除承担基本的功能外,还把浏览网页、视频通话等功能集于一体,而这些功能的实现则是以互联网、通信网、广播电视网等多重网络的融合为基础的。另外,相对于传统媒体,新媒体使得传统的四大媒体(报纸、杂志、广播、电视)之间的界限被打破而变成交融的一体。

第二节　新媒体对高校思想政治教育的影响

一、新媒体给高校思想政治教育带来的新机遇

新媒体时代是更加发达的,更加融入大学生学习与生活的时代,其无疑给思想政治教育的方式、价值以及教育观念带来全新的变化与拓展,从而为我们加强和改进思想政治教育工作提供了更多机遇。

(一)新媒体的开放性促进了思想政治教育资源的共享

新媒体时代汇集了人类文明的精华,其内容广泛而又丰富,并且图文并茂,使得人们可以选择自己认为更美观、更符合自己喜好的一些事物,而且选择的空间得到了空前扩大。同时,新媒体的即时性克服了传统媒体信息传递时效性比较差的缺点,使思想政治教育工作者可以在第一时间内把信息资源通过专门的网站、网页、电子邮件等传递到网络空间,供学生浏览、学习,大大提高了教育工作的效率。

新媒体的不断发展,使思想政治教育内容的形态从平面化走向立体化,由静态变为动态,从现实走向网络。

新媒体时代的高校思想政治教育相较于传统思想政治教育而言,大大提高了科技含量,这为当前的高校思想政治教育提供了更广阔的发展空间,有力地推动了高校思想政治教育的进一步发展。在当前的网络环境下,高校思想政治教育的方式已经出现了一定变化,通过网络平台可以开展丰富多样的教育活动。对于高校思想政治理论课来说,网络为理论课教师带来了更多的教育资源,不仅丰富了他们的教育内容,还让他们更注重建立和谐的师生关系。此外,他们可以通过面对面的形式,也可以通过手机媒体、电脑网络媒体与大学生进行交流、沟通。大家都处在一个虚拟世界中,彼此既"熟悉"又"陌生",无论是发言者还是回复者,大家都是平等的,彼此可以建立联系并互相索取信息、传播信息,使高校思想政治教育克服空洞、乏味的缺点,朝着形式多样、生动活泼的方向发展。

(二)新媒体的灵活性创新了思想政治教育的工作手段

在传统的高校思想政治教育中,由于身份的差距,教师和学生往往会有一定的隔阂,这主要是因为传统的高校思想政治教育是建立在课堂、书本上的,教师更多地局限于"照本宣科"的讲授方式,教育主体与受教育客体之间只是一种传输与被动接受的模式,这使得思想政治教育的空间变得狭窄。新媒体的出现改变了思想政治教育受限的尴尬局面,思想政治教育的理念和内容以新媒体为载体展现在学生面前,改变了传统思想政治教育中学生只是被动地、单一地接受教师教育的模式,使得一个教育主体对应多个受教育客体的新模式成为可能。

在新媒体时代,手机信息、博客、网络论坛等因其灵活、快捷等特点日益成为一种崭新的思想政治教育工作的载体和手段。

较之传统的思想政治教育,新媒体作为高校思想政治教育的载体,可以使思想政治教育知识、价值传播手段更为丰富、灵活。网络新媒体运用多媒体方式,将声音、文字、图像、视频、数据等多种通信媒体集合为一体,给学生带来了全新的视觉和听觉感受,其所独有的感官刺激功能使得学生在愉快的心情中认识和学习知识,体味思想政治教育的理念,它改变了传统的、单一的听觉感受,使学生的学习积极性明显提高,学习效果更加明显,同时网络新媒体的多种展现方式能够更好地激发学生的想象力和求知欲,调动其积极性和自主性,从而使得思想政治教育的理念能够更好地渗透到受教育者的内心,通过内化的方式实现学生思想质的转化和飞跃。因此,思想政治教育教师如果能很好地利用这些现代科技成果和先进传播手段,必将促进观念的转变、载体的更新、方法的改进,从而大大提高工作效率。

(三)新媒体的交互性改进了思想政治教育的工作方式

思想政治教育信息传授应建立在教师与学生互动基础上的思想观念和情感意识的交流过程中。但传统的思想政治教育多采用单向灌输的方法,生硬地把社会要求的思想观念、道德规范传授给学生,忽视学生的需求和接受能力,使学生处于从属地位,抑制了学生接受教育的积极性、主动性和创造性。

　　新媒体的交互性赋予了思想政治教育平等交流的权利,提供了互动交流的便利。这种平等互动交流的方式为学生创设了接受思想政治教育更宽松、更自由、更愉快的学习交流环境,使学生可以自由地选择自己所要学习的内容或自己想要获取的信息,并且可以及时方便地参与信息的反馈与再创造,使自己教育自己成为常态和可能。在日常学习和生活中,学生可能接触不同的价值理念和价值形式,面临无法排解的困惑时,不必因不方便求教于人而独自纠结,可以通过论坛交流、辩论等多种方式与他人展开积极主动的思想交流,在思想交流中实现自我意识的转变,从而形成更加符合社会发展要求的思想观念,在多种思想的碰撞中树立正确的价值观念,从而能够极大地增强思想政治教育的效果。再者,新媒体以其形式多样、图文并茂、音视频一体等特点使思想政治教育更具直观性和形象性,能让学生有身临其境之感,从而激发他们的学习兴趣,最大限度地调动他们获取知识的主动性,也极大地增强了思想政治教育工作的吸引力和感染力。

(四)新媒体的虚拟性有利于增强思想政治教育的可接受性

　　在思想政治教育工作中,教师与学生之间的信任程度是影响和制约教育效果与教育质量的重要因素。在过去的思想政治教育中,过分强调教师在教学过程中的主体作用,学生充当教师加工和塑造的对象,使得很多学生在通常情况下不敢也不愿意向教师讲真话,师生之间缺乏一定的有效沟通与良性互动,导致高校思想政治教育的低效。

　　新媒体作为一种现代化的交流平台,打破了现实世界与虚拟世界之间的界限,从根本上改变了人们的交往方式。在教育活动中,教师和学生都是教育主体,都具有鲜明的主体性,他们相互依赖,并在教育活动中发挥各自的主动性,从而形成思想政治教育中统一的整体,这是对以往标签式主客体关系争论的一个突破。立足于双主体性的教学,能够使教师和学生双方都得到重视。突出两者的主体意识、创造精神和能动性,这是现代思想教育发展的必然结果。传统的思想政治教育工作主要采取的是课堂授课形式,再配合座谈、讨论以及会议等形式进行开展。虽然具有直接性,但是这些方式却具有地域的局限性,不仅在内容上覆盖面比较有限,而且对于教师来说,在教学内容上也是很有限的,也不能针对不同的学校开展针对性的工作,这会使思想政治工作只停留在形式上,不能深刻地融入人们的思想。而新媒体角色具有一定的虚拟性,对于不善言谈、害羞的交往者来说,他们可以借助这种虚拟性保持相对平等的心态,可以在一些新媒体交流工具上最真实地表达自我,自由地畅谈自己的思想、观点,从而更容易达到深层次的交往。

　　与此同时,在新媒体环境中,不同的角色还可以相互进行转换,这主要体现为在网络中选择和吸收各种思想政治教育信息时,参与者是以受教育者的身份出现的,而在参与网络各种信息的制作、发布等网络实践活动中,将自己的思想、观点、看法及信息传播出去时,参与者又成为教育者。这非常有利于教师从中了解学生的真实想法,从而使思想政治教育工作做到有的放矢,也有利于对相关问题进行较为深入的探讨,增强思想政治教育的实效性。

(五)新媒体技术的综合运用提高了高校思想政治教育的时效性

检验思想政治教育是否有效以及效果的大小,其主要依据就是思想政治教育的目的和意图实现程度。要想取得思想政治教育的最佳效果,内化是关键。新媒体技术的综合运用,为思想政治教育的创新和促进高校思想政治教育的内化提供了新的契机。

一是网络丰富的共享信息,为开展思想政治教育提供了充足的资源。

二是网络传输的快捷性和交往的隐匿性,有助于教师迅速、准确地了解学生的思想情绪和他们所关注的热点问题,从而加强思想政治教育的针对性。

三是网络主体的平等性和交往的互动性,有助于实现学生主动参与对话交流,有助于教师把教育转化为学生的自我教育,从而提升思想政治教育的实效性。

四是网络传输的超时空性,扩大了思想政治教育的覆盖面,促进了思想政治教育的社会化。

另外,新媒体的开放性和超时空性有助于大学生多元化观念和全球意识的养成;新媒体网络交往的自由性和平等性有助于增强大学生的民主意识和权利意识;网络信息传输和更新的快捷性有助于增强大学生的效率观念、竞争意识、创新意识;网络空间的匿名性在减少外在约束机制的同时,也有助于大学生道德自主意识的提升。由此可见,综合运用新媒体技术,对于培养大学生的独立性、自主性、创造性等主体性品质,实现思想政治教育的最佳效果具有积极的促进作用。

二、新媒体给高校思想政治教育带来的新挑战

在新媒体环境下,信息的自由传播、传播者的平民化、信息的虚拟化、不良信息泛滥等也会扰乱信息传播环境,造成新媒体的失范,从而带来社会伦理问题、信息的管理与控制问题、现实世界虚拟化问题、舆论导向的偏颇问题等。如不及时解决这些问题,不但会对大学生的成长造成不利影响,而且会给高校思想政治教育工作者的思想政治教育工作造成诸多负面影响。

(一)新媒体信息传播的"无屏障性"使高校思想政治教育内容受到挑战

新媒体时代的信息传播在某种程度上可以说是一种"时间无屏障""空间无屏障""资讯无屏障"状态。在互联网上,每个人既可以是信息的发出者,也可以是信息的接收者。网络传播的这种交互性使网络上的信息良莠不齐、真假难辨,充斥着谎言、讹言、毫无理性的胡言等,海量网络信息给大学生思想观念和道德认知带来了深刻影响。新媒体负面影响的存在,加大了高校思想政治教育舆论导向的难度,削弱了传统思想政治教育的功能和效果,加大了思想政治教育的难度。

1. 思想政治教育主旋律受到冲击

培养有理想、有道德、有文化、有纪律的社会主义事业的建设者和接班人,是高校思想政治教育的神圣职责和光荣使命。当前高校思想政治教育的内容主要包括世界观、人

生观、价值观以及社会主义政治、道德与法制观念的教育。新媒体在拓展了大学生知识学习、知识选择空间的同时,也对高校思想政治工作的主旋律提出了前所未有的挑战。

传统的思想政治教育主要是通过宣讲、谈心以及报纸、广播、电视等大众媒体来进行的,这些方式有一个重要特点是可控性。教师可以根据教学目标选择相应的教育材料向学生讲授特定的教育内容,促进其思想的转变、行为的落实,促成教育目标的最终实现。在新媒体时代下,信息的传播途径日益增多,在网络中人们可以随时随地上传信息、发表看法,使用起来简单,传播速度快捷。不同地区、不同意识形态、不同年龄、不同职业、不同阅历的人可以同时在线匿名交流,这就使网上的交流环境变得相当复杂。不仅一些落后的、腐朽的思想和文化及违反社会公德的信息泛滥,甚至各种反马克思主义、反社会主义的论调也利用新媒体的途径大肆传播。在现阶段针对新媒体中信息的控制和过滤技术又相对滞后,相关的法律法规尚未健全,这就导致不同思想观念、政治观点、价值观的广泛流行。正处在世界观、人生观和价值观形成的重要阶段的大学生还不能完全有效地对大量网络信息进行甄别处理,容易不同程度地受到西方发达国家资产阶级意识形态、价值观念和生活方式的影响,有些大学生对共产主义理想、社会主义信念、集体主义原则出现了动摇,这些都给高校思想政治教育工作者敲响了警钟。

2. 违反社会道德的信息泛滥

新媒体的开放性使其信息庞杂多样,既有大量进步、健康、有益的信息,也有低俗、迷信甚至反动的内容。毫无疑问,这些垃圾信息形成的负面影响极不利于大学生的健康成长。新媒体环境下,低俗文化的泛滥影响着高校思想政治教育的效果,影响着大学生的身心健康。

网络传播的门槛较低,每个人都可以成为信息的发布者,因此,网上存在大量虚假信息,让人难辨真伪。网络信息的庞大使审查困难重重,一些网站为了获得高点击率而成为非法信息的传播者。垃圾信息成为伴随新媒体产生的一种营销手段,广告商未经许可所发送的大量垃圾邮件、垃圾信息,干扰了用户的正常生活。新媒体传播速度快、范围广的特征,给诈骗者提供了可乘之机,利用互联网实施诈骗行为屡见不鲜。网络安全的问题制约着中国网民深层次的网络应用发展。

网络谣言危害严重。在网络中,总会有一些别有用心的人凭空捏造包括文字、视频、图片等多种形式的信息谣言,妄图利用网民的亢奋情绪和巨大能量来达到某种特定的目的。在网络中,人们识别谣言的能力会大大降低,而谣言也会因此快速扩散,不断把人群的行为引向极端,直至造成破坏性后果。

新媒体中大量腐朽落后、低俗、夸大事实、颠覆我们主流价值观念的内容及对奢华享受生活方式的过分鼓吹等,严重干扰了大学生的价值判断,使自身辨别力不强,世界观、价值观尚未完全成熟又缺乏生活阅历的大学生陷入选择的困境,表现为理想信念的迷失,社会道德意识的缺失,法律意识的淡薄,看重金钱利益而忽视个人诚信,而且庞杂的信息内容也使通过思想政治教育传达给大学生的主流价值观在其头脑中扎根生长变得困难,降低了高校思想政治教育对大学生思想的影响作用,不利于高校思想政治教育目标的顺利实现。

3.西方社会意识形态的渗透

对于任何一个社会或国家来说,成功的意识形态不仅能够起到让人们认同现行制度的功能,起到维护社会发展与国家稳定的作用,而且能够作为一种准则帮助人们在现实社会生活中做出相应的价值判断。西方社会深谙此道,当不能在政治制度等方面对我国做出直接性的强制和控制的时候,它们往往从意识形态领域进行渗透。

互联网络将世界各个国家联系起来,不同的文化形态、思想观念或交融或冲突。但由于网络资源占有的不平等,信息生产权被掌握在少数国家和少数人的手中,在网络中形成的"文化霸权"是不容忽视的事实。以美国为首的西方发达国家为了实现它们霸权主义的目的,凭借其资金和技术上的优势,利用网络这一现代信息平台及信息传播的控制力和影响力,极力向世界灌输他们的意识形态、文化理念,在网上推行新的政治、文化上的殖民扩张政策。

当前,新媒体已成为某些西方国家对我国进行意识形态渗透的重要媒介。某些西方国家不断通过新媒体向我国传播它们的生活方式、人生观、价值观,宣扬资产阶级的民主和自由。有关个人主义、享乐主义、拜金主义等各种腐朽的生活方式和价值观的信息随着新媒体的发展不断地涌入我国。生活、成长在这种复杂的文化环境中,涉世尚浅、政治辨别力不强的大学生很容易受到这些不良思潮的影响。个别大学生非常崇尚西方资产阶级奢侈浮华的生活方式,过分追求个人利益,陷入了个人主义的泥潭。这就导致他们的世界观、人生观、荣辱观发生偏离,政治方向迷失,传统的伦理道德价值观受到冲击,社会责任感淡化。另外,部分大学生把金钱的多少作为衡量自己人生是否成功的标准。这些错误价值观的传播给高校思想政治工作带来了一定的难度,削弱了主流价值观的影响力,不利于大学生正确价值观的形成。

(二)新媒体的传播特点对思想政治教育模式提出挑战

传统的高校思想政治教育主要通过面对面的方式,与大学生进行沟通交流,引导、启发大学生加强思想道德学习,增加爱国之情,树立理想信念和社会责任感。这种教育方式情感互动性强,有针对性,交流的效果突出。新媒体的发展改变了高校思想政治教育的环境,对高校思想政治教育的过程、方法等提出了新的挑战。

1.新媒体的发展使高校思想政治教育环境趋于复杂

在信息科技不发达的情况下,大学生能够接触到的信息载体主要是报纸、电视、广播,而且政府和学校对这些载体传递的信息内容可以进行过滤,主动权掌握在思想政治工作者手中,我们可以坚持党性原则,坚持社会效益为首,剔除不正确的观点、不恰当的信息,以保证实施弘扬社会主义主旋律的教育。

新媒体环境下,大学生接受教育的空间广泛、比较自由,而新媒体的开放性使各种非主流声音,各种政治的、社会的谣言甚至危害国家安全的信息从网上到网下到处流传,给大学生群体造成十分消极的影响。在这种情况下，高校必须充分发挥党和政府在思想政治教育方面的领导作用，站在"培养什么人、如何培养人"这一事关社会主义事业发展的根本问题的高度，充分认识争夺互联网阵地的艰巨性和重要意义，采取有效措施，有针对性地、以足够的主流网络信息占领网络空间，最大限度地减少非主流信息，引导大学生树立正确的世界观、人生观、价值观、道德观，增强抵制腐蚀思想的能力，确保高校思想政治教育的实效性。

2. 新媒体的发展对高校思想政治教育的过程提出新要求

通过新媒体，大学生可以接触到各种各样的信息，包括各门类学科知识、时事报道、奇闻逸事、思想言论等。新媒体信息的传播跨越了时空的限制，通过传媒技术把世界各地的人们联系在了一起。各种不同意识形态、政治制度、文化背景下的思想观点混合在一起，极易导致世界观、人生观尚未完全成熟的大学生在进行价值判断时产生各种困惑，这个时候，急切需要得到能够令人信服的答案，解开他们思想上的种种疑问。但是，当大学生日益通过新媒体来表达思想状况、心理需求时，就给教育者的工作带来极大的困难。

新媒体环境下，由于大多数人都通过各自的代号而非自己的真实姓名上网，教师无法知道究竟是谁在发表意见，不清楚学生正在关注什么、遇到了什么难题、思考些什么、想知道什么，因而高校思想政治教育工作就难以做到切实从大学生的心理需求出发，有针对性地解决大学生实际遇到的问题，甚至有时非但达不到理想的教育效果，还会引起他们的逆反情绪，产生负面效果。虽然当前许多高校都建立了自己的内部网站，开辟了思想政治教育专栏，但由于内容比较单一，形式缺乏灵活性，语言缺少生动性，缺乏对大学生实际心理需求的针对性研究，吸引力不强，而且对网站的管理与维护又相对滞后，网页更新速度慢，所以目前大学生很少访问此类网站，教育效果欠佳。

3. 新媒体的发展使高校思想政治教育方法面临挑战

传统的思想政治教育，使用较多的是摆事实、讲道理的教育方法。教师通过课堂宣讲、个别谈心等面对面的方式，对学生动之以情、晓之以理，促使其提高思想认识、解决问题。这种方式的针对性强，反馈及时，有一定的优越性。但是，新媒体时代思想政治教育方法面临着新情况，具体如下：

一方面，新媒体环境下，学生接受教育的空间广泛，比较自由，讲课、谈心这种必须在合适的地点、时间进行的教育方式，能否取得理想的教育效果？

另一方面，教育的效果取决于教师的现场发挥，教师一般在精心准备授课的情况下，持续保持良好的授课状态也非常容易，作为学生，在现场很容易受到教师的感染，现场教育的效果很好，若是在新媒体环境下，脱离了现场教育的环境氛围，教育的感染力该如何保证？面对新媒体信息传播的互动性、个性化、多元化、多样化等特点，创新出大学生喜闻乐见的思想政治教育方式，显得越来越重要。

（三）新媒体时代对高校思想政治教育工作者的权威性提出挑战

新媒体时代，大学生强烈的好奇心和对新生事物的认同感使他们成为新媒体最早的接受者、使用推广者,而高校思想政治教育工作者却存在新媒体技术意识淡薄、网络技术水平差、缺乏接受新鲜事物的敏锐性、观念更新不够等不足之处,处于信息劣势的境地。因此,高校思想政治教育工作者对新媒体的掌握、熟悉和运用,决定了高校思想政治教育的发展。

1. 新媒体时代对思想政治教育工作者的信息优势地位提出了挑战

在传统高校思想政治教育工作当中,思想政治教育工作者既具有理论上的优势,又具有丰富的历史人文社会知识上的优势,加上多年知识信息的累积和对传统媒介的熟悉,具有绝对的主体掌控地位。思想政治教育者不仅"掌控"着思想政治教育的内容,而且"掌控"着思想政治教育的整个实施过程。在教育过程中,可以及时把握社会政治、经济和文化动态,并将之与思想理论教育相结合,使教育形式更加丰富,内容更加充实,同时充分展示个人的教育魅力,增强了思想政治教育的吸引力。

新媒体时代这种局面开始被打破,大学生作为新媒体使用的主力军,对各种社会现象非常敏感,他们借助新媒体可以便捷迅速地寻找自己需要的信息,完全绕过了高校思想政治教育工作者这一传播思想政治教育理念的根本媒介,久而久之,会动摇思想政治教育工作者的教育主体和教育主导者的地位。受教育者和教育者的地位由隶属关系变成相互学习、相互促进的平等关系,从而改变了受教育者在传统教育中知识信息劣势的格局。这无疑对传统思想政治教育工作者的主体地位提出了严峻的挑战。

2. 新媒体时代对思想政治教育工作者的知识结构提出了挑战

新媒体技术的出现,对思想政治教育工作者的知识结构提出了挑战。新媒体打破了知识传授单向的传输模式,信息的多向性为大学生提供了较多的选择空间,他们的自主学习能力得到加强,有时候甚至会出现思想政治工作者所接受的信息迟于或少于学生的现象。在新媒体所构建的平等的交互性的平台上,大学生的主体意识会被极大地调动起来,影响并改变着他们的认知方式和接受方式。由于获取信息的渠道更宽,接触不同观点的机会更多,大学生不再像以前那样被动地接受思想政治工作者的灌输和安排。他们用自己的是非观、判断力选择自己认为正确的观点,主动获取知识的同时要求与思想政治工作者平等对话,这既反映出教育的进步,同时也对思想政治工作者的知识掌握提出了更高的要求。思想政治工作者只有学会科学评估和研究互联网络对大学生思想政治工作所产生的全方位影响,不断加强自身网络知识和技能的学习,提高与大学生网络沟通的能力,才能真正成为大学生健康成长的指导者和引路人。

3. 新媒体时代对思想政治教育工作者的素质提出了挑战

在高校思想政治教育过程中,思想政治教育工作者的素质包括思想素质、政治素质、文化素质等。通过提高思想政治教育者的相关素质可以有效地提高思想政治教育工作者的人格魅力以及对大学生的吸引力,进而使得大学生能够心悦诚服地"追随"思想政治教育工作者的脚步,并根据思想政治教育工作者传授的理念和内容形成符合社会发展的思想观念和行为方式。

新媒体时代下,随着网络信息技术异乎寻常地迅猛发展,大多数思想政治教育内容和理念通过网络这个新媒介以不同的方式展现出来,极大地吸引了大学生的眼球。相比于思想政治教育工作者的谆谆教诲,大学生们更喜欢通过网络来了解和吸收自己所需要的知识。要通过网络引导的方式来指导大学生正确探寻其所需信息,高校思想政治教育工作者除了要具备政治、文化等基本素质之外,还要有基本的网络素质以及筛选信息的能力,这对高校思想政治教育工作者的素质提出了更高的要求。建设一支具有较高思想道德素质、政治理论水平、良好的心理品质和一定的创新能力,熟悉网络、能熟练地操作多媒体的、高素质的思想政治教育工作队伍是新媒体时代下解决高校思想政治教育困境的必由之路。

第三节　新媒体环境下高校思想政治教育资源的整合

一、新媒体技术对高校思想政治教育资源整合的意义

新媒体技术不仅包括信息技术,还包括一些数据处理方面的技术,其中每一个技术中又有各自的细分技术,新媒体技术近年来的飞速发展,对高校教学改革起到了重要的推动作用。新媒体技术在课堂中的应用不仅有效辅助了教师的教学工作,也为学生提供了新的学习途径和方法,有利于促进学生在学习中发现问题、研究问题。高校思想政治学科是大学生必须学习和广泛应用的课程,新媒体技术的加入,使高校思想政治教育资源得到充分整合,一方面,高校通过新媒体技术将思想政治的教学内容形象化、日常化,渗透到大学生的日常生活和学习之中,对其素养的形成和能力的培养产生了潜移默化的影响。另一方面,高校通过新媒体技术的信息存储功能,将所传授的思想政治教育资源长期保留下来,使大学生能够随时随地浏览学习,提高其学习主动性和积极性,保证高校思想教育资源的高效利用,促进高校思想政治教育资源科学、合理的整合。

二、新媒体环境下高校思想政治教育资源整合的问题

真正的新媒体技术与课堂教学整合应该注重培养大学生的认知能力和创新能力,也是当前高校思想政治教育资源整合的工作所要突破的关键点。而受多方面因素影响,当前新媒体环境下高校思想政治教育资源整合工作中面临着诸多问题,其核心在于新旧媒体的动能转换问题。

(一)各种媒体交织,区分不明显,管理体制松散

调查显示,当前部分高校对于新旧媒体分类不明,在新媒体投入和应用方面的监管力度较小,其中管理体制的不健全、不完备直接导致了高校教育资源整合效率的低下。首先,高校中各种媒体混杂,媒体工作人员多为学生代表或社团成员,受课业任务影响,

在执行一些校园媒体任务时,往往会出现人员之间交流沟通不到位,导致任务完成率低、质量差等现象发生。其次,校园媒体团队中的任务较复杂,前期需要大量人力、物力以及精力的投入,但是媒体节目以及信息在大学生群体中的影响力、知名度和覆盖率较为薄弱和低下,导致校园媒体在高校思想政治教育资源整合方面的实际作用难以得到完全释放,一定程度上阻碍了高校思想政治教育资源整合的工作进度和过程。

(二)新旧媒体技术之间的联系与互动较弱

当前,高校传统媒体行业受到新媒体技术的冲击,发展一蹶不振,在分配方面,基本上处于各自为政、势均力敌的局面,新旧媒体之间的互动与关联极其薄弱。例如,在高校思想政治教育资源整合中,需要列举诸多具有教育意义的社会事件、人物素材等,高校传统媒体往往根据以往所积累的工作经验进行编排播放,其形式和效果较为分散,范围较小,不符合高校思想政治教育资源整合的根本目标,在大学生群体中的影响微乎其微,甚至造成信息资源的遗漏和浪费。新媒体技术恰恰能够最大限度规避此类问题,但这需要新旧媒体之间的良性互动和联系。因此,当前高校思想政治教育资源整合中存在的诸多问题,与高校中新旧媒体发展不良有着极大的关系。

(三)部分大学生的媒介素养低下,媒体教育观念落后

"媒介素养"是媒体行业的专有名词,是指在媒介信息的提取、评估、传播等方面的能力以及灵活将各种媒介信息应用到日常工作以及生活中的能力。就目前情况而言,我国高校中的大学生媒介素养较为低下,这与我国高校的教育模式和课程设置有着重要的关系。高校中大多不开展专门的媒介素养教育课程,更没有配备相关的教师队伍,使大学生无法得到专业、有效的媒体知识的学习和培养,是大学生媒介素养低的直接原因。而在高校中大学生往往将电视、电脑以及手机中发布的某些信息作为权威信息,不深入了解其真实性和科学性,一味信服和接收,严重影响了他们的判断能力和辨别能力,将思想政治所传授的知识置之度外,致使新媒体环境下高校思想政治教育资源整合的难度空前加大。

(四)高校教育主体的合力作用发挥较差

教育合力是指多方共同力量,一般包括学校、家庭和社会三种教育力量相互关联、相互协调、合作,形成以高校为中心的多维教育体系,促进共同进步,以提高大学生的内在素质和外在能力。但是在当前高校教育中,教育主体的凝聚力和合作配合能力相对较低,难以将高校教育资源整合这一工作任务合理高效地完成,各方相互牵扯、制约,影响高校教育资源整合的效率,也不利于高校思想政治课程的发展。

三、新媒体环境下高校思想政治教育资源整合的策略

思想政治教育是具有特定价值的重要命题,直接关系着我国社会经济的可持续发

展,也是实现中华民族伟大复兴整体体系中的有机组成部分,而大学生的思想政治教育则是社会各界高度关注的热点问题之一。作为当前高校教育教学改革整体体系中的重要内容,如何优化思想政治教育教学工作是当前各类高校需要积极面对的重要命题,需要引起相关主体的高度重视。

(一)高校方面

高校是孕育人才的中心,高校思想政治教育资源整合工作的实施核心就是高校,高校在此过程中发挥着不可替代的作用,因此高校要积极承担责任,勇于探索,寻找科学高效的思想政治教育资源整合方法和措施。

第一,建立健全高校新媒体管理体制,整合新旧媒体技术。由于高校一直以办学、教学为基础,因此,部分高校在媒体管理机制方面难免会有疏忽,这也就导致了新媒体环境下高校教育资源整合工作难以取得成效。因此,高校要积极从内部媒体发展找问题,整合新旧媒体,提高信息准确度和传播效率。例如,高校可以成立专门的信息网络中心,内部设置相关机构,制定切实可行的管理机制,培养具有较高思想政治素养的工作人员,切实提高他们的整体素质,从技术上引导校园舆论方向,突出思想政治教育的导向性和引领性作用。

第二,加强消息以及数据整合,营造积极向上的校园媒体氛围。现代社会的信息具有数量庞大、内容复杂的特点,很多信息真假难辨,而大学生作为较关注社会发展变化的群体,容易受不实信息影响,给自身发展带来不利影响。因此,高校进行信息与数据整合也是保证高校内部思想政治教育媒体运行的关键。要从根本出发,抓住媒体传播的根基,深入分析已有的信息和数据:首先,保证相关数据和信息的整合;其次,促进高校思想政治教育资源的整合,营造积极向上的校园思想政治教育氛围。

第三,加强高校、社会、家庭、大学生相结合的教育网络平台以及信息资源共享平台建设。在信息与技术高速发展的今天,如何解决校园内外信息共享联通,构建四维立体教育模式是高校面临的重要任务之一。新媒体技术的融入,为此类高校平台建设创造了难得的发展机遇。高校在进行思想政治教育资源整合的过程中,要充分发挥多方力量和优势,利用新媒体技术建设多维网络平台,促进高校间的信息资源共享,提高高校思想政治教育资源整合的质量和效率,也可以让家庭和社会充分参与进来,同时,也能够让大学生提高自主学习能力,与当前教育改革的目标相呼应。

第四,挖掘新媒体技术的潜能,加强大学生的媒介素养教育、多学科融合教育。高校当前最为常见的媒体整合方式就是新旧媒体共存交织,受新媒体发展的大环境影响,高校媒体同质化过程难以避免,因此最大限度地规避高校内部媒体同质化,是当前新媒体环境下高校思想政治教育资源整合所要解决的问题之一。高校要积极挖掘新媒体技术中的潜能,如将其功能和特点放大,充分服务于高校思想政治教育资源整合工作,开设相关媒介素养培育课程,提高大学生对于媒体的认知和应用,以保证在新媒体环境下高校教育资源整合的正常运转。同时,高校要加强多学科融合教育,利用当前已有的新媒体技术,将相互之间有关联的教育资源充分整合,推动高校教育改革持续发展。

第五,促进原有技术的升级转换,实现技术革新,顺应社会发展潮流。当前高校媒体以传统媒体为主,新媒体只能充当辅助工具,没有明确的主体地位。因此,高校应当积极促进已有技术的改革和升级,以此来适应新媒体环境下技术革新的要求,顺应当前时代和社会发展潮流。例如,高校在进行思想政治教育时,不可避免地需要引入一些名人事迹、典型案例来加深大学生的印象,部分高校传统媒体无法适应当前大学生对于思想政治学习的需求,内部媒体传输的时效性较低,使大学生无法及时了解社会上发生的相关事件,严重阻碍了大学生的思想政治导向,不利于高校思想政治教育资源整合的发展。因此,高校要认识到新媒体技术对于思想政治教育资源整合的重要性,深入贯彻新媒体技术,充分发挥新媒体技术的功能,积极转变原有技术,实现原有技术的升级,使人更好地服务于高校思想政治教育资源整合,确保高校教育资源整合工作的顺利进行。

(二)学生与教师方面

第一,提高高校思想政治活动举办频率,组织党团共同学习研究。教育资源对于社会来说,是推动社会发展的重要指南,尤其是具有理论代表性的思想政治教育资源,要深入剖析当前社会发展的要求,根据社会发展趋势,积极主动地举办相关思想政治活动。例如,"学习新思想,争做新青年"主题活动等,让高校内部每一位成员都能参与进来,为高校思想政治教育资源整合提供发展机遇。同时,由于高校以党团为主要的思想基地,因此,大力开展党团共同研究学习活动,让教师与学生建言献策,可以有效推动高校思想政治教育资源整合高质量、高标准发展。

第二,加强课堂与学生、学生与课程的联系,优化教育资源内部结构。课堂是思想政治教育传播的主阵地,高校课堂与中学课堂不同,面对的学生人数众多,且学习风格复杂多样,因此,要实地考察思想政治教育资源的分配和应用情况,依据所把握的数据进行合理分析,充分考虑到各种资源整合类型和状况,有针对性和指导性地对高校思想政治教育资源进行深化整合。例如,学校可以充分了解教师的教学经验与建议,以及学生对于思想政治学科学习的取向和兴趣,加强课堂与学生、学生与课程之间的联系,促进高校思想政治教育资源整合更快、更好地进行。

第三,鼓励学生参加思想政治教育社会实践活动,教师做好引导者和指挥者。大学生的学习压力相对较轻,但是受到外部因素影响,高校教师在授课的过程中,难免会遇到一些教学障碍。例如,学生无法专心听讲,注意力不集中,对所讲述的课程不感兴趣,这不仅会加大教师的教学负担,也会影响学校的学习氛围,一定程度上阻碍了高校教育资源整合的过程。因此,高校在进行思想政治教育资源的整合时,不仅要立足于思想政治的课堂教学,而且要将课堂与实际相结合,积极为学生提供社会实践机会,让学生在社会实践中展现自我,获取思想政治教育资源,为高校思想政治教育资源整合奠定理论基础。同时,教师在此过程中要扮演好引导者和指挥者的角色,为学生学习以及教育资源整合发展提供有效帮助。

第四，提高学生媒介素养，让学生学会辩证地看待信息。大学生是祖国的希望，是未来的栋梁，开展高校思想政治教育，整合优秀的资源，能够保证学生的价值观、人生观、世界观得到进一步完善。在新媒体视角下，要加强对学生媒介素养的培养，使学生既有正确的"三观"，又可以明确分辨信息，做到去伪存真。就要设置与媒介素养有关的课程，从认知、情感、审美、道德等多个层面入手，引导学生了解当前的媒介环境，客观公正看待各类信息，有效利用媒介的优势开阔视野，增长见识。在媒介素养的培养方面，还缺乏专业的师资力量和课程，这就需要积极提高教师的素质，设置专门的课程，使教师能够得到多元化、多层次的培养，掌握专业的媒介知识，提高教学水平。

第四节　新媒体视角下高校思想政治教育的创新思考

一、新媒体视角下高校思想政治教育创新的必要性和可行性分析

(一)必要性分析

新媒体时代的高校思想政治教育创新是基于新的历史条件下，顺应时代发展潮流，优化高校思想政治教育的效果，促进大学生健康成长成才，丰富和发展高校思想政治教育理论的迫切要求。

1. 优化高校思想政治教育效果的需要

一直以来，高校思想政治教育坚持管理育人、文化育人、活动育人，经常以一对一的形式开展，通过促膝谈心，可以很好地解决个人的思想问题。但这种交谈内容无法广为传播，对其他有相似问题和疑惑的人无法产生影响。为了扩大宣传，高校思想政治教育采用做报告、印材料等形式，但这些手段受制于场地和时间等因素，其覆盖面也是有限的。新媒体的快速发展，使高校思想政治教育突破了时空的局限，其影响力得以进一步增强，思想政治教育效果得到进一步优化。

首先，有利于提高思想政治教育和管理工作的效率。新媒体的出现不仅丰富了思想政治教育的载体，为高校思想政治教育提供了广阔的平台，而且其本身数字技术的应用，为高校思想政治教育内容、手段、形式的创新提供了强大的技术支持。思想政治教育与新媒体的结合，可以充分发挥新媒体的开放性、交互性、及时性、共享性等优势，有利于思想政治教育工作者和大学生随时交流，及时、准确地了解把握大学生的思想动态，提高思想政治教育的针对性和实效性。同时，新媒体信息的高储备量可以满足大学生多样化的信息需求，强大的视听效果能调动大学生的各种感官，增强学习的趣味性，有利于提高大学生学习政治理论的热情，化被动学习为主动接受。

其次，有利于提高网络思想政治教育效果。网络思想政治教育的空间是虚拟的，环境是开放的，教育过程是双向互动的，信息资源是共享的，信息的传输是超越时空和地域

的。而目前许多高校的思想政治教育网站存在内容单一、形式枯燥等问题,网站多以为大学生提供思想政治教育的学习资料、国内外时事政治、校园新闻的播报等信息的单向发布作为网络思想政治教育的方式,网络的其他教育手段与方式还没有被充分发掘。有些高校的思想政治教育主题网站就是把思想政治理论生硬地搬到网上,将文字版本的内容转化成电子版本,网页信息量小、内容单调,设置内容的形式简单,缺乏新意,而且更新速度慢,不能调动大学生的学习热情,满足他们的实际需求,导致该类网站的吸引力不强,访问量较低,实效性较差。因此,不断创新高校思想政治教育,充分发挥网络技术的潜能,建设一批高质量的教育网站,是提升高校网络思想政治教育效果的必然要求。

2. 培养社会主义事业建设者和接班人的需要

大学生作为最富有朝气和活力的群体之一,是社会主义现代化建设的中坚力量,他们肩负着国家和人民赋予的重要历史使命和时代责任,是国家不断发展进步的关键力量来源之一。大学生自身的思想素质、道德素质、能力水平的高低、价值观的正确与否对社会的发展进步具有重要影响。

当前,新媒体对大学生成长成才的影响已经越来越突出,尤其是境外敌对势力以新媒体为主要手段,不断对我国进行西化、分化,表现在网上的渗透活动组织性明显增强、技术对抗更加尖锐、舆论较量更加激烈。在新媒体环境中,大学生在信息的获得上享有很大的选择权和主动权,发表个人看法的自由度越来越高,自主意识、民主意识与日增强,崇尚个性自由,乐于被他人关注等表现,迫切需要高校思想政治教育改变传统的育人理念,充分利用新媒体,积极探索思想政治教育的新领域、新内容、新方法,牢牢掌握网络话语权,大力推进思想政治教育进网络,用先进的、优秀的文化帮助大学生树立正确的世界观、人生观和价值观,为社会主义建设培养既有创新意识和能力,又有高尚道德情操的栋梁之材。

3. 丰富和发展思想政治教育理论的需要

实践的发展需要理论的创新,理论的创新又将推动实践的进一步发展。新媒体时代思想政治教育理论的创新已经成了高校思想政治教育工作的当务之急,高校要不断加强对新媒体时代思想政治教育相关理论的研究,从而丰富思想政治教育的理论内容。

当前,对有关新媒体思想政治教育的理论研究,一方面,缺乏深入细致的分析。随着新媒体技术的发展和新媒体思想政治教育实践的深入,新媒体思想政治教育的发展呈现出社会化、规范化和个性化的趋势。现阶段,有关新媒体思想政治教育的理论研究取得了一定的研究成果,但专家学者的研究大都集中在新媒体的特点、网络思想政治教育的内涵、网络给思想政治教育带来的机遇与挑战等方面,缺少新媒体技术对思想政治教育影响的深入、细致研究。有关新媒体对大学生思维方式、生活方式、交往方式的影响研究还停留在现象的观察、分析阶段,对大学生上网行为规律和心理特点的研究有待进一步深化。另一方面,对有关新媒体思想政治教育的研究缺乏整体性。关于新媒体思想政治教育的理论研究,一般是对思想政治教育的某一方面问题进行研究,从整体的角度全面分析把握得较少。例如,新媒体对传统思想政治教育的影响方面研究得比较多,而对现实、对新媒体思想政治教育的影响方面研究得较少;对网络思想政治教育的虚拟性研究得较多,而对网络思想政治教育的现实性研究得较少等。这在一定程度上影响了网络思想政治教育理论的全面发展,不利于相关学科体系的建立。另外,对有关网络思想政治教育的理论与实践的有效结合研究得还不够。社会环境是在不断发展变化的,思想政治教育的宏观环境和微观环境都有很大的变化,社会实践也在不断地向前推进。目前,新媒体思想政治教育研究大多集中在对理论的探究上,而对理论与实践衔接的研究重视得不够,对理论怎样更好地指导实践研究得较少,对新媒体思想政治教育理论的运用规律缺乏实效性的研究。

加强新媒体环境下思想政治教育理论的研究,形成能够积极有效地指导新媒体思想政治教育的科学理论成果,已经成为当前发展高校新媒体思想政治教育的迫切需要。因此,高校要结合思想政治教育工作在实际中遇到的问题,大力开展相关的课题研究,要加强对思想政治教育理念、途径、原则、方法、载体的研究;加强对新媒体传播的特点,发挥作用的机制,网络思想政治工作的评估,网络文化的特点、优势、劣势的研究;加强网络文化与传统文化的关系、与大学生成长成才的关系,网络思想政治教育与课堂思想政治教育之间关系的研究,分析二者的运行规律与特点,从中找到二者的相同点和不同点,使他们相互借鉴、相互补充,实现优势互补,不断创新、完善新媒体思想政治教育的理论体系,增强对实践的指导力。

(二)新媒体视角下高校思想政治教育创新的可行性

新媒体时代,国家对高校思想政治教育发展高度重视,使高校的思想政治教育创新有了很大的发展。高校思想政治教育工作者运用新媒体的技术水平也越来越娴熟,能够有效地把新媒体技术应用于思想政治教育领域,满足大学生的认识规律和心理需求,为思想政治教育创新提供可行性。

1.新媒体时代高校思想政治教育的地位和作用日益突出

新媒体已经成了思想政治教育的新载体,为高校思想政治教育工作者所喜爱与运用,受到了大学生的热烈欢迎。国家十分重视高校思想政治教育进网络、创新思想政治教育的形式、用先进的文化思想占领网络阵地的工作,倡导在教育的过程中实现新媒体与高校思想政治教育工作的有机结合,提升思想政治教育的影响力。

目前,全国各地许多高校都在积极努力地利用新媒体探索思想政治教育的新方法、新领域,一些富有特色的思想政治教育论坛、虚拟社区、讲座、聊天室等思想政治教育新形式相继出现。同时,高校十分重视对思想政治教育工作者新媒体使用技能的培训,经常举办一些关于新媒体知识介绍的讲座、网络知识竞猜、多媒体课件制作大赛等活动,以强化思想政治教育工作者的新媒体操作技能,让他们利用新媒体不断创新高校思想政治教育。

2. 新媒体时代高校思想政治教育符合大学生的认知规律和心理需求

不断创新高校思想政治教育的一个重要的方面就是要不断发展和完善网络思想政治教育，充分发挥网络思想政治教育的育人功能。

与传统思想政治教育相比，网络思想政治教育更能满足大学生选择的自主性。大学生的自主性首先表现为具有独立自主的主体意识，有明确的价值目标和自觉积极的学习态度，对于网络中纷繁复杂的各种信息，能够在感知的基础上自主地进行比较、分析、综合、推理以及判断等思维运动，积极进行自我支配和控制，将教师输出的教育信息积极内化为自身信念，进而外化为行动。在网络中信息呈现的开放性，使大学生可以自由提取所需的各种信息，其主动性、自主性大大提高，可以不再被仅有的基本教材、参考书所限制，通过搜索工具就可获得丰富的教育资料，自主确定学习途径和内容。

网络思想政治教育能够充分调动大学生参与的主动性。在网络思想政治教育中，学生可以不必消极、被动地接受教师的改造和灌输，而是可以积极、主动地吸取网络思想政治教育内容，对自己的思想活动进行自我认知，从而认清自身与社会要求之间的差距，激发参与和接受思想政治教育的需要，并且能够积极地克服困难和障碍，自觉抵制各种消极因素的影响。

网络中交往的自由性也更易为大学生所接受。在网络上，有博客、微博、论坛等许多交流方式供大学生选择，可以不受时间和空间的限制，匿名性也使他们能够敞开心扉，表达自己的想法，满足了自身需要。例如，有些学生顾及面子，不愿和老师面对面地交流，遇到问题也不愿去求助老师，时间长了往往容易使身体和心理出现问题。而如果进入网上聊天室，就可以无顾虑地畅所欲言，可以在任何一个设有终端的地方随时获取所需的知识，"聆听"老师的教诲。

3. 新媒体时代高校思想政治教育工作者积极响应

当前，高校思想政治教育工作者绝大多数具有深厚的政治理论功底，较高的思想道德素质，健康的心理素质，并且掌握一定的网络技术知识，能够熟练地操作网络，具有较强的科研创新能力，而且随着新媒体在思想政治教育领域的不断发展，其运用新媒体的技术水平也越来越娴熟。

首先，高校思想政治教育工作者重视对新媒体相关知识的学习与研究。高校思想政治教育工作者从主观上注重自身在日常的工作与学习中对新媒体相关知识的学习，在课余时间会参加学校、社会上举办的各种培训班、网络知识讲座、网络知识竞猜等活动，不断强化自身对新媒体技术使用的熟练程度。在平时，高校思想政治教育工作者也要经常会看相关的书籍学习网络知识，阅读相关的杂志报纸等了解新媒体技术的最新发展动态，注重研究网络思想政治教育的特点、形式、方法等相关内容，不断提高自身对新媒体知识的理解和把握。

其次，高校思想政治教育工作者对计算机的基本操作技术运用得越来越娴熟。高校思想政治教育工作者大多具有新媒体时代的思维方式和较高的网络管理才能，掌握了网络技术的基本知识,能熟练地借助网络进行思想政治教育,能娴熟地建立网络信息系统,并能对其进行基本的管理与维护。

最后,高校思想政治教育工作者运用新媒体创新思想政治教育的能力越来越强。高校思想政治教育工作者在日常的生活与工作中越来越重视对网络思想政治教育理论的研究,对网络技术知识的学习,从而不断提高自身的网络技术使用水平。同时,注重对自身科研能力水平的提升,在教学实践中利用新媒体不断探索思想政治教育的新形式,不断总结思想政治教育新经验,不断改进思想政治教育方法,不断充实思想政治教育的内容,不断创新网络思想政治教育的理论。在教学实践中,高校思想政治教育工作者运用新媒体的技术水平越来越娴熟,借助新媒体创新思想政治教育的能力越来越强,网络思想政治教育收到的实效性也越来越大。

二、新媒体视角下高校思想政治教育创新应坚持的原则

(一)坚持教育目标的隐蔽性与内容的渗透性相统一的原则

开展高校思想政治教育要依托新媒体平台将其渗透到其他活动中,坚持教育目标的隐蔽性与内容的渗透性相统一的原则。具体而言就是高校要依托新媒体,如微博、QQ、新闻评论等形式,对大学生进行有意识的暗示和熏陶,激发他们的兴趣与参与意识,使其在不知不觉中接受潜移默化的感染与教育。当然这也要求思想政治教育工作者对新媒体手段有充分的了解和运用能力,同时保持足够的耐心,在认真选取、核实媒介与教育目标之后,逐渐教育,隐性暗示,逐步渗透。

(二)坚持教育手段的非强制性与过程的长期性相统一的原则

鉴于当代大学生接受事物的特点和认知规律,思想政治教育工作者在教育过程中,不能采取强制手段,也不能急功近利,奢望着立竿见影的功效。而是要坚持引导、感染、熏陶等方式,慢慢地、逐步地将教育理念、目标和正确的价值观念、行为方式等传授给他们。而且,要熟练运用网络语言和网络交流习惯。例如,现在的大学生所钟爱的网络语言是所谓的"躺平"、YYDS、"社牛"。可能我们对这些并不感兴趣,甚至并不赞同,但是这只不过是一种交流的语言形式,如果我们能够很好地理解并运用这样的文字形式、思维方式与大学生展开交流,那么,势必能迅速获取他们的好感与信任,很快地消除他们的抵触心理,同时对我们的教育欣然接受。有关研究表明,教育对象接受思想政治教育的时间与效率是成正比的,时间越长,影响越深,效果越好。所以,我们在进行教育的过程中,要有足够的耐心、恒心和毅力。①

(三)坚持教育方式的差异化和载体选择的实用性相统一的原则

新媒体背景下,思想政治教育工作者对学生采取思想政治方面的教育,一定要注重

---

① 陈华洲. 思想政治教育方法论[M]. 武汉:华中师范大学出版社,2010.

载体选择的实用性和适用性。由于新媒体的种类繁多,在开展工作时,一定要善于根据大学生的特点与新媒体手段的不同特性,精心选择适当的新媒体,细心构筑良好的教育环境,耐心创造合适的教育氛围,这不但有利于提高他们的自主性和参与性,也有利于提高思想政治教育工作的实效。

(四)坚持以学生为本的原则

以人为本具有深刻的内涵,而具体到高校思想政治教育工作中,就是要以学生为出发点和落脚点,以学生为最终目的。坚持教育为学生服务就是要通过新媒体及时了解学生在课堂内外的思想动态、生活难题及思想问题并给予及时解决,全面体现高校思想政治教育"想学生所想、急学生所急,服务于学生的学习,服务于学生的生活,服务于学生的全面成才"的理念,使学生不再感到自己是被管理者,而是充分享有关怀与服务、话语权与参与权、建议权的主体,不但能较好地满足学生自主与自尊的需要,还有利于促进学生在自主的活动中将学校、社会所要求的思想观念和行为习惯内化为自觉的意识和行为。

三、新媒体视角下高校思想政治教育的创新对策

(一)转变思想政治教育理念

教学理念作为教学实践活动开展的方向引导,对教学效果起着决定性作用。新媒体时代背景下,高校开展思想政治教育工作的过程,需从教学理念创新着手。高校要充分发挥教育主管部门的积极带领作用,使得全校上下的所有思想政治教育工作者都树立创新思想理念,结合新媒体时代的发展特点,与时俱进改变自身思想政治教育认知,将新媒体作为思想政治教育工作改革发展的新机遇。基于素质教育改革背景下,在高校思想政治教育创新过程中,思想政治教育工作者要立足于当代大学生的思想特点、兴趣爱好和学习需求,针对性组织和实施思想政治教育,满足其多样化学习需求。另外,思想政治教育工作者需正确认知新媒体时代的积极和消极影响,树立起互联网思想政治教育理念和思维模式,充分发挥新媒体优势,改变传统思想政治教育方法和模式,弥补传统思想政治教育的诸多弊端。只有这样,思想政治教育工作者才能在实践教学过程中充分发挥新媒体的优势,为高校思想政治教育创新奠定坚实基础。

(二)创新思想政治教育内容

由于当前高校思想政治教育工作者主要围绕教材开展实践教学,教学内容具有很强的滞后性和局限性。新媒体时代背景下的高校思想政治学习需求多元化发展,教材内容难以满足大学生的信息接收诉求。为进一步充实大学生的思想政治知识,提高其思想政治学习的全面性,思想政治工作者可以积极扩充思想政治教育内容,引入大学生关注的社会热点问题,调动其参与思想政治学习的积极性和主动性。在日常思想政治教育过程中,进一步拓展教育内容,引导大学生观看《思政热点面对面》《新闻联播》等节目,帮助大

学生深入解读教材中的思想政治理论知识。与此同时,在课堂教学过程中,思想政治教育工作者可以利用多媒体为大学生呈现真实案例,带领大学生共同分析社会热点现象,将思想政治理论知识教学结合实践,使大学生掌握利用新媒体学习思想政治教育知识的有效途径。此外,思想政治工作者应基于新媒体平台海量的思想政治教育资源,根据大学生的特点和学习需求,有针对性的整合符合其特点的思想政治教育资源,并上传至网络思想政治教育平台,引导他们进行思想政治自主学习,夯实自身理论基础水平,不断拓宽知识视野,切实增强思想政治教育的有效性。

(三)改进思想政治教育方法

新媒体时代背景下,创新思想政治教育方法是提升思想政治教育效果的关键举措。为弥补传统思想政治教育模式的弊端,充分发挥新媒体技术优势,应从以下两方面创新教学方法:

一方面,新旧教学方法相结合,拓宽思想政治教育渠道。新媒体时代背景下,思想政治工作者在创新教学方法的过程中,需保留传统课堂教学模式的优势,在此基础上结合新媒体教学手段。思想政治工作者可以将教学资源整合为多媒体课件,通过视频直播、点播等形式呈现给大学生,并提供师生交流互动平台,借助视频、音频、图文等多种知识呈现方法,激发大学生思想政治理论知识的学习兴趣与学习动机。

另一方面,借助网络交互工具,拓宽大学生的知识获取路径。高校传统思想政治课堂教学模式中,大部分教师认为手机是影响大学生学习效果的主要因素,由于大学生利用课堂时间玩手机,导致其注意力不集中、学习兴趣不足。然而,新媒体时代,高校思想政治教师需改革传统教学观念,理性看待"手机"这一媒体工具,使其成为大学生自主学习思想政治知识重要助力。对此,高校应打造红色思想政治网站、微信公众号、官方微博,定期为大学生提供思想政治教育知识,宣传党和国家的方针路线、创新创业政策、就业信息等,提高大学生信息的接收效率和质量。另外,利用微信、QQ等平台,建立思想政治教育交流群,实现师生之间、生生之间的多元交流互动,发挥手机在思想政治教育知识传播方面的积极作用,提升思想政治课堂教学的有效性。

(四)加强师资队伍建设

思想政治教育工作者作为高校思想政治教育的组织者是使者,其综合素质水平与教学能力对思想政治教育质量产生了较大影响。特别是进入新媒体时代背景下,选择各类思想政治教育方式方法,渗透新型教育理念,均需要依托思想政治教育工作者来完成。因此,想要提升高校思想政治教育质量,需增强思想政治教育工作者的综合素质与教学能力,具体措施如下:

第一,高校方面应定期组织广大思想政治教育工作者,开展专项学习活动,深入理解党的十九大会议、全国高校思想政治工作会议精神,学习习近平新时代中国特色社会主义思想与社会主义核心价值观,不断夯实基层思想政治理论基础,明确自身未来教育的发展方向和目标。

第二,注重高校思想政治教育工作者在职培训,根据不同类型思想政治教育工作者的特点和需求,采取分批次、分阶段的培训教育,聘请新媒体及思想政治教育领域的专家学者,定期到校为思想政治教育工作者解读当前新媒体教育的发展形势,促使他们充分了解新媒体的理论知识和操作技能,继而在思想政治教学实践中灵活运用新媒体教学方法,如慕课、微课、翻转课堂的教学手段,从而构建思想政治教育新模式。

第三,思想政治教育工作者需注重提高自身新媒体素养。在高校培训的基础上,利用教学之余自主学习新媒体知识和技术,了解新媒体的特点与发展方式,把握大学生对新媒体的使用情况和关注点,有针对性地运用新媒体创新思想政治教育。例如,高校思想政治教育工作者可以开设新媒体账号,不仅可以了解大学生的兴趣爱好和思想动态,而且可以加强教育理念宣传,激发大学生的思想及情感共鸣,提高思想政治教育在新媒体平台的渗透力。

(五)加大教学管理力度

完善的教学管理模式是思想政治教育创新的重要保障。通过建设校园官方网站定期发布和接收信息,使大学生有更多途径接受思想政治教育,增强高校思想政治教育的影响力与感染力。与此同时,新媒体网络平台的监管至关重要,要为大学生营造绿色健康的网络环境。高校思想政治教育工作者需具备把握新媒体思想政治教育话语权和强征媒体舆论制高点的能力,充分发挥自身的校园舆论引导作用,保证舆论发展方向的正确性,从而增强大学生的凝聚力。高校教育管理工作者需定期对新媒体平台的信息展开筛查与清理活动,坚决杜绝虚假、黄色、暴力信息的传播,使大学生自觉抵制不良信息侵袭和腐蚀,引导他们树立正确的人生观、价值观和世界观,从而提高新媒体思想政治教育的针对性和有效性。

第十章　大数据视角下高校思想政治教育研究

第一节　大数据与高校思想政治教育分析

一、大数据概述

(一)大数据定义

"大数据"这一概念的形成有三个标志性事件:一是 2008 年 9 月,美国《自然》杂志专刊——*The next google*,第一次正式提出"大数据"概念;二是 2011 年 2 月 1 日,《科学》杂志专刊——*Dealing with data*,通过社会调查的方式,第一次综合分析了大数据对人们生活的影响,详细描述了人类面临的"数据困境";三是 2011 年 5 月,麦肯锡研究院发布报告——《大数据:下一个创新、竞争和生产力的前沿》(*Big data:The next frontier for innovation,competition,and productivity*),第一次给大数据做出了相对清晰的定义:大数据是指其大小超出了常规数据库工具获取、储存、管理和分析能力的数据集。

对于大数据,Gartner(全球第一家信息技术研究和分析公司)给出了这样的定义:大数据是需要新的处理模式才能具有更强的决策力、洞察发现力和流程优化能力的海量、高增长率和多样化的信息资产。大数据的意义不仅仅在于掌握庞大的数据信息,更在于对这些含有重要意义的数据进行专业化处理之后产生的价值。换言之,如果把大数据比作一种产业,那么这种产业实现盈利的关键在于提高对数据的"加工能力",并且通过"加工"来实现数据的"增值"。

大数据是个宽泛的概念,上面的定义突出了一个"大"字。因为大数据不仅应用来描述大量的数据,还应涵盖处理数据的速度和能力。前面几个定义都是从大数据本身出发,而人们更关心的是大数据能帮助自己做什么。大数据发展的终极目标是人们从各种类型的海量数据中快速获得高价值的信息,没有价值或者没有发现其价值的大数据从某种意义上来说是一种资源的浪费。

(二)大数据的特征

当前,较为统一的认识来自互联网数据中心对大数据的定义,其包含四个基本特征:

Volume(数据量大)、Variety(数据类型繁多)、Velocity(处理速度快)、Value(商业价值高),即所谓的"4V"特征。

第一,数据量大。从2013年至2020年,人类的数据规模扩大了50倍,每年产生的数据量增长到44万亿GB,相当于美国国家图书馆数据量的数百万倍,且每18个月就会翻一番。

第二,数据类型繁多。大数据与传统数据相比,有一些不同:数据来源很多,分为社交网络、搜索引擎、传感器数据、通话记录、位置信息等;数据类型多,分为文本、音频、视频、光谱、图片等;数据格式多,分为结构化数据和非结构化数据。相对于以往便于存储的以文本为主的结构化数据,非结构化数据越来越多,这些多样性的数据对数据的处理能力提出了更高的要求。

第三,处理速度快。随着现代感测技术、互联网、计算机技术的发展,数据生成、储存、分析、处理的速度远远超出人们的想象,这是大数据区别于传统数据的显著特征。一方面,数据不断更新,增长速度快;另一方面,数据访问、处理、交付等速度加快。在每一天的每一分钟里,从网络购物、打电话、浏览网页到访问社交网站等都会产生海量的新数据。随着新数据的不断出现,人们对数据处理的速度提出了越来越高的要求。数据处理的时效性高,才能使大量的数据得到有效的利用。此外,随着移动网络的发展,人们对数据的实时应用需求更加普遍,对数据的响应时间也更加敏感,大多数人希望在第一时间抓住重要的信息。

第四,商业价值高。大数据有巨大的潜在价值,但同其指数呈爆发式增长相比,某一对象或模块数据的价值密度较低,这无疑给我们开发海量数据增加了难度和成本。

大数据的"4V"特征使大数据有别于传统的数据概念。大数据的概念与"海量数据"不同,后者只是单纯强调数据的量,而大数据不仅用来描述大量的数据,还进一步指出了数据的复杂形式、数据的快速时间特性以及对数据进行专业化处理并最终获得有价值信息的能力。

二、大数据与高校思想政治教育具体分析

(一)大数据技术分析

大数据技术是信息技术高速发展的产物,不同行业对大数据的需求各不相同,如大数据分析可以为企业提供市场信息并提供发展决策,让企业能够更加准确地制订切实可行的发展方案,而在医疗行业则可以对患者病情、用药提供数据参考。因此,作为功能覆盖面极广的一种技术,大数据必然能够在教育行业同样发挥出应有的作用。大数据可以利用云计算以及其他算法来完成对海量数据的深入分析,并对事情的发展方向进行预测,预测功能可以看作大数据的基础功能,具有极高的实用价值。通过对行为数据进行分析与挖掘,还可以有效分析事物本质,进而得到想要了解的数据与结论。使用大数据的人不仅可以是分析专家,还可以是普通用户,通过可视化分析往往能够直观表现出大

数据的特征,进而让人们对大数据的认知变得更加深刻。除此之外,通过对数据挖掘和深入分析,还可以实现对海量数据的筛选,进而获得更加具有价值性的数据。

(二)大数据中的思想政治教育

思想政治教育的目的就是为国家培养优秀的社会人才,以思想政治为基石,在大学生的内心埋下社会主义思想的种子。思想政治教育有别于其他学科,其本质是对大学生进行德育,而不是增强大学生某一方面的能力。因此,可以将思想政治教育看作为满足大学生全面发展所设立的学科,可以使大学生坚定自己的思想观念。在社会主义核心价值观的指引下,思想政治教育必须始终沿着党的路线来落实教育方针。大学生作为一个具有特殊性的社会群体,很多都是家里的独生子女,因此,满足个人需求的同时往往并不会更多地考虑他人感受。基于此,在开展思想政治教育时,应该注意遵循大学生的身心情况来对教学方式进行科学优化。大数据技术在思想政治教育中,可以借助数据分析、预测功能来掌握学生的行为轨迹,并以数据轨迹为核心来提取对思想政治教育有价值的内容。因此,在大数据技术的支持下,思想政治教育工作的开展将会变得更加具有针对性。而且借助大数据的预测功能,思想政治教育还可以结合大学生的行为习惯来分析其思想与情感情况,以此来发现大学生思想动态中的偏差。这样就可以在第一时间对大学生进行思想引导,避免他们沉浸在自己的思想中无法自拔。

三、思想政治教育中大数据的价值分析

大数据技术作为信息技术发展中的产物,可以随着现代信息技术的发展与更新,以此来助力高校实现对思想政治教育的优化。只要高校能够找到思想政治教育与大数据技术的关联性,就能够实现大数据与思想政治教育的融合,进而利用大数据为思想政治教育开辟全新的教育道路。

(一)促进思想政治教育多元化教学

大数据作为现代信息技术发展中的产物,可以为思想政治教育带来无限可能性。大数据技术不仅能够推动信息化教学,还可以丰富思想政治教育载体,为学生接受思想政治教育提供更多帮助。在大数据的支持下,互联网中的海量资源将会成为满足学生的实际需求,并推动高校思想政治教育长期、高质量发展的宝库。在传统高校思想政治理念下,学生的学习资源非常单纯,借助课本进行知识讲授便是最为常见的教学模式。用于课堂整体相对比较乏味,所以思想政治教育经常会出现教师单方面输出观念的情况,学生则很少会给教师提供正面反馈。这种教学模式往往容易让学生产生思想政治教师过于无趣的心理,进而影响到思想政治教育工作的进行。

在大数据的助力下,可以借助网络中的海量数据来为学生打造一个具有大量知识资源的课堂。在此期间,教师需要主动了解学生,并带着与时俱进的思想来满足他们的个性化学习需求。大数据可以在海量且杂乱的数据中获取各种有用的信息,通过数据挖掘

与分析,可以有效找出数据中的规律性,并以此为基础来加强思想政治教育与学生思想之间的联系。为了让思想政治教育能够真正达到预计的教学效果,就应该借助大数据来分析学生的心理需求与思想特征,然后便可以为学生提供正向引导。对于思想政治教育而言,大数据技术能够让其教学模式变得更加多元化,因为大数据是信息技术的表现形式,只不过可以借助信息来让教学工作变得具有指向性,因此,无论是传统课堂教学还是线上教育,都可以成为多元化思想政治教育的一种表现方式。此外,大学生作为网络工具使用最多的人群,更多的可以在思想政治教育阶段结合自身的兴趣爱好来了解各种信息。因此,只要能够借助多元化教育激发学生对思想政治教育的兴趣,就可以让学生进一步认可大数据思想政治教育的价值,并主动加强对思想政治知识的探究。

(二)打造个性化教育体系

个性化教育是以教育对象为核心的一种教学模式,能够为教育对象量身打造教育计划,进而让教育对象打破自己的思想局限性,并实现自我成长。现如今,时代的发展让传统教育受到了较大的影响,传统教学模式虽然经历了时间的沉淀,证明了其在历史教育中的价值,但是传统教育却无法真正满足学生的学习需求。因为传统教育往往过于重视课堂中教师的主体地位,学生往往会在课堂中感觉到自己被忽视,这就要求学生具有极强的自制力,以自制力为核心来开展一系列学习活动。然而学生的自制力终究有限,所以将教师作为主体的教学模式存在明显的局限性。只有加强学生在课堂中的主导地位,才能最大限度地提高学生学习的积极性,从而发挥以人为本的教学思想。

通过对大数据技术进行分析,教师可以深入挖掘思想政治教育所需求的各种数据信息,并针对学生的行为、思想来进行因材施教。在学习过程中,每一名学生对教材的知识喜好往往各有不同,只要能够结合学生的兴趣来制定出切实可行的学习计划,就能够借助个性化教学来满足学生不同的学习需求。大数据作为能够深入分析学生需求的技术形式,不仅可以为学生推送适合自己的学习资料,还可以帮助学生了解自己的知识体系存在哪些不足,从学生的主观意识中实现个性化教学。

四、大数据与思想政治教育融合的策略分析

大数据与思想政治教育的融合是一种系统性行为,为了让大数据在思想政治教育中发挥应有的价值,就需要探究大数据在教育中的优势,以优势为基础来改变原有的思想政治教育体系,从而提高思想政治教育质量。

(一)组建思想政治教育大数据技术团队

大数据与思想政治教育的融合发展需要足够的技术支持,而组建技术团队则正是二者融合发展的重中之重。例如,大多数高校均创立了校园网络平台,包括自己的校园网络以及网络管理中心。很多高校都在推行校园卡制度,简单且具有便捷性的校园卡,能够在校园中参与各种活动并记录学生的数据轨迹。思想政治教育若要借助大数据来实

现教学改革,就应该培养一个具有足够技术能力的大数据团队,以此来为思想政治教育创新提供足够的技术支持。在建立大数据团队时,要在学校内部完善人才培养体系,并从外界吸纳一些专业性人才,这样便可以最大限度地满足高校的实际需求。需要注意的是,组建大数据团队是思想政治教育优化的关键,但除了思想政治教育以外,其他学科同样对大数据团队有所依赖。只有在建立起一个高素质人才团队后,由人才团队与思想政治教师队伍共同寻找大数据技术与思想政治教育之间的契合点,才能让大数据在思想政治教育中发挥出应有的价值。

(二)采集学生数据

大数据需要在教学中借助学生数据来开展一系列教学活动,以数据为基础来开展思想政治教育活动能够实现教学效果最大化。为了让大数据发挥出应有的效果,就应该在法律法规允许的范围内采集学生的相关数据。信息技术的发展让教学领域出现了微课、翻转课堂等教学形式,借助不同的教学方式往往能够采集到学生的答题时间、各种题型的答题效率等信息。在这些信息的帮助下,教师可以了解学生当前的学习情况,并为学生梳理学习内容。而且学生借助网络还不用过多考虑时间、地点对学习的限制,学习将会变得更加轻松。

采集数据时难免会遇到数据失真的情况,如部分学生会在练习时作假,因此要结合学生的答案提交时间来分析学生的学习有效性。大数据虽然拥有极高的教育价值,但是同样存在安全风险,因此在开展数据分析时,需要注意数据的保密情况,并重点打击二次交易问题。只有让所有数据都能被光明正大的作用,才能最大限度地解决思想政治教育优化中的大数据安全问题。

(三)思想政治教育资源定制化

高校思想政治教育因为课程特殊性,内容往往存在枯燥乏味等问题,如果教学内容难以满足学生的学习要求,就无法在教学中真正实现思想政治教育创新。无论怎样进行教学创新,其根本目标都是要让学生主动参与到学习中,然后便可以结合学生的心理特征与能力情况来开展更加细致地教学。从我国古代就一直在强调有教无类的教学思想,这种教学思想的核心观念就是因材施教。每一名大学生的成长环境都有所不同,因此,若对学生进行统一规划教学,就无法让教学效果得到保障。在大数据的帮助下,思想政治教育则可以从各种角度对学生进行较为深入的分析,进一步探究学生对思想政治学习的切实需求。大数据可以从具有关联性的数据中获取有价值的信息,这些信息可以用作制定个性化学习的材料,并结合高校自己的网络平台来推广教学资源。与此同时,高校还可以在网络平台中发布需求征集,即让学生结合自己学习思想政治学习的实际情况来提出个性化需求,此时思想政治教育教师就能够将各种需求分类,并针对性制作微课资源,以便于学生进行学习。这种模式将选择学习内容的主动权交给了学生,因此学生可以从自身兴趣出发来进行思想政治学习,其个性化学习方式的学习效果将会获得保障。

(四)动态调整思想政治教学内容

大数据可以借助海量数据来分析学生的实际需求,思想政治教育所面对的教学对象是学生,学生的想法是影响教学质量的关键,思想政治教育需要从思想观念的角度来对学生进行教学引导,以此来帮助学生树立正确的思想观念与精神世界。学生在迈入社会之前,不仅要具备良好的体魄,还要具有健全的人格与思想,而思想政治教育则正是丰富其思想的关键。现如今,我国社会体系已经迈入了信息化发展道路,各种电子产品为生活提供了便利,学生在网络中需要经受各种思想带来的冲击。因此,在借助大数据对思想政治教育进行优化时,就应该重点分析学生的思想动态情况,并以此为核心来制定思想政治教育预案。通过动态调节教学内容,可以最大限度地提高思想政治教育质量,引导学生在正确的思想道路上前进。除此之外,教师在进行针对性教学时,还可以结合学生关注的焦点话题来打造思想政治课堂,以此帮助学生加深对思想政治教学内容的印象。

总而言之,高校思想政治教育是系统性的教育,通过在思想政治教育中利用大数据来优化教学方式,可以让思想政治教育进一步满足学生的学习需求,思想政治教育也将变得更具有针对性。相信随着更多人意识到大数据在思想政治教育中的价值,高校思想政治教育质量一定会变得更好。

第二节　大数据驱动高校思想政治教育精准化变革的路径

一、大数据开启高校思想政治教育精准化时代

维克托·迈克-舍恩伯格、肯尼思·库克耶在《大数据时代》一书中指出:"大数据带来的信息风暴正在变革我们的生活、工作和思维,大数据开启了一次重大的时代转型。"[①]大数据的兴起与盛行将数据的应用价值推向全新的高度,同时也推动着高校思想政治教育进入精准化时代。思想政治工作从根本上说是做人的工作,如何有针对性地解决与人相关的问题是推动思想政治工作的关键举措。

(一)大数据驱动思想政治教育精准化变革的可行性

大数据是信息化发展的高级形态,是对"小数据时代"维度单一、服务小众、数据分散的数据聚集的超越,它所释放出来的巨大价值广泛应用于思想政治工作中,能够有效提

---

① 维克托·迈克-舍恩伯格,肯尼思·库克耶. 大数据时代[M]. 盛杨燕,周涛,译. 杭州:浙江人民出版社,2013:76,94.

高教育效果。

从理论维度看,大数据与思想政治教育精准化具有契合性。"思想政治教育学的研究对象就是思想政治教育的规律。"[①]思想和行为既是思想政治教育的重要范畴,也是思想政治教育研究的逻辑起点。大数据能够对人们思想和行为的数据"痕迹"进行精准识别、精准分析、精准预测、精准评估等,寻求思想政治教育相关数据的关联性和规律性。教育者能够深刻把握学生思想和行为的潜在规律,通过一人一策、一事一策等方式,为大学生提供精准化、个性化服务。这有助于实现思想政治教育规律、教书育人规律和大学生成长规律三者的有机统一。

从现实维度看,大数据与思想政治教育精准化具有关联性。高校作为思想政治教育的主阵地,在不同时空维度中存在着大量文本、音频、画像等数据资源,形成了人的思想行为大数据,包括群体大数据和个人大数据。例如,新生入学信息、门禁刷卡数据、"一卡通"消费记录、选课和请销假数据、图书馆进出与借阅数据、学习成绩数据等一系列"痕迹"。这些数据是独立存在的,具有局限性和分割性。大数据技术能够通过数据采集和分析系统、科学研判与决策系统、动态评估与实时反馈系统等调动各种教育力量、资源进行精准配置,推动教育供给与教育需求的精准对接,使这些数据资源转化为高价值的数据信息,为高校思想政治工作精准化提供了数据基础和技术支持。

(二)大数据驱动思想政治教育精准化变革的必要性

1. 增强思想政治教育实效性的内在需要

第一,即时缩短信息处理链条,提升思想政治工作的时效性。大数据高效获取和分析学生日常生活的全口径、全周期数据,并对学生的思想和行为进行精准追踪、研判和反馈,提升了思想政治教育工作的效率。

第二,有效满足学生的个性化需求,提升了思想政治工作的针对性。教育者通过对学生的个性需求的精准把握,有针对性地选择教学内容和制定教育措施,在思想政治教育内容、方式和评估等方面增强了针对性。

第三,防止教育过程认知偏差,提升了思想政治工作的科学性。在传统思想政治工作模式下,教育者往往根据个人的态度、经验、理解等来进行信息传递,这种方式容易带有一定的选择性和倾向性。大数据技术能够对学生思想和行为数据进行准确、真实的记录,避免了数据信息获取过程中受到太多干扰,提高了思想政治教育工作的科学性。

2. 满足"拔节孕穗期"学生发展期待的客观要求

思想政治教育作为落实立德树人根本任务的关键课程和主要渠道,需要借助大数据技术精准发力,把握学生的思想行为特点和现实需要,以达到精心引导和栽培的"倍增效果"。教育者通过主动回应学生在网络信息、就业创业、人文情怀等方面的诉求,与学生

---

① 张耀灿,郑永廷,吴潜涛,等. 现代思想政治教育学[M]. 北京:人民出版社,2006:7.

思想状况结合发生"化学反应"，着力满足学生的需求，即有关注就有回答、有期盼就有回应，最大限度地解决学生的现实问题。

3. 抢占社会主义意识形态的前沿阵地的必然要求

当今世界正经历百年未有之大变局，高校作为意识形态的前沿阵地，呈现出价值观多元复杂、各种思潮涌流交锋等特点。同时，西方国家千方百计对我国进行意识形态渗透和围堵，使我国意识形态工作变得复杂严峻。把大数据作为重要抓手，加强意识形态的辨析和引导，尤其是维护高校网络意识形态的安全，迫切需要高校思想政治教育实现精准化变革。教育者通过深刻剖析社会思潮和价值取向等数据，及时、精准预测学生的思想和行为，并进一步为学生解疑释惑，这样才能有效抵制错误思潮的渗透。

二、大数据驱动高校思想政治教育实现精准化变革的现实问题

正如马克思曾指出："在我们这个时代，每一种事物好像都包含有自己的反面。"[①]
高校思想政治教育精准化在大数据技术的加持下正稳步推进，但仍面临一系列实质性难题，这些亟待解决的问题会导致思想政治教育效果大打折扣。

(一)模糊中的精准问题，人们的精准思维导向尚未形成

思想政治教育精准化是技术发展过程中必然出现的一种崭新的教育形态。高校思想政治教育者如果秉承模糊思维，相当于在大量而多样的相关数据中进行模糊挖掘，这样不仅无法明确数据主体，找不到数据背后隐藏的模式和微妙的关系，还导致大量无关信息涌入而浪费时间，降低教育效率。因此，新时代思想政治教育需要在精准理念的引导下，利用大数据促进教学模式从粗放型向精细型转变，从根本上解决教学资源供给与学生需求之间不匹配的矛盾。当前有些教育者缺乏精准思维，主要表现在以下几方面：一是无法精准识别教育对象。学生作为个体有其个性化需求，教育者难以精准区分他们之间存在的差异性，无法为他们提供量身打造的"精神大餐"。二是无法精准选取教学方法。教育者往往采用这些简单泛化、千篇一律的传统教学方式，对所挖掘到的有用数据不加以利用，难以精准施策。

(二)队伍中的专业化问题，教师队伍核心素养缺乏锤炼

思想政治教育如何通过精准识别、精准分析、精准预测、精准评估等方式提升教育者运用大数据技术的能力，关键在于能否组建一支不仅具有专业知识扎实、还掌握数据处理技术的思想政治教师队伍。当前，高校思想政治工作不尽如人意的重要原因在于有些教育者无法紧跟时代发展，缺乏相应的大数据核心素养。"只重视其专业理论知识，对其是否具备与思想政治教育相关其他学科的理论知识素养、大数据意识和技能使用及支撑

---

① 中共中央马克思恩格斯列宁斯大林著作编译局. 马克思恩格斯选集(第 1 卷)[M]. 北京：人民出版社，2012：776.

思想政治教育顺利开展所需的思想道德修养缺乏应有的考察。"[1]这种现象导致教育需求难以精准把控、教育方案难以精准制订、教育资源无法精准供给、教育评价难以精准开展等一系列困难。例如,在开展思想政治教育过程中无法系统化地利用大数据技术来筛选、归纳、提炼数据资源,对学情分析和教学效果评估不足,难以充分激发学生的积极性和自主性。

(三)数据中的平台问题,思想政治教育数据平台建设滞后

大数据发展打破了信息孤岛,使信息的自由流动得以实现。思想政治教育的过程本身就是一个不断产生信息数据的过程,所以在数据运用过程中,数据本身并不是最重要的,教育对象与数据之间的联系才是最为关键的。如果两者缺乏有效联系,这些数据就会变成一堆分散而独立、又不具备参考价值的数字,使思想政治教育研究数据的价值大为降低。高校要实现思想政治教育精准化,需要打通外部环境数据的联通屏障,对所收集的数据信息链条进行分析,有效延伸原有数据的价值。数据的收集、分析及使用则依赖于思想政治教育大数据平台建设。高校负责信息管理系统的部门间沟通较少,往往处于平行发展状态,无法提供这一服务。如果没有相应的数据平台对数据进行整合、分类,教育者便无法及时从海量、价值密度低的数据资源中获取高效的教育资源,更无法进一步依据学情来选择和匹配教育资源和教学方法,使思想政治教育精准化进程受到一定的影响,同时也会造成数据信息的滥用和浪费。此外,受数据壁垒的影响,教育者的积极性在获取数据信息过程中容易受到打击,对教育精准化变革的实现造成了一定的阻碍。

(四)运用中的风险问题,数据安全问题频发

高校思想政治教育精准化变革依赖于数据的挖掘,而数据利用与数据安全两者之间存在着天然的矛盾。由于技术限制、观念冲突、应用管理等现实原因,教育者在数据存储环节、数据使用环节、"二次数据"维护环节等方面,不可避免存在诸多安全问题。主要包括三个方面:一是大数据技术在自身发展过程中存在不可避免的安全隐患,如数据失真、信息泄露及黑客攻击等。二是很多学生受到"被数据化"的困扰。高校为了方便管理,对学生的相关信息进行收集和存储,如校园"一卡通"记录了学生校园消费情况、门禁刷卡情况、图书馆学习和借阅等信息。这些数据有些是主动产生的,有些是被动产生的,而那些被动留下的数据则可能会涉及学生的隐私问题,难以保障学生的知情权、使用权等权利。三是大数据平台安全保障机制建设不够完善,缺少必要的安全管理,尤其是当发生安全风险时,缺乏相应的应急预案和应对措施。

三、大数据驱动高校思想政治教育精准化变革的具体路径

大数据作为现代信息技术鲜明的时代标志,只有深度挖掘大数据的潜在价值,才能

---

① 古力铭. 基于大数据的高校思想政治教育精准化变革[J]. 陕西现代职业教育研究,2020(3):154-155.

更好地为新时代推动思想政治教育精准化打造新引擎。为此,需要切中要害、找准对策、靶向发力、循序渐进地突破大数据驱动高校思想政治教育精准化变革过程中所面对的一系列现实阻碍,实现大数据与高校思想政治教育的融合创新。

(一)根本前提——把握思想政治教育精准化的核心要义

思想政治教育如何实现"精准"二字,主要依靠一支既具有专业知识又具有精湛技艺的教师队伍,多措并举精准发力、精准把控教育对象,在推动精和准的有机统一中有效解决"谁来教育""教育谁""怎样教育"等问题。

第一,精准化突出"精",即强调教育者的专精。教育者在教学内容、教育方法、组织机制等方面要有专业化、职业化、精准化理念,努力做到精益求精,避免出现蜻蜓点水、走马观花这种流于形式、浮于表面的现象。

第二,精准化贵在"准",即要精准对焦教育对象。教育者针对学生日常存在的思想和行为问题,既要关注全体,又要注重个体差异,尤其要根据学生之间的差异做到因材施教。善于透过现象看本质,把学生所思所盼摸清楚,与学生"同频共振",从而弄清楚教育谁、怎样教育这一问题。

第三,精准化要求"精"和"准"的有机统一。在思想政治教育中只强调准确而忽视专精不是精准,只重视专精而无视准确也同样不是精准。思想政治教育精准化变革的核心在精准,但"短板"在两者能否保持统一。解决和处理好"短板",才有助于真正把"精准"功夫下到察实情、出实招、办实事、求实效上,实现思想政治教育立德树人的目标。

(二)内在要求——强化思想政治教育精准化的师资培养

习近平总书记在全国教育大会上强调:"要精心培养和组织一支会做思想政治工作的政工队伍,把思想政治工作做在日常、做到个人。"[①]高校思想政治教育能否实现精准化变革,需要努力培育一支"让党放心、让学生满意"的师资队伍。可以通过多种方式转变教育者的教学观念和教学方法,使教育者具备媒介素养这一核心素质,充分发挥其示范引领作用,即"谁来教育"的问题。从教育者自身来说,教师要培养数据治理理念,自觉运用大数据手段来分析和解决问题,强化自身的综合素养。从高校层面来说,高校应通过培训、讲座等方式进行引导,让教育者意识到大数据给思想政治教育带来的变革,同时帮助其提升精准识别学生需求、精准配置教育资源等综合能力。

(三)关键环节——搭建思想政治教育大数据平台支撑

许多已存在的数据相互独立,尚未建立有效关联,难以产生价值共振效应。如果缺少整合机制,海量的数据资源就会变得毫无意义。因此,需要搭建思想政治教育大数据平台来为精准化变革保驾护航,这通过三个层面来实现:一是平台的信息数据内容层面。

---

① 习近平. 在全国教育大会上的讲话[N]. 人民日报,2018-09-11(1).

不仅包含思想政治教育的教学资源，还要包含学生在日常生活中的学习状况、生活作息等相关原始数据和整合数据，便于教育者分析、使用和交流。二是平台信息数据的搜集和使用形式层面。高校不仅要对教师、学生、辅导员等主体进行相关数据信息搜集整理，还要安排技术人员指导其正确使用大数据平台，发挥平台整合数据信息和精准供给教育资源的优势。三是平台的网络传播层面，高校要积极完善信息传播功能，及时追踪、精准识别和实时回应网络舆情热点，通过多样化方式增强受众黏性，增强平台感召力。

(四)运行保障——完善大数据安全管理机制

大数据提供庞大数据的同时，也会产生大量干扰思想政治教育精准分析和预测的噪声。这要求我们既要保持数据敏感，用大数据思维去适应大数据和思想政治教育融合趋势，也要避免数据迷信，用谨慎之心来强化风险防范意识。习近平总书记在网络安全和信息化工作座谈会上指出："加强大数据挖掘分析，更好感知网络安全态势，做好风险防范。"[①]如何最大限度发挥数据的价值，关键在于掌握和应用数据的人能否在大数据运用过程中形成全方位、全员、全过程管理闭环，主要从以下三点着手：一是高校应进行全方位的安全管理机制建设，利用加密、备份、认证等多层手段来防范数据泄漏风险，定期开展数据安全监测，确保数据存储、使用和传播等层面的安全性。二是高校应强化全员管理的意识和能力，规范使用信息技术和数据处理平台。同时，坚持权责统一原则，明晰数据使用者的权限等级、权利责任等。三是高校应加强全过程安全防范管理，对事前、事中和事后加强监督，也对短期、中期、长期分阶段考核，完善相应的风险应对机制。例如，采取多层加密等方式保护好涉及学生隐私的敏感信息；在发生黑客攻击、越权访问、数据泄露等问题时能够及时采取补救措施，减轻安全问题带来的一系列后续影响。

高校思想政治教育精准化变革作为提高高校思想政治工作实效性的一种探索，是大数据技术等前沿技术介入和支撑下思想政治教育创新发展的根本态势，更是新时代对思想政治教育提出更高要求的现实回应。精准既是目标又是手段。高校思想政治教育深刻把握信息技术这一"最大变量"，在"精"和"准"有机统一中实现思想政治教育活动的精准育人，培养出能担当民族复兴大任的时代新人。

第三节　大数据视角下高校思想政治教育
智慧教学研究

一、智慧教学

智慧教学是指教育者充分利用现代信息技术营造的智能化学习与教学环境，实施合

---

① 习近平. 在网络安全和信息化工作座谈会上的讲话[N]. 人民日报，2016-04-26(1).

适的教学方法,建立良性的学生、教师、学生自我、环境等因素构成的生态互动学习系统和评价系统,达到激发和培养学生认知、情感和价值观等能力的目标,促成学生智慧生成和全面发展。

由于智慧教学环境是一种信息化教学系统,它支持校内、校外、课内、课外的学习,支持探究式、情境式与远程协作式三种场景环境,支持虚拟与现实、在线与录播的混合式教学模式。因此,它的本质是形成以"自主、探究、合作"为主要特征,线上、线下一体化的教与学新形态,包括在线学习、混合学习、协作学习、翻转课堂等。它的核心是推动信息技术深度融入教学过程,改变传统课堂教学模式,实现教学方法、工具、内容、评价等各环节的全面创新,从而提高教学质量。

二、高校思想政治教育智慧教学的优势

(一)充足的教育资源

在大数据时代,随着移动互联网的发展和云计算等技术的广泛运用,各类信息资源的共建共享具有了实现的技术条件和载体基础。

1.各类线上思想政治教育资源不断涌现

在高校思想政治教育领域,随着各高校数字图书馆联盟的建立,以及高校思想政治教育资源云平台和各类软件终端的运用,各类优质的思想政治教育资源实现了共建共享,这为高校思想政治教育智慧教学提供了充足的资源,不仅可以使优质的教育资源在各高校之间流动,而且可以进一步促进教育平衡,提高教育资源相对匮乏地区的思想政治教育水平。

2.开放、共享教育资源成为现实

在开放、共享的教育理念下,各高校可以鼓励思想政治教师积极创作,制作优质的教学视频、MOOC课件等教学资源,鼓励教师将自己的教学资源上传,与他人分享、交流,为高校思想政治教育智慧教学提供更为丰富的"云资源"。

(二)丰富的教辅工具

大数据、虚拟现实、人工智能等技术的高速发展为高校思想政治教育开展智慧教学提供了丰富和便利的教辅工具和教学手段,提高了智慧教学的智能化、可视化和多样化的程度。利用这些智能化、可视化的教辅工具,教师改变了传统的思想政治课教学模式,将线上远程教学、混合式教学等教学方法运用于高校思想政治教育智慧教学中。

1.大数据技术的应用

大数据时代,以应用"雨课堂"等信息化教学工具为代表的混合式教学模式应运而生。在"雨课堂"中,教师可以利用可视化智能教学工具开展线上教学。通过基于大数据技术的数据检测系统,教师可以直观、实时地了解学生的学习行为,包括学生对课程的点

击率、学生在线学习时间的长短等。

2.虚拟现实技术的应用

利用虚拟现实技术,教师可以在线上与学生构建出类似于传统教室的虚拟空间,这在一定程度上解决了传统线上单一的语音、视频沟通带来的师生、生生之间的疏离感,增加了教学互动,提高了教学质量。

3.人工智能教学平台的应用

人工智能教学平台的应用也是十分普遍的。例如,利用人工智能教学平台,教师在开展"马克思主义基本原理"课程政治经济学部分的教学时,可以引导学生利用平台中的历史数据,以马克思主义政治经济学相关理论为基础建立各种小型社会动态模型,并运用分类回归等技术手段来验证这些经济学原理,从而加深学生对思想政治理论的理解。

(三)优质的教学环境

5G通信网络的传输速度配合各类信息技术的运用为高校思想政治教育开展智慧教学提供了全新的教学环境。

1.助力线下课堂教学环境升级

在线下课堂智慧教学中,高校思想政治教师可以应用5G技术和大数据监测技术进行课堂行为的数据统计。例如,在5G网络环境下,学生进入教室可以通过人脸识别技术进行签到,学生进出教室都会有相应的记录,从而省略了传统的点名签到环节;快速记录与统计分析课堂中的师生、生生互动行为便于教师对每个学生知识掌握的情况和课堂参与程度进行评估。

2.助力线上课堂教学环境提升

由于5G通信网络的传输速率大幅提高,应用5G通信网络,教师可以更加有效地利用网络教学资源,减少卡顿、网络延迟等问题。例如,配合虚拟现实技术的使用,教师可以在课堂上利用网络连接到一些红色文化网站,通过3D交互沉浸式的虚拟影像为学生讲授党的发展历史与抗日战争历史等内容。

(四)多元化教学评价

目前,高校思想政治教育智慧教学依然缺乏科学有效的教学评价方式。大数据监测和分析技术带来的数据收集与融合水平的提升,为高校思想政治教育智慧教学提供了多元化的课堂教学评价方式。

1.构建智慧校园平台

高校可以构建智慧校园平台,通过智慧校园平台中的数据监测系统,收集、分析教师的课堂教学行为、学生的课堂及课后行为、学生的思想政治考评成绩等数据,建立针对高校思想政治教育智慧教学效果的多元化评价系统。

2.数据收集与融合

利用新媒体及在线评价技术,可以获得来自教师、学生、用人单位等各方面对高校思想政治教育智慧教学效果的评价数据,将这些数据融入评价系统,从而获得多元化的评价指标,建立多元化和公平客观的评价体系。

三、提升高校思想政治教育智慧教学水平的策略

(一)搭建共享性高校思想政治教育资源云平台

1.利用大数据、云计算等技术对思想政治教育资源进行分类和推送

可以利用大数据、云计算等技术对思想政治资源进行分类和推送。例如,高校数字图书馆联盟可积极运用各类信息技术对共享的思想政治教育资源进行分类和再开发,利用数据分析和挖掘技术对相关资源进行深度分析,并对教师、学生用户的搜索行为和下载行为进行分析,适时地对用户进行教学资源的推送。

2.鼓励教师积极上传思想政治教育资源

各高校不仅要鼓励专职思想政治教师上传思想政治理论教学资源,也要鼓励专业课教师上传课程思想政治教学资源,凝聚思想政治教育合力,让高校思想政治智慧教学在更加广阔的范围内展开。

(二)运用新技术促进高校思想政治教育智慧教学

1.应用人工智能(AI)技术开展智慧教学

在传统的教学中,教师很难通过有效的教学手段来加深学生对一些政治经济学经典理论的理解。运用人工智能大数据智能化分析技术,可以对历史数据进行分析并构建模型,通过实证分析的方法使学生更好地理解这些政治经济学理论。

2.在线下智慧教学中引入机器人助手

高校可以引入智慧教学机器人作为教师的助手,协助教师安排、布置、回收作业,与学生进行互动,提升课堂教学的乐趣,吸引学生的注意力。此外,还可以利用机器人开展思想政治知识竞赛,提升思想政治教育的智能化程度。

3.推广虚拟现实(VR)实训室

在 5G 技术的支持下,高校应加强 VR 开发企业与思想政治教师的合作,大力推广VR 实训室,将 VR 技术应用到思想政治教育智慧教学中,以提升教学效果。

(三)优化高校思想政治教育智慧教学环境

1.加强校园 5G 网络的硬件投入

高校应积极协调政府部门与 5G 通信运营商在学校周边规划架设 5G 通信基站,加大

在校园 5G 网络终端设备方面的投入,确保在思想政治教育智慧教学中可以顺畅使用 5G 网络。

2. 营造沉浸式思想政治教学环境

在 5G 网络的支持下,教师可以在教学中引入利用虚拟现实、增强现实等技术开发的作品,为学生营造身临其境的教学环境,以虚拟体验教学的形式来开展智慧教学。

(四)构建多元化的高校思想政治教育智慧教学评价体系

教师要基于大数据等技术构建多元化的高校思想政治教育智慧教学评价体系,如图 10-1 所示,加强对教学质量和效果的监控与评价,并建立教学质量诊断和改进机制。

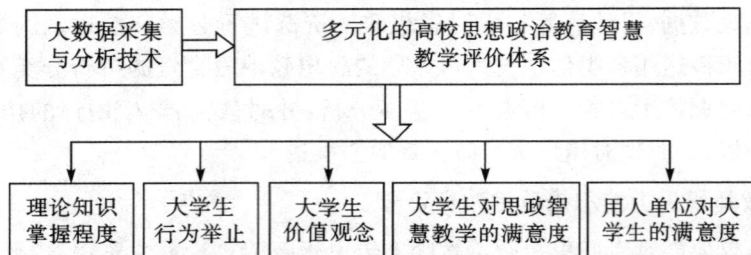

图 10-1　多元化的高校思想政治教育智慧教学评价体系

1. 加强对学生行为、思想等方面的数据采集与分析

对高校思想政治教育智慧教学质量和效果的评价,不仅是对学生思想政治理论知识掌握程度的评价,更重要的是对其行为举止、价值观念等方面的评价。这就需要对学生行为、思想等方面的数据进行采集与分析。大数据时代,各高校都在积极推进智慧校园建设,可以利用分布在智慧校园内的各种监控设备采集学生的行为举止数据,也可以利用大数据网络监控技术分析学生的价值观念和思想动态,通过大数据舆情分析技术、大数据动态监测技术等来评价学生的行为举止、价值观念是否受到思想政治教育正面、积极的影响。

2. 建立多元化的评价主体

通过新媒体,高校可快速采集来自用人单位、专业课程教师等其他评价主体对学生行为表现的评价数据,这些数据可作为综合评价高校思想政治教育智慧教学质量和效果的指标。利用大数据分析技术,可对高校思想政治教育智慧教学质量和效果进行量化分析,对及时发现的问题采取相应措施加以处理。

第十一章　人文关怀视角下
高校思想政治教育研究

第一节　高校思想政治教育人文关怀的科学内涵

一、人文关怀的内涵与实质

"人文"一词最早出现在《周易》中。《周易》中说："小利有攸往,天文也;文明以止,人文也。观乎天文,以察时变;观乎人文,以化成天下。"在这里,人文与文明密切相关,它表示秩序、人间世界的条理和规范,进而延伸出美的意思。"人"与"文"合在一起往往指真、善、美的某种状态。

人文关怀具有丰富的科学内涵。从哲学的角度来看,人文关怀主要指关注和解决人的存在所遇到的问题。从伦理学的角度来看,人文关怀主要指肯定人的价值、尊重人的个性和尊严、追求人的自由全面发展。其核心是"以人为本",把人作为认识和实践的出发点和归宿。从教育学的角度来看,人文关怀是指教师要尊重学生、关心学生、理解学生,特别是要关注学生的精神生活、精神生命的发展,充分发挥教育在引导学生成长成才、促进学生全面和谐发展方面的作用。

尽管从不同的角度,人们对人文关怀有不同的理解,但对人文关怀理解的核心基本是一致的。因此,关于人文关怀的内涵可以把它归纳为以下几个方面:一是尊重人的主体地位;二是尊重人的个性差异;三是关心人的多样性需求;四是调动人的积极性、激发人的创造性;五是追求人的自由全面发展。

从人文关怀的内涵可以看出,其实质是确立人的主体性地位和主体性,从而确立一种赋予人生以意义和价值的人生关怀,最终实现人自由全面的发展。

二、高校思想政治教育人文关怀内涵的界定

从高校思想政治教育工作的实践来看,高校思想政治教育人文关怀是指在高校思想政治教育过程中,尊重大学生的主体性地位和个性差异,关心他们多种多样的个体需求,调动他们的主动性,激发他们的创造性,促进他们的全面发展。高校思想政治教育的对象是大学生,坚持"以人为本",突出人文关怀,既是高校思想政治教育工作对科学发展观

的践行,也是改进高校思想政治教育工作的要求。从目的上来看,"以人为本"和人文关怀是一致的,它们都关注人的生存和发展状态,承认人的价值、尊重人的主体性、关注人多方面的需要,以促进人的全面发展为目的。从对高校思想政治教育工作的导向上来看,坚持"以人为本"和人文关怀,就是把大学生作为思想政治教育的主体,重视他们的主体性地位,发挥教师的主导性作用,是引导,而不是填鸭式的灌输,这为改进高校思想政治教育工作明确了方向。

第二节　高校思想政治教育中人文关怀和心理疏导机制的建构

思想政治教育是高校培育具有极高思想政治觉悟和社会适应能力人才的重要措施。关于人文关怀和心理疏导机制的建构,高校要在中国特色社会主义共同理想、社会主义核心价值体系两方面进行深度思考,以此引领高校思想政治教育工作。教育者需在知识教育、情感教育上加强教学设计,在学生价值塑造和人生理想形成的关键时期,构建具有影响力的人文关怀和心理疏导机制,彰显高等教育的人性光辉,以及多样教育手段的价值和意义。高校思想政治教育工作需发挥协同创新效应,培育出具备正确社会主义核心价值观、高尚道德品质、远大理想和极强社会服务技能的人才。

一、高校思想政治教育中人文关怀和心理疏导的关联性

(一)人文关怀是对思想政治教育内涵的延伸

在传统思想政治教育模式下,更注重对学生的思想引导和价值塑造,致力于培育具有正确社会主义核心价值观的人才。人文关怀是以学生的体悟和感受为着眼点,给予学生多层次的心理关照。教师通过人文关怀,更易于与学生构建和谐的师生关系,促使学生敞开心扉诉说困扰,以此保证教师的教学设计更具针对性和指向性。同时,人文关怀是满足学生个性化心理需求的手段,是对思想政治教育内涵的延伸。

(二)心理疏导是人文关怀的外显行为

心理疏导是基于专业知识提供的心理服务,帮助学生解决各种心理问题和心理障碍。而高校思想政治教育中的心理疏导行为,从教育思想本质上来看,是以人为本教育理念的体现;从教育决策和策略上来看,是展现人文关怀的外显行为,可对有心理问题和压力的学生给予实际帮助。高校应充分发挥心理疏导的作用,根据学生的经济、心理、学习等实际问题,对他们进行专业化的心理干预,以此彰显思想政治教育的根本价值和意义,培育出具有健康心理和健全人格的人才。

二、高校思想政治教育中人文关怀和心理疏导机制的建构策略

(一)构建多维育人空间,凸显思想政治教育隐性功能

学生成长的各个阶段都会受到复杂文化和思潮的影响。为此,高校要建构人文关怀和心理疏导机制,具体策略如下:①高校对知识教育、人格教育、文化教育、思想政治教育的功能和优势要建立正确的认知,从各个方面加强对学生的价值塑造和思想引领。②高校要全员、全面、全方位地开展思想政治教育,使学生在知识素养、能力素养、思维素养、科研素养、创新素养等方面获得全面培养。③高校要构建多维度的育人空间,以实现培养德智体美劳全面发展人才的目标。④高校不仅要帮助学生树立坚定的政治立场,全面提高他们的思想政治觉悟,充分发挥思想政治教育育人的显性功能,还要根据学生的心理问题,凸显思想政治教育的隐性功能,即高校应立足思政课堂,以优质的理论知识和优秀的传统文化为载体,有效陶冶学生的情操和净化其心灵。⑤高校要构建健康和多元的校园文化,将民族精神和革命奉献思想等作为学生在校园讨论的话题。⑥高校不应将思想政治教育局限在封闭的课堂上,更不要被统一的教材限制,要将现代文化和传统文化结合、将网络热议话题与中国特色社会主义共同理想进行对接。⑦高校应引导学生对生命的价值和意义进行深度思考,并在学生出现成长困扰和实际困难时,给予他们人文关怀和正确的心理疏导。⑧高校在注重提升其思想政治觉悟的同时,助力他们身心健康的成长。⑨高校要在课内和课外积极开展文化和思想交流活动,要从不同维度和渠道渗透思想政治教育内容,培育出具有爱国思想、社会责任感、优秀道德品质的学生。

(二)建设充满人文关怀的心理咨询室,调整思想政治教育规划

在人文关怀和心理疏导机制的建构中,高校要将物质文化和精神文化进行科学融合。教师应注重弘扬大学精神,使学生在学习和成长的各个阶段都能形成独立的思考能力,建立强烈的民族文化自信心。高校应注重培养学生的科学精神与人文精神,帮助他们树立远大的人生目标。在此诉求下,高校若想帮助学生奠定健康坚实的人生发展基石,应积极建设具有人文关怀的心理咨询师队伍,以保证学生身心的健康成长。教师应认识到大学精神是无形的,必须以学生外显的不良行为作为调整思想政治教育的依据或触发条件。教师应根据学生不同时期的思想成长问题,有计划地调整思想政治教育规划,不被既往的教育经验和教学规律制约。在多元文化背景下,学生面临着严峻的生活和学习压力,容易对未来生存产生消极的思想,高校必须注重对学生进行心理健康教育,利用有形的心理咨询室对学生的负面情绪进行疏导,在诱发心理疾病的初级阶段,有效对学生进行心理干预和指导。

(三)以学生思想成长情况为参照,设计思想政治课程内容

高校既要组织学生正确理解先进的马列主义哲学思想,还要动态关注他们的思想成

长状态和心理问题。教师应以学生思想成长情况为参照,更加具有针对性地设计思想政治教育内容。尤其面向即将毕业的大学生,高校应做好创新创业教育和就业指导工作,避免他们因求职受挫而产生严重的消极心理。教师应帮助学生树立正确的就业观和择业观,基于对自我价值的正确定位,让他们能主动进入具有发展前景的中小企业工作,使他们不被金钱至上的狭隘思想所迷惑和影响。人文关怀和心理疏导机制的建构,必须营造一个健康向上的教育环境。教师应根据学生就业心理以及他们当前的思想问题等,将心理健康教育和就业指导等课程合理地渗透到思想政治教育中,既加强了学生的思想政治觉悟,还能帮助他们形成健康的心理和思想,让他们对眼前的就业或创业困难保持端正的态度。高校思想政治教育应保持高度的灵活性和实效性,教师也要时刻关注学生思想成长中的各种问题,基于完善的心理疏通机制,使他们顺利、有序地融入社会生活。高校要充分体现思想政治教育的人文属性,注重学生的心理健康教育和疏导,避免他们被高压和复杂的社会环境所影响。同时,高校要创建丰富和优质的学生精神家园,将红色文化科学融入思想政治教育内容中,令学生传承红色文化基因,使他们成为不怕苦、不怕累、勇于奉献和牺牲的时代所需的人才。

第三节 高校思想政治教育人文关怀的实施策略

一、高校思想政治教育人文关怀的重要意义

高校思想政治教育作为一种培养人、塑造人、影响人、发展人的教育活动,其中人文性是它的突出特点。在高校思想政治教育过程中融入人文关怀不仅是人的本性和大学生全面发展的需要,是提高思想政治教育实效性的要求,也是贯彻落实科学发展观的需要。

(一)人的本性发展的需要

"人的内在能动性是人的自然属性的原动力的表现,也是人的本性的具体表现。人的本性需要得到人的承认与尊重,需要得到人的挖掘与激励。"[1]人的本性决定了思想政治教育工作要注重人文关怀,要用人文的方式去理解教育对象的个性和潜能,让他们的个性得以张扬,让他们的潜能得以彰显,使教育对象健康自由地成长,成为"自由而全面发展"的人。

(二)大学生全面发展的需要

高校思想政治教育工作是培养人的工作,这项工作只有加强人文关怀才能充分唤醒和增强大学生的主体意识,最大限度地调动大学生学习的积极性和主动性,使大学生自

---

① 陈士宏,王雅文.思想政治教育注重人文关怀的几点思考[J].思想政治教育研究,2008(3):82-84.

觉主动地认识自我、寻求真理和完善人格,把自己塑造成具有优秀个性特征和良好素质的社会主体。同时,高校思想政治教育加强人文关怀,还能培养大学生的开拓精神和创造才能,最终促进大学生各方面素质的和谐发展和全面进步。

(三)提高高校思想政治教育实效性的要求

高校思想政治教育是做人的工作,高度重视人的因素是思想政治教育的本质所规定的,也是思想政治教育所必须遵循的基本原则。因此,以人的尊严、需要、价值以及发展为核心的人文关怀,是增强思想政治教育实效性、推动思想政治教育有效运行的必要支撑,也是思想政治教育摆脱低效的内在诉求。

(四)贯彻落实科学发展观的重要体现

以人为本是科学发展观的核心,实现好、维护好、发展好最广大人民的根本利益是党和国家一切工作的出发点和落脚点。高校思想政治教育人文关怀是全面实现建设小康社会与和谐社会目标进程中所必需的价值支持力量,它通过促进人性的优化、提升人的精神境界、完善人的思想道德来使社会达到物质小康与精神和谐相统一的、真正的全面而富裕的小康。因此,高校思想政治教育工作注重人文关怀是对科学发展观的科学内涵和精神实质的全面把握,是深入贯彻落实科学发展观的重要体现。

二、高校思想政治教育人文关怀存在的不足及原因

当前,高校思想政治教育在人文关怀理念的树立、人文关怀内容的拓展、人文环境的改善以及人文实践活动的开展等方面取得了一定的成绩,获得了一些宝贵的经验,但是也存在一些不足。研究和分析高校思想政治教育过程中人文关怀的不足,深入剖析其存在的原因,有助于进一步改进和推动高校思想政治教育人文关怀的工作。

(一)高校思想政治教育人文关怀存在的不足

1.忽视个体差异与个性发展

注重大学生的个体差异,对其进行有针对性的教育是创新高校思想政治教育、培养具有创新精神的人才的重要路径。大学生所处的社会环境的不同、成长的家庭背景的差异使得他们呈现出不同的个性、不同的兴趣特长以及不同的发展潜力。这种差异性要求高校思想政治教育必须注重针对性,因人而异,进行不同层次、不同特点的思想政治教育,这样才能感化人、塑造人,充分发挥思想政治教育的育人功效。但高校现行的思想政治教育存在忽视个体差异与个性发展的状况,如思想政治教育中的教育要求和教育目标的趋同性、教学内容和教学手段的统一性,体现的就是一种共性教育,而非因材施教的个性教育,与人文关怀所倡导的尊重人的个性、重视人的个体差异和个性发展不一致。

2.人文教育内容缺失,教学方法滞后

人文教育与科学知识教育并重不仅是时代发展的要求,也是大学生自身发展的需

要。高校的思想政治教育在教育内容的安排上,主要以政治教育为主,很少结合历史、文学、语言、艺术等方面的相关人文知识,出现了科学教育与人文教育分离对立的问题,造成大学生人文知识缺失、人文精神缺乏的现状。在思想政治教育的模式和方法上,忽视从人的角度去教育引导,学生的个性发展受到压抑,导致他们对思想政治教育工作和思想政治理论课缺乏兴趣,从而使得思想政治教育达不到应有的教育效果,思想政治理论课的主渠道作用得不到应有的发挥,培养出来的人才缺乏主体性,与社会发展的需要不能相适应。

3. 心理疏导工作边缘化

人的思想品德的形成和发展与健康的心理以及良好的个性密切相连。近些年来,大学生源于心理因素引发的突发事件呈上升趋势。大学生的心理健康问题引起了高校的高度关注,并且高校也采取了相应的对策,取得了初步成效。但与高校的其他工作相比,大学生心理健康教育工作仍处于边缘化的不对称状态。例如,由于社会的快速发展,如今的大学生面临的压力越来越大,在这种状况下,许多心理问题也随之产生,在特定的情境下可能会做出一些过激的行为,甚至会酿成校园惨剧,如有的大学生因不堪学业压力而自杀。大学生面对压力却不懂得该如何释放、化解,这与心理疏导在高校思想政治教育中的缺失和边缘化有一定的关系。

4. 人文社会实践活动缺乏

社会实践是大学生理论联系实际的主要途径,也是大学生由知到行的必经之路。社会实践能够加深大学生对国情的认识,增强其社会责任感,培养他们的创新精神和实践能力。大学生通过参与各种各样的社会实践活动,在经受多方面锻炼和得到提高的同时,还可以正确地面对现实生活,树立信念,陶冶情操,增强面对挫折和困难的勇气,提高报效社会的能力。当前的高校思想政治教育,尽管在实践教学的探索和尝试中取得了一些有特色的成果,但还没有形成科学合理的社会实践教学模式,社会实践教学仍存在不少亟待解决的问题,如大学生社会实践的参与机会少,社会实践的成效不高。

(二)高校思想政治教育人文关怀不足的原因

1. 传统教育理念不同程度地存在

以人为本的现代教育理念要求高校思想政治教育要立足于大学生发展的需要,为大学生的成长成才提供服务。但是在长期的高校思想政治教育中,只强调从社会需要出发,突出的是维护社会的稳定,完成社会任务或解决社会问题,一切以社会的需要为出发点来要求学生,往往只强调社会本位、集体本位,而忽视了对学生精神需求的满足。传统的高校思想政治教育,没能正确处理社会价值和个人价值的关系,漠视个人价值,片面强调社会价值;忽视个人综合素质的提高,片面强调个人应当对社会承担的义务和责任。这种教育导向背离了"以人为本"的理念,忽视了人文知识的教育和人文精神的培养,造成学生的主体性地位得不到体现、主体性作用得不到发挥,抑制了学生的进取心,扼杀了学生的创造能力,尽管这种教育方式目前已经有所改善,但是问题仍然存在。

2. 思想政治理论课的主渠道作用没有得到充分发挥

思想政治理论课是高校思想政治教育实施人文关怀的主渠道,但是其主渠道的作用并没有得到充分发挥。

第一,课堂组织形式不合理。思想政治理论课承担着对大学生进行思想教育、品德教育和人文素质教育的任务,但目前许多高校的思想政治理论课采取大班授课的课堂组织形式,不能满足大学生个性化的需要。

第二,专职教师的教学任务过于繁重。高校思想政治课教师教学工作量大,教学课时多,教学对象人数多,此外还要完成科研任务、应付各种检查评比。过于繁重的教学压力使教师不能投入更多的时间去解决大学生思想认识上存在的问题,以及对大学生进行差异性的人文关怀。

3. 对心理疏导工作没有予以充分重视

尽管近年来高校对大学生的心理疏导工作有所重视,但并没有真正把心理疏导工作落到实处,形式主义现象比较严重。主要表现在以下三个方面:

第一,心理健康教育队伍不健全。现阶段,大学生心理健康教育队伍存在的突出问题是数量不足、专业素质不高。一些高校大学生心理健康教育队伍基本上由辅导员、班主任、学生管理干部以及科研室的科研人员组成,这支队伍实践经验丰富,但没有接受过系统的心理专业理论教育。

第二,在实际工作中,对心理健康教育的工作重心把握不准。一些高校把咨询和治疗作为心理健康教育工作的重点,导致的直接结果是大学生不与心理健康教育教师接触,对心理咨询中心畏而远之,心理咨询中心不能真正发挥促进大学生心理健康的作用。

第三,思想政治教育的专职工作人员数量不够也是高校思想政治教育人文关怀缺失的重要原因。思想政治教育工作队伍是高校思想政治教育的组织保证,面对庞大的工作对象,如果工作人员数量偏少,就无法保证有足够的时间和精力对大学生进行有针对性的教育和社会实践活动教育。

三、高校思想政治教育实施人文关怀的具体策略

当前,大学生在成长的过程中受多元化社会背景和家庭环境等诸多因素的影响,具有个体意识突出、创新意识强的特点,但也存在信仰迷茫、理想信念淡薄、价值观念功利化、集体观念缺失、社会责任感缺乏、心理承受能力较弱、缺乏应有的调适能力等问题。做好新时期高校思想政治教育工作,必须把人文关怀贯穿其中,探索和创新高校思想政治教育的一些举措。

(一)注重个性发展,培养创新人才

高校思想政治教育实施人文关怀应当注重个性差异,突出个性化培养方案,实现大

学生综合素质的全面提高。很长一段时期,高校的思想政治教育工作强调灌输性教育,忽视了大学生的主体性地位,压抑了大学生个性的发展。知识经济时代的来临,使知识对经济发展的推动作用日益凸显,而知识的创新依赖于人的创造性,人的创造性又常常同人的独立思考能力以及个性发展密切相关。在现实社会中,大学生由于所处的环境不同、接受教育的背景不同、家庭背景的差异等表现出不同的个性特征,培养人才的一个重要要求就是尊重个性的创造。因此,高校思想政治教育工作要注重个性化人才培养目标,改变传统的教育观念,不能按照统一的标准去培养人才,要树立个性化的教育理念,培养出多样化和创造性的人才。要尊重大学生的主体性地位、发挥其主动性作用,重视其个性,鼓励个性发展,尊重个性创造,使每个大学生在个性发展的基础上实现全面发展。

(二)以人为本,增强服务意识

高校思想政治教育融入"人文关怀"就是要树立以人为本的理念,增强服务意识,实现大学生成长和成才的目标。尊重人、理解人、关心人、帮助人、满足人的合理需求是"以人为本"的核心内容。高校思想政治工作要尊重人。尊重人是对人的主体地位、独立人格以及价值的充分肯定,是"以人为本"的充分体现,是对教育规律的遵循,也是提高教育效果的必然要求。尊重人就是要求教育者改变过去绝对权威的角色,尊重学生,与学生平等对话,拉近与学生的距离,以情感人,创造和谐平等的新型师生关系。高校思想政治教育工作要理解人。理解人就是要求教育者要经常换位思考,站在学生的角度体验和思考问题,与学生在情感上得到沟通,增进理解,使各项工作都能充分反映学生愿望,符合学生利益。高校思想政治工作要关心人、帮助人。关心人、帮助人体现了高校思想政治工作解决思想问题和实际问题的有机统一,是做好思想政治教育工作的关键所在。教育者要关心学生的利益和需要,切实解决学生在学习、生活、就业等方面关心的问题和遇到的各种实际困难,特别是要关心帮助经济上有困难的学生群体,为他们提供基本的生活条件,创造基本的学习环境,解决他们的困难。高校思想政治工作要满足人。满足人就是要求教育者要从学生的实际需求出发,想其所想,急其所急,真正满足其在生活、学习各方面的切实需求。

(三)注重心理疏导,提高心理健康水平

心理疏导是提高大学生心理健康水平、促进学生心理健康发展的重要举措。面对大学生各种各样的心理问题,教育者要注重对其进行心理疏导,化解他们的心理矛盾与冲突,防止心理问题的发生;要树立高度的责任意识,本着对学生负责的态度,经常性地开展学生心理健康问题调查研究,了解学生心理健康发展的状况,准确判断他们的心理状态和危机水平,以便及时发现问题,采取相应的干预措施;要广泛传播心理卫生知识,帮助学生树立维护个人心理健康的自觉意识;要通过各种形式的人文教育以及人文社会实践活动,培养学生良好的自我意识和人际交往能力、良好的道德品质、稳定沉着的情绪、

完善的认知系统和较强的社会责任感，使他们拥有一个健康的心理；要建立心理咨询机构，对有心理问题的学生进行专业指导，帮助他们解决心理问题，使其能更好地适应环境，保持健康的心理。

(四)注重人文精神,建设和谐校园文化环境

马克思和恩格斯认为："人创造环境，同时环境也创造人。"①环境对人的影响是具有正负效应的，良好的环境会以一种潜移默化的力量提高人的思想政治素养，呈现正效应的育人功能，恶劣的环境则是抵消教学效果的异己力量。注重人文精神，建设和谐的校园文化环境有助于增强高校思想政治教育的感染力和影响力。校园文化既包括校园物质文化、制度文化，也包括校园精神文化以及行为文化。建设高校校园文化要注重人文精神建设，把"以人为本"的理念贯穿其中，促进学生的个性发展和全面发展。要建设人文的校园物质文化，注重凸显人文精神，使大学生在耳濡目染中受到熏陶；要构建"以人为本"的制度文化，促进师生主动发展，实现师生关系的和谐；要培育先进的精神文化，采用学生喜闻乐见的形式，通过开展丰富多彩的校园文化活动，引导学生吸收先进文化，帮助其树立崇高的人生信仰，培养良好的道德观念和健康的审美情趣；要倡导和谐的行为文化，引导学生树立和谐的理念，内化为和谐的思维方式，外化为良好的行为习惯，形成宽容、理性、和谐的校园环境。

要让学生学会做事，学会做人，成为创新型的人才资源，必须坚持"以人为本"的现代教育理念，尊重学生、理解学生，注重弘扬人文精神，营造良好的育人环境。高校思想政治教育工作，唯有树立"以人为本"的教育理念，为学生的成长成才提供全面服务，才能把和谐校园的建设落到实处，实现富有人文精神、"人文关怀"的思想政治教育，真正提高高校思想政治教育的实效性。

---

① 中共中央马克思恩格斯列宁斯大林著作编译局. 马克思恩格斯选集(第一卷)[M]. 北京:人民出版社,1972:43.

第十二章　美育视角下
高校思想政治教育研究

第一节　高校思想政治教育与美育关系分析

一、美育概述

(一)美育定义

美育是审美教学与美感教学的结合,通过教育提升人们认识美、体验美、感受美、欣赏美、创作美的能力,从而使人们具有美的理想、美的情操、美的品格和美的素养,是新时代培养德智体美劳全面发展的社会主义建设者和接班人的重要着力点。

狭义的美育,一般认为美育是指"美感教育""审美教育""审美观和美学素养教育"等。广义的美育,有人认为真正的美育是将美学原则渗透于各科教学后形成的教育。

美育的定义由狭义到广义的过程中夹杂的另一个维度变化:由形式美育走向了实质美育。所谓"形式美育"指的是以培养对象的审美素养(如审美观、欣赏美和创造美的能力等)为目标的教育活动。而"实质美育"则以上述目标为手段,追求美育的精神实质:人生的美学趣味和教育的审美境界。强调美育对诗意人生的促进功能已成为现代美育的核心。美育的定义由狭义走向广义的同时,也实现了由形式向实质的革命。

(二)美育的任务

我国社会主义学校的美育是为建设社会主义精神文明和培养学生心灵美、行为美服务的。通过美育可以促进学生德、智、体、美、劳全面发展。它可以提高学生思想,发展学生道德情操;它可以丰富学生知识,发展学生智力;它可以增进学生的身心健康,提高学生体育运动的质量;它可以鼓舞学生热爱劳动、热爱劳动人民,并进行创造性的劳动。

我国学校美育的基本任务有以下几点:

一是培养学生充分感受现实美和艺术美的能力。包括培养学生充分感受自然界的美,培养学生对社会美的正确观点和感受社会美的能力,培养学生感受艺术美的能力,等等。

二是使学生具有正确理解和善于欣赏现实美和艺术美的知识与能力,形成他们对于美和艺术的爱好。

三是培养和发展学生创造现实美和艺术美的才能和兴趣。要使学生学会按照美的法则建设生活,把美体现在生活、劳动和其他行动中,帮助他们养成美化环境以及生活的能力和习惯。

二、高校思想政治教育与美育的关系

高校思想政治教育与美育既有联系又有区别,具有辩证统一性。借用数学的"集合"概念,对高校思想政治教育与美育的关系进行具体分析,如图 12-1 所示。

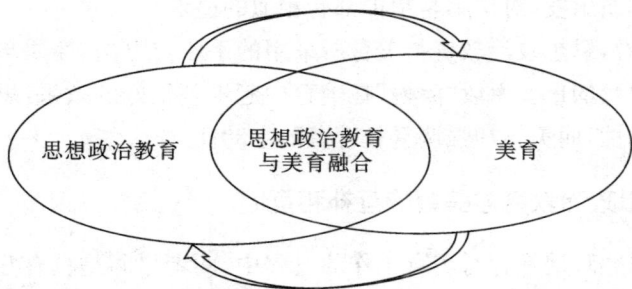

图 12-1　高校思想政治教育与美育的关系

(一)高校思想政治教育与美育的同与异

在教育的目标层面,高校思想政治教育的总体目标在于全力提升学生的主体性,促进学生的全面发展。具体来讲,就是要使学生成为一个身心健康、具有人文素养、能够自食其力的个体,一个遵规守纪、具有良好道德情操、能够践行责任与使命的群体,一批"三观正确"、具有理想信念、能够为社会主义事业做贡献的合格建设者和可靠接班人。由此可见,高校思想政治教育的目标是兼具政治性、文化性的。18 世纪末,德国诗人和美学家席勒在《美育书简》中提出:"我们要想在实践中解决政治问题,就必须通过美育的途径。"①美育思想的突出特点在于重视人,认为美育应该是"人的自由与审美教育"。高校美育工作的出发点和落脚点也必然在于学生这一主体,引领学生树立正确的审美观念、陶冶高尚的道德情操、帮助他们塑造美好心灵。故此,高校思想政治教育与美育的目标是一致的,终极目标都是回归到高校肩负的立德树人根本任务上。

在教育的内容层面,高校的思想政治教育虽然讲求"因事而化、因时而进、因势而新",但是本质就是运用马克思主义中国化的理论成果,以理想信念教育为核心、爱国主义为重点、道德规范为基础、全面发展为要义,开展世界观、人生观、价值观教育,民族精神教育,公民道德与法律教育,综合素质教育。高校开展美育的主要任务在于帮助学生

①　席勒. 美育书简[M]. 徐恒醇,译. 北京:中国文联出版公司,1984:76.

树立正确的审美观念,增强学生感受、理解、创造美的能力,强化真善美相统一的人生追求,实现心灵与行为的美。由此可见,思想政治教育与美育在"思想认识、能力素养"等方面具有统一的内容需求。

在教育的情感层面,思想政治教育要想在学生中发挥真正的作用,使得各项教育目标达到"内化于心、外化于行"的作用,根本上就要运用各种素材、资源,通过各种平台、渠道,打动人、感染人,只有在情感上产生了共鸣,才能激发学生的主体性作用。思想政治教育中的心理健康要素,就是要让教育者走进被教育者的内心世界,二者产生情感上的连接,让爱与被爱融入其中。美育具有感性的特点,其在于被教育者从对事物内在、本质的内容、规律进行深刻理解的基础上,得到情感与精神上的享受。思想政治教育与美育正是从"人性"的本质出发,对情感与精神都有相似的追求。

当然,具体来看,思想政治教育与美育所采用的手段与方法、性质与特点还是存在区别的。思想政治教育的重要手段"灌输"在美育中起不到很好的效果,思想政治教育讲究的是教育者的主动性,而美育却强调受教育者的主动性。

(二)高校思想政治教育与美育的互补和互促

在高校实施思想政治教育与美育工作的过程中,两者之间是具有互补、互促作用的。一方面,美育为思想政治教育打下良好的情感基础,学生对于善恶美丑、是非对错具有了朴素的情感支撑,在开展思想、法律、道德的理性教育方面会显得更容易,思想政治教育的效果也会更坚固。以爱国主义教育为例,在文化熏陶中饱含了"爱国主义情怀"的学生,对于以爱国为主题的思想政治教育课程与活动的接受度、认可度会更高。美育可以在内容、方法、途径等方面为思想政治教育提供更多选择。美育中多是发挥文学、美术、音乐等作品所带有的"美感"而直抵人心,在鉴赏性、趣味性上具有得天独厚的优势,从而克服思想政治教育理论的枯燥乏味等缺点。另一方面,思想政治教育可以为美育提供指导与保障,学生接受思想政治教育,形成正确的世界观、人生观、价值观,具备良好的道德情操,再成为美育的对象时,就具备了基本的思想认知基础。思想政治教育所运用的马克思主义中国化理论成果,也可以为美育提供正确的理论指导,保证其朝着正确的方向发展。

第二节 高校思想政治教育美育资源的开发与利用

一、高校思想政治教育美育资源开发与利用必要性分析

(一)满足学生全面自由发展的需求

人是世界的本质和目的,这是康德哲学的核心观点。人因为有理性而变得神圣,美

育资源的开发与利用就是以对人有价值和实现人的价值为第一目的的行为。作为一种特殊的教育方式,美育对满足学生全面自由发展需求具有重要作用,在我国教育现代化进程中,美育就是人的精神世界和能力素质全面发展的推进器。

首先,美育能发掘人最本质的力量。随着科学技术的不断发展,人类进入科技时代,教育已不单是单纯的人的教育,而慢慢演变成技术教育,高校人才培养也偏重于理科教学而忽视人文艺术培养。美育也向着技术化方向倾斜,越来越多的艺术培训和技术培训开始兴起,但是这样的技术并不是简单的机械劳动,而是关乎人心灵自由的活动,和一般的机械劳动相比,美育是将"技术"引入艺术的殿堂,从技术掌握变为对情感的表达,是对美育作品的内容的思考和观念的接收,从简单地机械的人变为有温度的、向往心灵自由的人,建立人与自然间天然联系,发掘人的本质力量。

其次,美育通过情操陶冶促进德育。从本质上看,美和善天然具有一致性,这是古今中外都认同的观点,从孔子提倡的礼乐制度到柏拉图式的小学音乐教育,从康德的"美,是道德上善的象征"到现在的"以美育人",都是通过潜移默化的方式丰富人的感性世界来带动人其他方面的发展。以情感为核心,在人的心理认知结构中形成一种牢固的对生活的热爱和对美的向往,这样的价值取向会让美的力量深入心灵最深处,按照美的标准去审视自己的行为,去判断社会的美与丑。

最后,美育培养人的创造性思维。艺术的表达本身就是一种智慧的述说,美育资源本身就是智慧的化身,它通过调动人的想象力,与外部世界达成和解,用喜闻乐见的方式将所见之物转化成人脑的知识与智慧,激发人的创新创造活力。一方面,通过解放情感的束缚,减轻内心的心理压力,从意识层面激发人的活力,从而发挥人的创造力;另一方面,过个性化的探索将新兴事物与内心世界建立联系,将知识转化为智慧,发展人的直觉能力。

(二)符合大学生身心发展规律要求

马克思主义人学思想首先阐释了人的本质,"全部人类历史的第一个前提无疑是有生命的个人的存在。因此,第一个需要确认的事实就是这些个人的肉体组织以及由此产生的个人及其他自然的关系"。[1] 人与动物的本质区别就在于人的社会属性,人在社会活动中才能得到成熟的身心发展。

大学阶段的学生是心理发育的后晚期,也是心理成熟的过渡时期,其心理特点具有以下特征:第一,这是一个快速发展和自我意识建立的阶段。是学生个体意识快速发展并趋于稳定的阶段,其自我意识开始趋于成熟但由于尚未建立真正的社会关系而没能达到完全成熟;自我评价的能力得到了提高,但趋于片面;自我体验是丰富的,在那一刻,激进是明显的;自我意识和自我评价很容易受到情绪的影响;自我控制和自我教育的能力

---

[1] 中共中央马克思恩格斯列宁斯大林著作编译局. 马克思恩格斯选集(第一卷)[M]. 北京:人民出版社,2012:146.

有了很大的提高,但仍有明显的差距。第二,大脑的功能越来越强。在大学阶段,学生的生活空间不断扩大,他们参与的社会实践活动不断增加,智力的发展也进入了高峰时期。记忆力和思维能力都均达到最佳,并能运用更多的理性思维,而独立思考能力、批判能力、创造能力也有所提高,但是抽象思考的能力还没有趋于成熟,思想品质的稳定性不足,敏感度和思考深度发展速度还很缓慢,他们不能运用辩证唯物主义的观点,不具备理论联系实际的能力。这种特征使得他们情绪更加丰富,更加容易陷入冲动的桎梏中。除这些之外,大学阶段学生的还具有善于接受新兴事物、追求平等自由、独立性较强等心理特征,出现了一些心理上的令人深思的新问题。例如,耐挫力较低,社交能力障碍,等等。虽然这些心理问题的存在是主观和客观多种原因结合的结果,这些问题在一定程度上可以促进其心理上的迅速成熟,但是也有可能成为其心理健康发展的阻力。

基于这样的事实,我们可以针对高校思想政治教育美育资源开发和利用对大学生身心健康的作用进行分析:首先,思想政治教育本身是一项富有实践性的活动,在人的道德培养过程中,人的道德认知、情感、意志以及行为都是高校思想政治教育的重点,让道德认知激发道德性感,锻炼道德意志,进而内化于心,外化于行,达到提高学生道德行为水平的目的。其次,美育有助于培养学生的理想人格。余潇枫认为:"人格的最高境界是集真善美于一体,最高本质是在审美中表达自由"。[1] 也就是说,在完美人格的培养中美是不可缺少的存在。在高校开展美育活动就是在对美的感知中体验人格的真善美,从而将学生引导入一个超功利的境界,使其形成健全的人格。最后,美育有助于情感互动。高校思想政治教育活动是一项建立在教师与学生情感基础上的互相交流的活动过程。而美育能唤起学生的情感共鸣,有助于在教师和学生之间创造关心、欣赏、鼓励、支持等相关意义和情感互动,以理说服人,以情感动人,以心灵触动心灵,以达到相互理解、相互认可、共同提高的目的,使学生真正感受到思想政治教育的亲和力,使思想政治教育效果深入人心。

(三)提高高校教育资源综合利用率

思想政治教育资源的综合利用就是将现实中存在的各种形态的资源投入立德树人教育活动中并发挥思想政治教育功能获得育人效益的一种教育实践活动。[2] 而从经济学的角度解读,就是思想政治教育资源的投入、利用和效益产出的教育者和受教育者共同参与的活动。与其他劳动形式一样,我们可以将思想政治教育的投入、产出问题和"劳动消耗"与"劳动成果"问题相联系。思想政治教育资源的综合利用是发挥思想政治教育资源价值的重要途径,在不同条件下,同一资源有很多种用途,这就意味着在资源的开发过程中,不同资源、在同一资源的不同部分都可以根据实际需要进行综合利用。在一定时期内,不同地区、不同部门和单位之间的资源分布情况均不相同,这些都制约着该地区的

---

① 余潇枫. 哲学人格[M]. 长春:吉林教育出版社,1998:82.
② 陈华洲. 思想政治教育资源论[M]. 北京:中国社会科学出版社,2007:213.

思想政治教育的有效开展,通过对思想政治教育资源的综合利用有利于改善资源分布不均的问题。而想要提高思想政治教育资源的综合利用率,就必须消耗最低的资源,获得更多的思想政治教育成效。

虽然相比较企业,高校并不是以追求利益的最大化为最终目标,但是作为培养祖国人才的运行机构,高校也需讲究效益最大化,通过最小的投入得到最大的利益,无效益目标的压迫也就没有前进发展的动力,最终会被社会所淘汰。而想要从本质上提升高校思想政治教育资源的综合利用率,就需要对各类美育资源的功能进行科学合理的开发和综合利用,因为美育资源的开发主要是对现有的显性美育资源进行合理配置,形成合理的资源结构,以及对潜在的隐性美育资源进行深入挖掘,这一过程相对于传统的思想政治教育其他资源来说更容易获得,更易运用于教育活动中,更能为受教育者接受。这就意味着美育资源的开发利用可以增加"劳动成果",其综合利用是用最小的投入来获得效益的最大化,以美育资源中的社会资源为例,很多社会资源较为分散,这类资源的开发和利用都缺乏主动性,但是这些资源都能够在高校思想政治教育的教育过程中被利用,如何在有限的财力和物力等条件下合理安排各类资源,这也就是如何提升高校思想政治教育资源利用率的问题。通过对美育资源的整合开发,可以有效避免不必要的限制和浪费,在一定程度上减少了"劳动消耗"。

(四)增强高校思想政治教育亲和力

在最新版《现代汉语词典》中,将"亲和力"解释为"两种或两种以上的物质结合成化合物时相互作用的力"。[①] 这一词汇从化学领域被引入其他领域最早是从心理学领域开始,将其意义可以延伸为:"人类受自身所喜爱、得到好评的人或事物的吸引。"[②]之后这一词汇被广泛运用到传播学和教育学等领域,便有了"使人亲近、愿意接触的力量"的含义。在对"亲和力"以及思想政治教育的基本概念把握基础上,我们可以对"高校思想政治教育亲和力"这样下界定:在坚持人本主义理念下,通过不断优化各要素以及它们之间的运行过程,使其具有并发挥出和谐又可亲近的特性,从而提升大学生对于思想政治教育的接受度与趋同感的一种实践融合力量。[③] 这种亲和力表现在两方面:一是在高校思想政治教育过程中教育者与受教育者之间的和谐,二者和其他要素(教育者、教育内容、教育方法、教育中介等)之间的和谐,以及这些要素之间的和谐。二是指受教育者对于高校思想政治教育活动中的教育目标、手段、方法的愿意接受并承认的表现,同时,在活动过程中,教育者的积极性被激发。

美育也有美感教育和审美教育的说法,一般是以直观且生动的方式来激发感情,陶冶受教育者情操,使其在潜移默化中全面发展,蔡元培曾说过:"凡是学校所有的课程,都

---

① 中国社会科学院语言研究所词典编辑室. 现代汉语词典[M]. 北京:商务印书馆,2012:1051.

② Albert Mehrabian. *Slient Messahers*[M]. Boston:Wadsworth Publishing Company,1971:4.

③ 刘慧. 高校思想政治教育亲和力的影响要素研究[D]. 北京:中央民族大学,2019.

没有与美育无关的。"①首先,思政课堂方面,通过将美育的思维和观念融入思想政治教育过程中,运用美育的手段方法,形成愉悦和谐的课堂氛围,改善单一的理论灌输为多管并下,从而达到寓理论教育于审美和精神享受之中,通过愉悦的方式感受认知,实现对真理的认同。在这过程中,学生始终保持愉悦心情接受教师施加的教育内容,进而增强思想政治教育课堂的实效性。其次,在教师队伍方面,要"努力建设一支政治坚定、业务精湛、师德高尚、结构合理的教师队伍。"②增强对教师队伍的美育资源开发,一是教师的情感教育,一个具有教育理想,并具有强烈教书育人激情的教师对学生建立理想信念具有重要的引导作用;二是教师的审美观教育,如在着装、气质和礼仪规范等方面加强教师涵养,做到一个高尚且纯粹的,脱离低级趣味的人。三是教师的身正为范,教育者与受教育者的互动并不仅限于一些物质工具,更多的是通过教育者的思维、知识和行为举止来影响受教育者,良好的教姿、教态、富有感染力的表情、舒适的衣着打扮,这些都能给学生一种亲近的感觉。四是课程基本要素的开发。从教材出发,挖掘教材中的美德、美言、美行,增加对美育资源素材的开发,通过挖掘教材中的美育素材,如运用恰当的古诗词名言警句等来丰富思想政治教育课堂内容,还能运用符合教学内容的视频、音频、图片等素材来提高教学效果。

二、高校思想政治教育美育资源开发与利用困境分析

高校思想政治教育美育资源开发是一个综合性的大工程,目前大多数高校的资源已经不断地被开发出来,如课程资源、学术资源、自然资源和传统文化资源等。但高校思想政治教育美育资源开发不足却是不能忽视的。

(一)缺乏准确认识困境

思想是行为的先导,认识是行为的动力。高校思想政治教育美育资源资源开发和利用陷入了缺乏认识的困境。

首先,对资源开发主体认识不足。高校思想政治教育资源开发利用的主体是指能够参与并且已经参与到思想政治教育活动中,拥有一定开发创造能力的人。这些不仅包括校内领导、思政课教师和辅导员队伍等,还应包括家庭成员和社区工作人员等。家庭是学生成长的第一环境,对学生的影响是最深远持久的,家庭成员的思想和行为无时不在影响着学生。而社区是学生居住活动的环境,对学生的成长成才也有着不可忽视的作用。和小学教育、中等教育阶段相比,高校与学生家庭和社区的联系甚少,因而势必会忽视家庭成员和社区这类主体的思想政治教育资源的开发。

其次,对现有资源开发意识不足。一方面,是概念误解,因历史因素影响,我国美育

① 蔡元培. 蔡元培选集[M]. 北京:中华书局,1959:124.
② 教育部思想政治工作司. 加强和改进大学生思想政治教育重要文献选编(1978—2014)[M]. 北京:知识产权出版社,2015:374.

的开端是艺术教育,这使得很多高校墨守成规,对待美育的态度过于狭隘,没有摆脱艺术教育的桎梏,认为艺术技能类的教育就是审美教育。这一问题是美育资源在开发与利用过程中的重要阻碍。高校美育工作的开展和美育资源的开发与利用应当其"大美育"视角,要认识到美育并不是一种体验式教育,而是一种促进学生实现全面发展,完善自我的途径。通过培养学生对美的感受、鉴赏和创造来逐步促进其人性中的真善美进一步升华。另一方面,高校美育资源开发的偏差。部分高校高层多将教育中心偏向科研成果、教学质量以及学校就业率等方面,对于思想政治教育以及美育的重视程度不足,高校与高校之间资源共享也多是学术和科研方面的探讨,美育资源开发利用方面的交流还不是很多,有也仅限于艺术表演类,未涉及其他领域。

最后,资源共建共享意识不足。这一点并不是说高校不明白资源共建共享的重要意义,而是由于受到传统固有观念和自我保护意识等因素的影响,某些高校组织和个人之间各自为体,缺少真正的交流与合作。资源的使用往往倾向于独享,还缺乏主动分享资源的意识,也没有参与共享建设的自觉。部分高校总是希望向拥有丰富高质量资源的高校学习,但是很少有高校在学习先进资源的同时考虑和实践如何发挥的特色品牌。部分高校在思想政治教育美育资源、教师、教学设备设施等方面还处在独立的状态,没有意识到不同高校之间资源的共建共享以及"双赢",导致拥有优质美育资源的学校并不想分享自己资源,而资源匮乏的高校无法接触到优质资源使得自身陷入更加资源匮乏的死循环中。

(二)共生资源建设困境

共生原指自然事物中的相互作用,是事物间普遍联系的一种自然现象,在生物学中,共生作为一种重要的生态机制,对推动生态世界整体发展具有重要作用。事物间的共生关系是各事物得以生存与发展的前提,存在于整个生态世界之中。而高校思想政治教育美育资源就是共生的产物,是多元育人的共生结合体。

从字面上看,共生是共同生活或生存的意思,在现代社会,共生可以是多元并存、互利共赢、共生共荣等意识。在古代,"共"与"生"通常是分开来使用的,"共"是指"共享、共用"之意,"生"指生长,生生不息,循环往复。而作为现代汉语意思的"共生"在各个领域都有应用。与和谐、共同、共通相比较,"共生"拥有更深远的含义,不仅仅指事物表面的共生,还带有事物生成与生长的规律,是调和事物间矛盾的重要机制,与生生不息意思相近,带有满满的生态学价值和意义。

从人的全面发展来看,高校人才培过程是与各类多元共生资源的社会资源相交织的。一方面,人的自由全面发展离不开社会,离不开各类社会主体及社会资源的相互作用,高校思想政治教育的实施不仅仅是学校内部的教育,还是一切社会关系、资源的总和。另一方面,人的全面发展需要内外共生、多元共存的平台,也需要社会各主体的协调统一,全员全方位全过程的完成"立德树人"的根本任务,积极建设由内至外、从外到内的高校思想政治美育共同体,最终实现学生全面自由的发展。但目前,教育主管部门、学校主体、家庭主体、社会群体以及学生个人未能达成育人建设共同体,各主体资源也未能达成共生资源集合。

(三)统一规划配置困境

美国经济学家哈耶克提出"社会经济问题,不仅是一个如何配置所赋予资源的问题,它更是一个如何确保充分利用每个社会成员所知道的资源的问题。"①科学合理的资源配置可使资源各要素之间形成更大的教育合力,促进育人效果的提高。

宏观层面上表现为高校思想政治教育资源建设与经济社会发展的不匹配,即现有思想政治教育资源所呈现的各类理论信息与学生对思想政治教育资源多样化需求之间的不平衡不充分问题,思想政治教育者所习得的知识技能得不到充分发挥,所获得的知识得不到充分合理运用。此外,对于思想政治教育专业的学生来说也出现了结构性失业问题。抛开学生就业观念因素外,也与学校课程设置有关,即学校课本教学内容与实践未能得到及时更新,从而导致人力资本不能直接有效地转化为实际生产力,最终出现思想政治教育资源浪费的现象。

中观层面表现为高校思想政治教育中的各类资源配置不合理。在现阶段高等教育体系建设中,多以国家和各级政府主导建立的公立高校为主,而民办及独立院校的地位不高,话语权不大,政府作为办学主体和意识形态指导者,一般通过指令指示的形式为学校提供办学以及教育教学过程中所需的资源。但是由于效益反馈不一,资源并不是平等的配置给每一所高校,自然是优先投入资源综合利用率高的高校中。尽管近几年国家对民办和独立院校的支持加大,但是由于运行方式以及办学理念等方面的不同,反馈效果与公立学校相比还是有较大差距,这些就导致了高校之间资源配置的差距。此外,社会资源利用方面也存在问题,学校与社区、企业和媒体之间的沟通合作尚未形成合理。

微观层面表现为高校思想政治教育内部资源配置的失衡。这方面表现在校内思想政治教育队伍配置和认识不平衡以及思想政治教育工作者和思想政治教育非工作者的无关联上。一方面,二者之间缺乏有效沟通。一般课任教师将思想政治教育工作看作是辅导员和思想政治教育教师的责任义务,认为自身只需完成专业知识的教授任务,陷入认知误区,未明确到自身对于"立德树人"的义务,这使得部分教师在思想政治教育中"缺位",从而浪费这部分优渥资源。另一方面,以思想政治教育教师为主的课堂教育活动和以学校宣传部、学工部门以及各系部辅导员等为中心第二课堂之间的"脱节",二者之间缺乏整体意识,缺乏沟通配合,未做到"劲往一处使",甚至常常出现教育内容的重复和留白,浪费了大量的人力、物力和财力资源。

(四)共建共享合力困境

共享的思想起源于经济学领域,资源的共建共享是指共同参与建设共同享有建设成

---

① A·哈耶克. 个人主义与经济秩序[M]. 贾湛,等,译. 北京:北京经济学院出版社,1991:74-75.

果，是社会全体成员的共同责任和权利。

从这个意义上讲，共建共享的实质就是创造共同利益、交换不同利益，这是经济社会发展中实现利益平衡的前提。在互利共赢的原则基础上，权衡共建资源的利弊，建立资源共建共享的体制机制。但是我们必须认识到，共建共享并不是一件容易办成的事情。与高校思想政治教育资源相联系，"共建"是指不分高校、不分个体对高校思想政治教育美育资源等方面的建设，"共享"是指所有高校、所有个体共同享有资源开发与利用成果。高校思想政治教育资源的共建共享就是按照互利共赢的原则获取优质的思想政治教育资源，对完善优化思想政治教育资源体系建设、更好实现立德树人这一根本任务、科学配置教育资源、推进高等教育课程改革以及提升思想政治教育者资源能力等方面都具有积极作用。但目前高校思想政治教育资源的共建共享却不容乐观。

高校思想政治教育内容整合困境。从宏观角度来看，长期以来，共建共享的意识与体制都不甚完善，资源共建共享的市场秩序较为混乱，特别是随着网络信息的迅速发展，网络信息资源内容简单，更新速度极快，对高校思想政治教育资源的筛选和运用能力都产生了限制。网络信息资源是高校思想政治教育资源开发和利用的重要阵地和重要手段，社会热点问题以及时事政策等信息资料的时效性有限，在教育教学过程中也缺乏吸引力和说服力。从微观角度来看，思想政治教育美育资源的整合体现的是思想政治教育工作者对资源整合和使用的能力，他们在处理繁杂资源信息时无法保证获取资源的科学性和权威性。这些都为美育资源的共建共享增添了许多限制条件，影响了美育资源开发与利用成效。

三、高校思想政治教育美育资源开发与利用路径选择

(一)校内优化整合：充分保证思想政治教育美育资源可持续性发展

新时代高校美育工作进入了新的发展阶段，要加强和改进高校美育这一培根铸魂重要工作，科学合理的开发和利用高校思想政治教育美育资源，就必须注重校内美育资源的可持续性发展，优化高校以美育人的整体环境、充分挖掘校内美育资源以及完善资源开发方式。

1. 优化以美育人的整体环境

优化高校以美育人的整体环境，必须上下结合，内外联动。

就政府而言，应该为高校美育资源的开发与利用提供一个相对良好的制度环境，使美育资源的开发与利用从自发转为自觉，才能尽可能多地为高校思想政治教育和美育学科发展提供更多、更有效的资源，并形成恰当的育人形态与机制，进而保证各类美育资源持续稳定输送。

就高校而言，想要打造良好的以美育人环境，必须明确高校在不同发展阶段中美育的地位，认识并重视美育在高校人才培养上的独特作用，成立配置齐全、团队优良以及支撑有保障的教研一体化机构。在打造校内特色育人课程的同时加强对外沟通，汲取优秀

经验,结合自身优势,打造合作共享平台,打破美育资源的互通屏障,寻求更加多样化的资源源泉,为美育资源的健康合理开发与利用保驾护航。

就教师而言,作为高校美育资源中的主体,在思想政治教育美育资源的开发和利用中有着重要的影响力。教师不仅是思想政治教育资源的使用者,也是资源的创造者、传播者和评价主体。学生通过教师的教学行为接受教育内容,作为直接接触者,教师育人手段的优劣,教育环节的科学与否,资源选取的恰当与否,都会直接影响到其学习效果。因此,要优化以美育人的环境,就要重视教育育人的主体地位,加强教师在审美素质修养以及专业知识方面的学习,拓展育人视野,提升个人专业水平,结合教学目标设置合理的教育课程,选取恰当的美育资源,更好地达到育人效果,在育人关键环节"不掉链子"。

"能用众力,则无敌于天下矣;能用众智,则无畏于圣人矣。"只要各级政府、高校和教师都重视美育,支持美育资源体系的建设和思想政治教育美育资源的供给,对各类美育资源实行科学合理的有效利用,育人效果定能实现最大化。

2. 充分挖掘校内美育资源

立足校内资源开展以美育人实践活动要求充分挖掘校内资源,这类校内资源包括校园人力资源、校内美育环境资源、校内美育财力资源以及校内美育物力资源,这四大资源构成了一个密不可分的整体。校内美育资源的开发与利用有两方面含义。对校内美育资源的开发是指教育者根据高校思想政治教育活动开展的需要,对校内美育资源进行有目的的开发,使之助力于高校思想政治教育任务的实现,这种开发一方面是对潜在的校内美育资源进行充分挖掘,将其转变为现实资源,另一方面是指对现有的校内美育资源的未知功能进行深度挖掘或者重新优化组合,增强资源利用率。对校内美育资源的利用是指将校内美育资源运用到思想政治教育活动中,发挥具有以美育人独特功能的实践活动。一是校内美育资源利用过程与思想政治教育活动紧密结合,且能被直接运用到思想政治教育中的资源一定是现实资源。二是参与到思想政治教育活动中发挥作用的资源是作为独立要素发挥作用。校内美育资源的挖掘是开发与利用的辩证统一体,其综合利用是将现有的校内资源合理整合,以科学合理的校内美育资源结构呈现,使思想政治教育资源被充分可持续开发和利用,并以最小的投入获得最大的收益,从而提高高校思想政治教育资源综合利用率和思想政治教育实效性。

3. 完善资源开发利用方式

高校思想政治教育美育资源的开发方式有很多种,但总结来说主要有外取和内发两种。

外取是指教育者根据一定的教育任务,通过借用方式获取教育资源。思想政治教育美育资源的外取方式是一种极低成本甚至是零成本的方式,是直接将外界思想政治教育美育资源转化为自己的思想政治教育美育资源并加以利用的方式,实际上是坚持互惠互利原则兼顾双方利益,实现双赢。这在很多领域都有过成功案例,以人才资源外聘为例,南京邮电大学等高校设置企业导师制度,聘请具有丰富的工程项目设计、工程技术开发、科研成果转化、企业管理工作经验的企业管理人员作为专业学位研究生导师,让他们参与到研究生的培养过程中,这种人才资源外取的方式在高校人才培养和思想政治教育引领方面发挥着重要作用。

内发是指教育者自行运用现代科学技术,使思想政治教育美育资源在原有基础上进一步衍生资源新形态、开发资源新功能的行为。以高校艺术创作为例,过去,北京大学在蔡元培先生的带领下开展艺术教育,一方面,开设了"中国美术史""中国古典乐"等理论实践课程,另一方面,组织像摄影社、舞蹈社等艺术类社团,并举办各类艺术晚会,反响甚大。以学生为主体的艺术创作活动一方面可以使学生自主接受思想政治教育,另一方面可以以更易接受的方式对广大学生实施教育。这种方式就是一种思想政治教育美育资源内发的方式,它要求思想政治教育主体在工作中有一定的创新意识,在已有的资源基础上进行改进,从而给高校美育工作带来积极影响。思想政治教育美育资源的内发并不是盲目进行的,这种内发必须以思想政治教育目的为导向,结合社会客观条件以及本国国情,在考虑教育活动本身需要的情况进行,才能充分发挥作用。

(二)校外拓展培植:逐渐丰富思想政治教育美育资源开发利用的内容

要丰富思想政治教育美育资源的内容必须要在尽可能大的增加资源总量基础上减少资源的不必要浪费,即在加强现有资源利用程度的前提下加大校外美育资源的拓展培植,不仅可以丰富当前美育资源内容,还可以形成多元化资源开发利用的格局。

1. 形成科学资源开发观念

科学资源开发观念是指在高校美育资源的开发和利用中,必须坚持贴合主体需求原则,体现资源开发主体积极性和客体资源协调性的统一。在资源的开发与利用过程中,教育者要采取多样化的教育手段和形式,灵活调动各类资源,促进资源之间的相互配合,更好利用资源。

首先,教育者必须转变观念,树立科学的教育资源观。从要素上看,高校思想政治教育中的各种美育资源是一种相互制约、相互联系的关系;从运行机制上看,美育资源的开发利用必须遵循全面系统可协调的综合原则;从行为目标上看,追求效益是美育资源开发利用的最直接目标,追求效益为美育资源的开发利用提供了前进动力。从前文对于资源性质的分析我们可以看出,资源并不是永恒的,其种类和数量都是运动变化甚至消失殆尽的,因此,对于现有资源必须在有节制的前提下充分开发,并注意在资源利用过程中提高资源的利用率。此外,也应当注重对现代化资源的开发和利用。

其次,领导者要加强资源意识和意识服务。思想政治教育领导者在思想政治教育资源的开发利用中发挥着不可替代的作用,他们可以说是思想政治教育资源开发利用的指导灵魂,很大程度上决定着思想政治教育资源开发利用的效率的高低。因此,他们的思想政治教育资源开发利用观念必须符合思想政治教育资源开发利用的规律。作为高校思想政治教育的带头人,必须时刻学习先进资源开发意识,明确自己作为领导者的权利与义务,为思想政治教育资源开发者和教育活动提供充足条件和有效指导。

2. 挖掘培植校外美育资源

校外美育资源主要包括校外艺术馆、美术馆、图书馆、博物馆以及特色乡土资源等。这些都是高校思想政治教育校外资源的重要部分。这部分资源往往与社区、街道等相联系,这部分资源是高校思想政治教育美育资源的重要补充,一定要重点挖掘利用。

第一,转变思想观念,厘清工作思路,形成校外教育资源社会化。大学阶段是学生踏入社会的过渡阶段,校园资源的开发利用在很大程度上对学生社会实践能力的提升有促进作用。要面向学生,面向社会,充分发挥校外教育育人综合化功能,提高校外教育社会化程度。尝试建立高校与社区工作委员会,使学生能更便捷、深入地在社区开展美育实践活动,要积极搭建校社平台,广泛开展校内外美育活动,努力形成"资源共享、优势互补"的教育大环境,完成校内外教育的闭环,在活动中发现和培养人才,最终实现校外教育的突破性进展。要注重活动内容与形式的创新,保持校外资源的生机与活力。

第二,深入创新机制改革,科学合理管理,促使校外教育资源规范化。构建新型的校外教育活动体系。一方面,要充分利用社会主义市场经济体制规则,完善与市场经济体机制相匹配、相协调的校外美育资源开发利用的管理机制和运行机制,并配置健全校外教育辅导员队伍。另一方面,要紧密结合上级行政部门对高校校外教育工作的评估标准,尽力争取政府和社会各界的大力支持,不断优化校外教育的软硬件设施建设;完善和建设区域行政管理,不断优化校外教育资源开发利用的工作链。

3. 整合家庭社会美育资源

2018 年,习近平总书记给中央美术学院老教授的回信中强调:"做好美育工作,要坚持立德树人,扎根时代生活,遵循美育特点,弘扬中华美育精神,让祖国青年一代身心都健康成长。"[①]2016 年,习近平总书记在全国高校思想政治工作会议上指出:"要坚持把立德树人作为中心环节,把思想政治工作贯穿教育教学全过程,实现全程育人、全方位育人。"[②]学校、家庭和社会是建设高质量教育体系的重要因素,实现全员、全方位、全过程育人就需要将三者紧密结合起来,形成育人最大合力。整合校、家、社各资源,首先,要确立校、家、社育人共同体结构。社会教育与家庭教育是全方位育人的重要维度,要明确家庭、社会和学校在思想政治教育中的定位和功能,三者同向同行,发挥自己应有的作用;其次保障三者沟通通畅机制,变被动参与为主动沟通;再次,要丰富创新三者合作的内容和形式,三者之间合作育人的内容也应不断丰富,形式也应不断改进和创新,沟通内容上不能仅停留在学生成绩问题等方面,而应在核心价值观教育引领、学生自我教育、学生职业规划以及学生就业实习等方面多下功夫;最后,建立三方协同育人机制,"三全育人"背景下高校人才培养需要各个主体协同合作,三者都是社会实践育人的共同体,掌握着校内外实践的资源。整合三者资源提高实践育人的系统性和全过程性,实现共同治理,政

---

① 佚名. 习近平总书记给中央美术学院老教授回信强调 做好美育工作弘扬中华美育精神 让祖国青年一代身心都健康成长[J]. 美术研究,2018(5):4.

② 习近平. 在全国高校思想政治工作会议上的讲话[N]. 人民日报,2016-12-08(1).

府通过发挥导向作用,引导美育资源开发利用政策制定、资源调拨、保障实施等,高校依托最新科研成果、科学完善的人才培养体系向社会输送具备高质量、高素质的人才,家庭根据血缘亲人的亲密关系做好学生审美素养培养的基础。各主体之间具备了不同的资源优势,相互依存成为社会实践育人的基础,才能更好地实现立德树人的根本任务。

在这一措施下,有很多学校已经开始初步实践,以清华大学构建多层次立体化的美育体系为例,通过"学堂在线"平台,充分挖掘利用校内校外美育资源,开设 30 余门 MOOC 在线课程,统筹建设"六类课堂",整合学校各部门各阶段资源,打造全方位美育体系。

(三)内外联动兼修:构建完善的思想政治教育美育资源开发利用团队

1. 优化资源开发主体建设

思想政治教育主体在思想政治教育美育资源开发中起到主导作用。思想政治教育资源开发利用必须将开发主体把握好,这样思想政治教育美育资源的综合利用率才会有所提升,思想政治教育目的达成效果才会更好,因此,必须将把握好思想政治教育资源开发与利用的主体。

保证教师在资源开发中重要地位。就以往而言,我国高校思想政治教育美育资源的开发利用仅依靠教师自身通过自身经验和教学目标来进行。在这种情况下,存在很多弊端,如果教师职业道德素养高,就会将思想政治教育美育资源开发利用当作一项重要使命,反之,教师则会在教学过程中忽视思想政治教育资源的重要价值。在资源开发中,教师占据着主体地位,他们一直是资源开发利用中的主要成员。同时,通过思想政治教育美育资源的开发利用反过来可以促进教师教育理念的不断更新,专业知识结构的不断优化、升级,资源的开发利用过程就是教师不断成长进步的过程。教育的进步不能只靠一门学科的发展,还应是各学科教师共同努力的结果。

加强高校思想政治教育美育资源管理团队建设。根据高校思想政治教育美育资源开发利用的客观要求和人才成长规律,通过科学的管理方法,对高校内各类思想政治教育美育资源开展行之有效的管理,最大程度地实现高校思想政治教育美育资源开发利用的不断优化。2020 年 10 月党的十九届五中全会召开,讨论了关于第十四个五年规划和 2035 年远景目标,站在"两个一百年"历史交汇点上,面对社会主义现代化强国的目标以及中华民族伟大复兴的中国梦,机遇前所未有,挑战也是前所未有的,高校思想政治教育的机遇和挑战是前所未有的,思想政治教育美育资源的开发也站在一个新的历史阶段,面对思想政治教育的管理新局面,高校思想政治教育美育资源管理团队的建设也要不断增强。

2. 提升全体教师的美育素养

在高校思想政治教育过程中,教师扮演的角色不仅仅是传道授业解惑这样简单的角色,更重要是在教育教学过程中代表了"真善美"。作为一名优秀的思想政治教育者,在履行好教育教学职责之外,必须具备良好的"美"的素质。

首先,关注自身仪表情况,增强气质"美"。一方面,教师通过增强"美"的观念意识,培养自身"美"的气质,以"美"的外形潜移默化地对学生产生影响,帮助学生培养文明规范习惯。另一方面,教师在这一过程中能增强自身对"美"的理解和感受,以高层次的审美水平认真生活,在日常工作中也能够让更多的学生了解教育工作内外兼修产生的"美",从而影响学生对自身内在美和外在美的理解,进一步提高教育"美"的质量。

其次,优化教育教学内容,培养智慧"美"。教师要与时俱进,运用专业知识和美育知识提升自己人格魅力,以实现自我价值。智慧美是教师拥有的专业理论知识以及深厚的学科科研背景,教师运用智慧将这些丰富的知识融会贯通来指导学生。一是"美化"教育内容,即美化教学的理论内容。这要求教师在教学过程中选择既能给学生留下深刻印象,又具有一定审美价值的教育资源,加强教育内容的关联性,使晦涩难懂的技术理论知识更容易被具体形象所理解。二是丰富和扩充教育内容,通过学生对美的理解从而接受教育的内容。以爱国主义为例,教师可以选取郭沫若、冼星海等创作者的作品和作品背后的创作故事作为教育素材,从这些文艺作品中表达的爱国主义情怀感染学生,也呈现了高级之美。通过对这类思想政治教美育资源的利用,学生能够直接感受到浓浓的美的存在,让自己的心灵和身体受到沐浴、熏陶。

最后,创新教育教学方式,增强互动"美"。改变传统的思想政治灌输式教学方法,增强将知识运用于实际工作中的技能和艺术能力,增强对社会事物和社会现象的观察能力、研究能力、表达能力、组织能力以及分析解决问题的能力。在教育过程中加入师生之间的互动,增强学生在学习中的主动性。注重增加课堂趣味性,使教师和学生在交流和互动中愉快地实施教育与接受教育,能够更加顺畅的学习内容之美,从而增强教育渗透性,获得更好的教学效果。

3. 加强考核评估体系管理

习近平总书记在全国组织工作会议上强调:"要深化人才发展体制机制改革,最大限度把广大人才的报国情怀、奋斗精神、创造活力激发出来。"[①]考评机制的科学性关系到教师队伍的建设,是关乎思政课教师工作积极性的关键之处。考评内容、考评方法、考评标准以及考评主体等因素的设置构建成了一套相对成熟的体系,是巩固教育成果、维护教育师资团队的有效管理手段之一。科学的考核方法、合适的考核内容以及评价主体的公平性等要素构成了一套相对成熟客观的评价标准。为了适应教育发展的要求和学生身心发展的规律,进一步巩固和完善思想政治教育成果,资源开发队伍的考核评级机制需不断完善,具体方法如下:

一是建立科学的考核指标体系。高校思想政治教育美育资源的开发利用是一项涉及多领域、多部门的综合性工程,设立结构优化、管理科学、职责明确、关系协调、保障有

---

① 习近平. 在全国高校思想政治教育工作会议上强调:把思想政治工作贯穿教育教学全过程 开创我国高等教育事业发展新局面[N]. 人民日报,2016-12-09(1).

力的考核指标体系,对构建完善的思想政治教育美育资源开发利用团队有积极作用。

二是完善考核考评机制。在高校思想政治教育美育资源开发利用的过程中,思想政治理论课教师、美育专职教师、专业课教师、辅导员等主体应积极进行协商合作,加大对积极推动美育资源开发利用的科学研究,及时总结经验,找出不足,尽快改进。

三是完善奖励激励机制。高校在思想政治教育美育资源的开发利用中设立专门的奖励机制以调动教师的积极性和创造性,对于资源开发与利用产生积极影响的小组、院系和部门给予经费投入、设备设施等方面的支持;对产生积极资源开发与利用实践的教师给予奖金或者工作量补贴;成立专项资源开发经费以支持教师进行资源开发利用的科学研究,激励教师积极参与;发挥榜样示范引领作用,通过先进个人和优秀事迹宣传等方式树立典型,以带动教育主体积极主动投身于思想政治教育美育资源的开发利用中。

(四)合作共建共享:打造高校思想政治教育美育资源共建共享平台

党的十九大着重强调要树立推进教育公平的发展方针和目标,高校思想政治教育美育资源的开发利用需要共建共享的发展理念来推动高校思想政治教育公平,以形成更加公平的教育格局。

1.开展各类美育实践活动

为落实"三全育人"综合改革,教育部提出"十大育人"体系,坚持在习近平新时代中国特色社会主义思想指导下实现立德树人这一根本任务,以理想信念和社会主义核心价值观的培养为主要内容,统筹高校教育的各领域、各环节,坚持理论教育与实践养成相结合,引导学生增强实践能力,培养学生的审美素质,激发学生的潜能,促进德智体美有机融合,从而提升学生的综合素质。坚持理论与实践相结合,将社会实践作为提高教育教学质量和以美育人的必要环节,通过参与各类校园文化活动,如举办读书会、学术论坛、科技文化艺术节,辩论赛或者健康体育赛事等活动来引导学生树立积极向上的审美追求和文化品位;通过参加各类志愿者服务实践活动,培养学生的社会责任意识和艰苦奋斗精神,实践奉献、友爱、互助、进步的志愿者精神;通过拓展专业课的社会实践活动,如以美育资源开发为主题的"三下乡"暑期社会实践或者寒假调查活动,将教育机制与市场机制相结合,目的动机与实践效果相统一。

通过促进教育形式的多样化,将美育渗透到各社会实践中,这类社会实践活动不应只简单地停留在参观、讲座,观看视频上,更应将学生的专业特色与思想政治教育社会实践活动相结合,将美育社会实践活动贯穿学生教育的全过程,培养学生在树立正确的价值观、人生观、世界观的过程中发现美、感知美、创造美。

2.占领高校美育网络阵地

思想政治教育美育资源的开发利用要充分利用新媒体、新技术,主动占领网络思想政治教育新阵地,将思想政治教育工作的优势与网络信息技术充分融合,拉近受教育者和教育者之间的距离,增强育人的亲和力和针对性。

随着物联网的不断发展，各类资源的联系变得越来越紧密，互联网技术在教育活动中的优势也变得越来越明显，它使教育活动拥有比传统课本教育更直观的优势。同时，大学生也突出表现为急于接受新鲜事物，依托网络技术发展，不断扩大自己的思想政治教育空间。大学生作为网民的重要组成部分，更容易受到网络资源的影响。在充分挖掘网络资源时我们必须认识到网络是把双刃剑，我们要挖掘优势，规避风险。同时，教师也需要在思想政治教育上跟上时代步伐，将教育内容与网络技术相结合，通过以理服人、以情感人和平等交流的方式吸引学生主动参与。

高校思想政治教育资源的开发利用要主动占领思想政治网络新阵地。首先，要搭建网络教育平台。高校成立高校网络思想政治工作中心，让网络成为强化学生思想和引领、掌握学生思想行为动态的重要平台。其次，加强高校校园网络的引导作用。高校可打造"全天候"在线平台，引导师生成立网络评论员队伍，引导网络的舆论正常走向。最后，增强高校思想政治教育网络艺术化运作。艺术化运作是指增强网络的文化内涵、人文关怀和服务功能。网络运作要加强高校网络思想政治教育的目的是以人为本，切实为师生服务。充分运用网络虚拟性的特点，发挥网络教育的渗透力和亲和力，将网络运作更贴近师生学习、工作和生活的实际，充分发挥网络的服务功能，将高校思想政治教育网络建成为一个庞大的学习和生活信息平台。

3. 打造资源共建共享平台

目前，思想政治教育美育资源开发利用还存在很多尚未被开发利用，优秀资源传播受限以及资源配置不均等问题。打造资源共建共享平台，建立思想政治教育资源库可以很好地解决这一问题，具体可从以下几个方面进行。

首先，要确定建设目标。资源库建立的最终目标是让更多的学生受到更多思想政治教育美育资源的影响，让思想政治教育美育教育者能更加方便、快捷地获取更丰富合适的教育资源。随着大学生知识水平的提高，自主意识和需求的不断增强，这就要求平台要组织和收集更丰富更有效的资源，而且平台资源在质量、空间和时效性方面要得到有效保障。这要求站在高校思想政治教育工作一线的教育工作者能共享教学科研最新成果和教学反馈，及时了解学生的需求。

其次，要厘清资源库的建设结构，确定思想政治教育资源的性质和分布，这是资源平台整合各类资源的前提之一。资源平台是依托信息化的手段对不同类型的美育资源进行搜集遴选、筛查审核、优化整合、应用分享以及评价体系建设。从资源搜集这一步开始选定入库资源的形式和标准，到之后维护资源的优化与选取的相关制度建设，以及后期对于资源库的监管和成效数据分析，这些都是资源库建设需要考虑和厘清的关键点。

最后，资源库的建立要及时维护。高校思想政治教育美育资资源库的建设是为了满足不同教育者和受教育者对资源的检索搜集、分享互动和考核评价等内容的需要，因而要对资源库建设进行及时维护，即对资源库内容建设是否达到预期目标，应用效果是否明显，使用效果数据分析、评价结果的跟踪反馈、问题的修正更新等问题进行维护，规避资源开发不足、利用受限和资源浪费等问题，如此才能让资源库的资源"活"起来。

第三节 高校思想政治教育与美育融合的意义与路径

一、高校思想政治教育与美育融合的意义

第一,有利于落实高校"立德树人"的根本任务。"培养什么人、为谁培养人、怎样培养人"的问题是教育的根本问题,立德树人的成效是检验高校一切工作的根本标准。高校思想政治教育与美育作为高等教育的重要组成部分,两者在目标、内容、情感等层面都有助于充分发挥学生的主体性作用,从思想、道德、能力、心理等多方面提升学生的综合素养。思想政治教育与美育之间的互补性决定了两者可以实现"1+1>2"的成效。由此,推进思想政治教育与美育融合,是进一步推动"全员、全过程、全方位"育人的理念在高校生效,增强高校立德树人工作的质量与水平,更好地培养合格的社会主义事业建设者和可靠接班人的重要方略。

第二,有助于创新思想政治教育的工作体系。高校的思想政治工作是一个复杂、系统的工程,在思想政治教育走进学生的最后一公里中,提升思想政治工作质量不仅需要理论、载体等科学要素的支撑,更需要艺术的手段与方法。推动美育与思想政治教育的融合,可以进一步丰富高校思想政治教育的内容与方法,拓展高校思想政治教育的视野与格局,扩充思想政治教育的力量,提升思想政治教育的实效。将"美"的理念融入思想政治教育的供给端与学生成长发展的需求端,提高思想政治教育的活跃度、渗透率、累计值,创新构建"美"、"德"结合的新时代思想政治工作体系。

第三,有益于促进学生的全面发展。高校思想政治教育与美育从本质上讲,都是在做人的工作。人的全面发展是马克思学说的重要内容,在以马克思主义理论体系为指导的高等教育中,推进学生的全面发展是重要目标。思想政治教育与美育的融合有利于改变当前"美育的重视程度、落实的深度与广度不够","德育、美育各自为政"等现状,更好地应对精神文明与物质文明脱节、外来文化冲击等带来的学生道德观、审美观扭曲现象,帮助学生塑造更加积极健康的人格、心态,在提升学生知识技能的同时,陶冶其情操,真正达到"德智体美劳"全面发展的新时代要求。

二、高校思想政治教育与美育融合的路径

(一)基于"三全育人"的高校思想政治教育与美育的融合发展

围绕立德树人的根本任务,紧跟学校"新时代旗帜领航卓越人生工程",通过党建思想引领、专业力量支撑、网络平台搭建等三条主线,推进思想政治教育与美育融合发展,形成"三全育人"格局。

1. 以"党建＋"的理念强化融合的思想引领

通过"头雁引领"计划,学科带头人兼任党支部书记确保基层党组织的正确指引,进一步加强基层党组织的战斗堡垒作用;通过"不忘初心、牢记使命""两学一做"等主题教育常态化,入党积极分子、发展对象理论培训规范化,引导学生增强"四个意识",坚定"四个自信",做到"两个维护",确保思想政治教育与美育的教育对象有理想、有信念、有担当,为两者融合打下坚实的群众基础。依托高校院系党委抓意识形态、抓课堂管理的"党委抓课堂"工程,坚持目标导向、问题导向,不断夯实思想政治教育与美育的课堂内容,以达成教育过程的融合;开展"学思践悟树标杆""师生结对、支部共建""一支部一特色"等特色党建活动,确保思想政治教育与美育的融合发展有排头兵、探索者、引路人。

2. 以"专业＋"的方式丰富融合的资源力量

高度重视思想政治教育与美育队伍的融合建设,制定"名师名导"班主任计划实施办法,选优配强班主任、导师队伍,发挥政工干部、班主任、研究生导师的协同育人作用,从而提高思想政治教育者的美育能力与素养,提升美育教育者的思想政治觉悟、道德品质修养;推进领导班子联系学生班级、学生社团制度,班子成员至少联系一个学生班级、学生社团,解决学生管理、服务及思政教育与美育融合过程中的痛点、难点;学科带头人牵头推进"课程思政"示范课程建设,建设一批"课程思政"先进党支部,打造一批"课程思政"示范课程,让专业课讲出"思政味";全力推进"新时代旗帜领航卓越人生工程",抓牢思想政治工作的生命线,充分发挥学生在推进思想政治教育与美育融合中的主体性作用,运用好朋辈教育的力量,引领学生在开展思想政治教育与美育融合的学思践悟中坚定信念,增强信心,提升本领,历练修为。

3. 以"实践＋"的平台拓宽融合的途径载体

紧扣高校专业教学特色,重点开展海报设计、动画设计、产品设计等方面的主题美育实践活动,如通过结构素描、创意素描等训练,令学生深度感受技术美感和意象美感,进一步激发学生的情感共鸣,让时代精神内化为他们的行动自觉;深入开展中国青年志愿者研究生支教团、关爱白血病儿童、国家非遗文化传承保护等扶贫助困志愿服务活动,让学生实际感受良好道德品质、崇高精神追求的人性之美;紧跟时代潮流,抓住重大的时间节点和时政事件,让学生通过美育的专业实践开展思想政治领域的发声亮剑,增强自身的辐射带动作用。

(二)以学生为中心的"三原色"协同育人

在全面推进学科建设与思政教育深度融合中,应进一步凸显"学科引领,文化育人"的协同育人理念,在形成育人合力、打造育人品牌的基础上,培养具有时代精神、创新意识和国际视野的卓越人才。

1. 构建具有学科特色的"三原色"思想政治教育工作模式

依托高校"新时代旗帜领航卓越人生工程",结合各学科专业的特点,构建以红色寓意忠诚与使命的"筑梦工程"、绿色寓意青春与希望的"领航工程"、蓝色寓意成熟与收获的"卓越工程"为主要框架的"三原色"思想政治教育工作模式,形成以梦想导航、艺术殿堂、艺术剧场、艺术课堂、艺术展厅、创新天地等为主要板块,以"信念铸魂"、"学思践悟"、"先锋行动"、"思政名师金课选育"、"名师名导班主任"、"辅导员能力提升"等为主要载体的思想政治教育阵地,从而形成"三全育人"合力。

2. 培育一批具有时代特色、社会关注的品牌项目

培育一批具有时代特色、社会关注的品牌项目。例如,武汉理工大学某学院创设基层党建微品牌《青春·朗读者》,累积推送 35 期,累计阅读量达 53570 次,得到全国高校思政工作网报道;《"小口罩"的 painting 计划——白血病儿童关爱行动》荣获第五届中国志愿服务项目大赛银奖;组织主题涂鸦大赛,累计参与近 3 万余人次,先后被《光明日报》、人民网等媒体报道等。一系列思想政治教育与美育融合的品牌项目,在广泛而深远的影响力、感染力的加持下,给予了高校思想政治教育与美育融合的信心与借鉴。

3. 培养一批具有青春担当精神的优秀大学生

协同育人的最终目标在于塑造人、培养人、成就人。红色筑梦、绿色领航、蓝色卓越的"三原色"协同育人就是围绕学生的思想、能力、行为三个角度,将高校学科专业与思想政治教育融合,助力学生的全面发展。例如,武汉理工大学某学院在这种协同育人模式下,培养出了向钟南山院士团队赠送战"疫"期间《逆行者》陶瓷勋章并获钟南山院士点赞的博士生刘志哲,使得思想政治教育的成效得到充分彰显。可以说,思想政治教育与美育融合的育人模式潜力巨大。

参考文献

[1] 沈树永. 大学生思想政治教育对策研究[M]. 上海：上海财经大学出版社,2020.

[2] 陈胜国. 新时代高校思想政治教育创新发展研究[M]. 北京：文化发展出版社,2019.

[3] 王英姿,周达疆. 新媒体时代下高校思想政治教育研究[M]. 北京：九州出版社,2021.

[4] 镇方松. 新媒体视域下大学生思想政治教育研究[M]. 北京：北京理工大学出版社,2018.

[5] 常建莲. 多维视角下的思想政治教育探索与实践研究[M]. 西安：西安交通大学出版社,2017.

[6] 郎益君. 高校思想政治理论课教学创新研究[M]. 沈阳：辽宁大学出版社,2020.

[7] 凌福林. 新形势下大学生思想政治理论课教学发展与创新研究[M]. 北京：九州出版社,2020.

[8] 姚彩云. 新时代高校思想政治教育工作研究[M]. 中国财富出版社,2020.

[9] 余小波. 新时代大学教育思想研究[M]. 长沙：湖南大学出版社,2020.

[10] 洪运国. 大数据背景下网络安全问题研究[M]. 北京：北京理工大学出版社,2021.

[11] 刘小春. 高校网络思想政治教育引论[M]. 重庆：重庆大学出版社,2020.

[12] 袁东升,张成,蒋晓敏. 高校三全育人体系的创新发展研究[M]. 西安：西北工业大学出版社,2022.

[13] 杨道建. 新时代高校三全育人理论与实践[M]. 镇江：江苏大学出版社,2021.

[14] 徐余跃. 多元文化背景下高校思想政治教育时效性研究[J]. 湖北开放职业学院学报,2022,35(4)：109-110.

[15] 刘观金. 网络文化语境下高校思想政治教育话语权提升研究[J]. 延边教育学院学报,2022,36(1)：34-36.

[16] 齐琳娜. 网络舆情环境下高校思想政治教育话语权研究[M]. 郑州：黄河水利出版社,2017.

[17] 潘强,许钟元,刘旭. 高校网络思想政治教育生态系统构建研究[M]. 北京：中央编译出版社,2019.

[18] 闫桂伦,贾宁宁. 大学生思想政治教育基础[M]. 北京：经济日报出版社,2019.

[19] 王利平. 网络环境下高校思想政治教育方法研究[M]. 武汉：武汉大学出版社,2020.

[20] 杨学玉. 新媒体背景下大学生思想政治教育研究[M]. 北京：北京理工大学出版社,2019.

［21］颜廷丽."互联网＋"背景下大学生创新创业能力培养研究［M］.北京:北京理工大学出版社,2020.

［22］张可辉,栾忠恒.新媒体视域下大学生思想政治教育研究［M］.北京:中国商务出版社,2018.

［23］张涛,郭芸.大学生网络思想政治教育模式研究［M］.成都:电子科技大学出版社,2017.

［24］马洪坤.高校思想政治教育对大学生创新素质的培养［J］.吉林广播电视大学学报,2020(7):144-145.

［25］贾清宇.基于素质教育背景的高校思想政治教育教学方法探索［J］.产业与科技论坛,2022,21(11):200-201.

［26］李秀林.强化高校学生思想政治教育,优化当代大学生综合素质［J］.中外交流,2020,27(31):54-55.

［27］罗光晔."课程思政"视角下高校思想政治教育优化建设研究［J］.遵义师范学院学报,2021,23(5):110-113.

［28］王莉.新媒体环境下高校思想政治教育资源整合的问题与对策［J］.佳木斯职业学院学报,2022,38(8):143-145.

［29］郑洁琼.新媒体时代下高校思想政治教育内容结构优化与资源整合研究［J］.佳木斯大学社会科学学报,2022,40(4):82-84.

［30］孙菲.新时代提高大学生思想政治教育传播效果研究［J］.文化产业,2021(6):74-75.

［31］朱春水.高校思想政治教育资源整合研究［J］.改革与开放,2018(24):127-129.

［32］窦壬缘.高校思想政治教育资源的优化与整合［J］.课程教育研究,2018(50):78-79.

［33］王红怡,刘璐瑶.浅谈提高高校思想政治教育资源整合的实效性［J］.山西青年,2018(12):85-86.

［34］田园.大数据时代下高校思想政治教育的优化策略探究［J］.情感读本,2022(12):61-63.

［35］杨奇奇.大数据时代下高校大学生思想政治教育的创新策略［J］.青年与社会,2020(24):109-110.

［36］夏振鹏,刘娟.大数据时代高校思想政治教育智慧教学研究［J］.山东电力高等专科学校学报,2022,25(2):70-73.

［37］蔡宝来.教育信息化2.0时代的智慧教学:理念、特质及模式［J］.中国教育学刊,2019(11):56-61.

［38］王蕊蕊.智慧教学工具"雨课堂"在高校思想政治理论课堂教学中的应用［J］.科教导刊(上旬),2019(22):124-125.

［39］常城,李慧.智慧教学软件在思政课教学中的应用［J］.学校党建与思想教育,2020(22):51-53.

[40] 赵敏,陈冬颖. 高校思想政治理论课智慧教学的困境与路径[J]. 现代企业,2021(2)：138-139.

[41] 宋广军. "大数据"时代构建高校思想政治教育网络平台的可行性分析[J]. 思想政治教育研究,2018,34(2)：155-157.

[42] 张策,张耀元. 大数据助力高校网络思想政治教育：价值、困境及其破解[J]. 教育理论与实践,2020,40(33)：28-32.

[43] 吴徐汉,陈晓妹. 思想政治课智慧教学的实践研究[J]. 中学政治教学参考,2020(27)：25-27.

[44] 耿海洋. 网络教育背景下高校思想政治教育的话语权[J]. 教书育人(高教论坛),2021(2)：12-13.

[45] 刘观金. 网络文化语境下高校思想政治教育话语权提升研究[J]. 延边教育学院学报,2022,36(1)：34-36.

[46] 王慧敏. 高校网络思想政治教育工作的困境及发展路径[J]. 高校辅导员,2019(5)：45-48.

[47] 陆鹏程,张猛,张延龙. 基于网络环境论高校辅导员思想政治教育工作[J]. 产业与科技论坛,2019,18(24)：189-190.

[48] 李洋. 新时代下大学生网络思想政治教育合力育人路径研究[J]. 科教文汇(下旬刊),2020(24)：37-38.